GW01607932

El porqué de los populismos

El porqué de los populismos

Un análisis del auge populista de derecha e izquierda a ambos lados del Atlántico

FRAN CARRILLO (Coordinador)

EDICIONES DEUSTO

Deusto es un sello editorial de Centro Libros PAPF, S. L. U.
Grupo Planeta
Av. Diagonal, 662-664
08034 Barcelona

www.planetadelibros.com

ISBN: 978-84-234-2740-6
Depósito legal: B. 5.866-2017-2017
Primera edición: abril de 2017
Preimpresión: gama sl
Impreso por Egedsa

Impreso en España - *Printed in Spain*

Sumario

Introducción

El 8 de noviembre de 2016, un *self-made man* que respondía al nombre de Donald Trump destrozaba los pronósticos de sondeos, encuestas, periodistas y profesionales de la consultoría y el análisis político de la campaña electoral al proclamarse como el presidente número cuarenta y cinco en la historia de Estados Unidos. Un inesperado invitado que las élites conocían pero al que no tuvieron en cuenta, un *outsider* a su manera que viene a poner patas arriba la forma en la que se hace política y cómo ésta se comunica. Ya nada volverá a ser como antes. O precisamente es ese antes lo que ha vuelto a escena, superando la nebulosa de retórica prosistema que venía siendo bastión de las democracias liberales de corte occidental hasta el momento. Si los mandatos de Obama supusieron un hito en la comunicación política, podemos afirmar que también lo será el paso de Trump por el Despacho Oval. Un antes y un después que generará a buen seguro varios —y enfrentados— puntos de vista, muchos de los cuales forman parte del conjunto de esta obra.

Terminaba así un año (2016) marcado por la consolidación de un fenómeno que ha llenado las tribunas de prensa, los editoriales y los comentarios de analistas y expertos de medio mundo: ¿qué es eso del populismo? ¿De dónde nace? ¿Qué consecuencias tendrá en el futuro de las sociedades libres? Y, sobre todo, ¿por qué se ha producido este hecho? Preguntas de compleja respuesta que no ponen de acuerdo a los diferentes estudiosos del fenómeno. La filósofa Victoria Camps opina que el populismo es una nueva forma de demagogia y, por tanto, de deterioro democrático, una visión confirmada en parte por su colega José Luis Pardo, quien en su ensayo *Estudios del malestar*, aborda la cuestión del populismo en las sociedades contemporáneas desde una posición de preguntas permanentes. Su conclusión es que el populismo nace, no por conexión con la sociedad, sino por acoplamiento a ella. He aquí una de las claves *a priori* fundamentales para entender lo que sucede: ¿Conexión hacia una realidad preexistente o generación de «hechos alternativos» nuevos que modifique el estado de ánimo y voluntad de quienes formaban parte de dicha realidad? En esa importante dualidad nadarán los diferentes ensayos constitutivos de este libro.

Dentro de la panoplia bibliográfica que se aborda, sobresale por su interés la obra del profesor Manuel Arias Maldonado, quien ha escrito recientemente *La democracia sentimental. Política y emociones en el siglo XXI*, una obra de referencia para quienes observamos la política entre bambalinas. Arias Maldonado concreta en cuatro propiedades el ser populista, propiedades que además están relacionadas entrer sí, a saber:

a) La existencia de dos unidades de análisis homogéneas: élite y pueblo.
b) Una relación de amor odio entre ambas, que conforma visiones e interpretaciones antagónicas entre soportes externos.
c) Valoraciones contrapuestas: a la positiva del pueblo se contrapone la negativa de la élite.
d) La idea de soberanía popular, entendida como la voluntad general que prevalece sobre el resto y que es monopolizada por quienes se consideran garantes y deudores de dicha soberanía. El todo por la parte.

Una contraposición lógica que avala el lingüista George Lakoff en *Política moral: Cómo piensan progresistas y conservadores*, donde confirma que toda posición política del votante obedece, no a motivos racionales, sino a criterios y preferencias emocionales, sensitivas. Las decisiones que se toman para justificar los argumentos que se alinean en torno a ellas acaban generando una especie de autodefensa intelectual inmune a todo proceso cognitivo de duda o confrontación de ideas o propuestas. El populista lo sabe, y a pesar de que en su argumentario se reflejan cuestiones de dudosa veracidad, éstas, sin embargo, pertenecen a un ecosistema con el que gran parte de la población se siente identificada. Es la autenticidad autoconstruida y autodefinida. De lo que se deduce que las masas quieren ser engañadas, o están dispuestas a aceptar aquello que mejor encaja en su universo «libidinoso» (Pardo *dixit*) y de emociones.

Bajo esta premisa, diferentes líderes políticos en todo el mundo utilizan una secuencia estratégica de comunicación que les lleva a presentarse ante sus respectivos ciudadanos como la solución a todos sus males, quienes mejor representarán su descontento y lucharán por llevar sus demandas a buen puerto. ¿Son Trump, Le Pen, Putin, Erdogan, Pablo Iglesias o Wilders los espejos que reflejan el sentir de la sociedad? ¿Son populistas porque han detectado la existencia de un tipo de ciudadano sensible a esta forma de hacer política? Si el populismo es una realidad, si existe un factor político populista, ¿podemos deducir la existencia de un votante populista? Interrogantes que necesitan del pausado análisis que los diferentes expertos reunidos en este libro ponen a disposición del lector. Una obra que no quiere ser lineal en el trasfondo del articulado, sino que pretende, desde su eclecticismo, dotar de claves, referencias y enfoques precisos que nos ayuden a entender qué está pasando y cuál es la causa de este renacer populista.

El libro que ahora tiene el lector entre manos se creó con el propósito de que estuviera a medio camino entre la pulcritud académica y el estilo fresco que exige la divulgación, y pretende como objetivo fundamental ser una obra de referencia para entender un fenómeno tan complejo como transversal en sus razones y raíces. La intención de todos los autores que han participado en su desarrollo, y la de un servidor como coordinador de la obra, es fabricar un manual de consulta atemporal, que exceda lo ocurrido en los últimos meses para entender, sin la urgencia ni premura habitual, hacia dónde se dirigirán las sociedades libres en los próximos años.

En las siguientes páginas, el lector podrá saber, de forma sintética, el origen del fenómeno de mano de un experto conocedor del mismo como es José Luis Villacañas, quien bucea en el populismo latinoamericano y en su vecino del norte para dilucidar de dónde viene esa pulsión de ciertos líderes por el poder de masas. Las claves de este éxito antisistema serán analizadas bajo la fina lupa de Esteban Hernández, que se detiene en las clases de populismos que han tomado el poder en determinados países y el porqué de su éxito reciente (o no tan reciente). Narciso Michavila elabora un menudo pero nutritivo análisis, con profusa aportación de datos, sobre las causas que motivaron el fallo en las encuestas y sondeos de opinión, mientras que la escritura limpia y mordiente de Aurora Nacarino-Brabo repasa el contexto populista, buscando la matriz de su nacimiento y, sobre todo, enfocando el futuro desde la fortaleza o debilidad de sus propuestas.

Federico Steinberg nos propone un viaje hacia el futuro para saber qué nos espera en Europa y en el resto del mundo occidental ante el auge imparable de esta nueva política. Por su parte, Patrycia Centeno desarrolla una pieza sublime sobre la estética populista, con especial énfasis en la manera con la que visten y revisten sus ideas los líderes antisistema. ¿Es posible definirse por cómo vistes? ¿Hay una estrategia detrás de una chaqueta de pana, un traje sin corbata o una camisa arremangada o es simple postureo estético? Una lectura diferente y entretenida que gustará al lector, como también la que articula Juan M. H. Puértolas al realizar un monográfico sobre la controvertida figura de Donald Trump, el hombre que ha logrado que nos replanteemos los mecanismos por los que votamos y decidimos, más allá de componentes de seducción y carisma personal. A este respecto, quien esto escribe propone en el capítulo «El relato del miedo» cómo se construyen los discursos y mensajes que posibilitan el apoyo del ciudadano al populista, cómo han usado las diferentes plataformas y cuáles deberían ser, en mi opinión, los mecanismos de reflexión y combate del fenómeno.

Por último, no puede hacerse un recorrido sobre el asunto sin la visión que la economía aporta. Imprescindibles los capítulos de Daniel Lacalle y Juan Ramón Rallo, quienes, desde una óptica liberal pero afinada, desgranan, con una batería de datos elocuente, las consecuencias de confiar en las promesas y propuestas en materia económica de los partidos y líderes populistas.

Con todo ello, no pretendemos pontificar sobre visiones cerradas acerca del fenómeno, ni establecer una verdad suprema. La verdad, para quienes combaten la posverdad populista, está ahí fuera y sólo se descubre ante argumentos reconocidos, palabras que hacen el mundo más entendible, frente a las deconstrucciones abstractas que hoy ponderan los adalides de la *new age* política. Un libro concebido, en definitiva, para aportar luz a la nebulosa conceptual, terminológica y mediática en torno a una realidad manifiesta.

Mi agradecimiento, por su confianza, a Roger Domingo, editor de esta obra y referente personal y profesional, quien, en los postres de un almuerzo cualquiera, me propuso coordinar y perpetrar lo que ahora el lector tiene en sus manos. Agradecimiento que hago extensivo a todo el equipo de Deusto, por su labor de apoyo y soporte constante, fundamental en el proceso de creación. Gracias asimismo a todos los autores que han colaborado en el libro, por su tiempo y su paciencia conmigo. Diferentes almas, visiones y sensibilidades coordinadas para aportar claridad donde muchos aún ven penumbra y pesimismo. No siempre es fácil.

Por fin, aunque siempre sean los primeros en mi corazón y pensamiento: mi familia, en su conjunto, y en especial, Carlota, Pepe, Rafa, y por supuesto, Leticia, pacientes con el desequilibrio horario que provoca la escritura de una obra, comprensivos ante los cambios de humor que la falta de descanso evoca y tolerantes ante mi carencia de atención hacia ellos. Escribir es una manera de sufrir, un sentimiento que no es exclusivo del que escribe y sí patrimonio compartido de quienes lo soportan.

FRAN CARRILLO
Madrid, febrero de 2017

Capítulo 1

LA CUESTIÓN POLÍTICA

Pasado, presente y futuro de los populismos

1

La reinvención de la política. Orígenes y fundamentos del populismo contemporáneo

José Luis Villacañas

Los cambios reales sólo se producen cuando la gente común se une.

Barack Obama.
Discurso de despedida de Chicago,
10 de enero de 2017

Empecemos por el principio. Definición inicial de populismo

Populismo es el síntoma de la contingencia de la relación entre una sociedad democrática de masas y poder político. En este sentido, el populismo puede adoptar los más variados aspectos y figuras. Todos ellos parten, sin embargo, del supuesto de la formación democrática del poder basada en decisiones de masas. Sin democracia social de masas no hay populismo, aunque esto no quiere decir que el populismo no pueda cambiar de forma drástica el sentido de la democracia e incluso, llegado el caso, de eliminarla; o que no sea también posible en regímenes autoritarios sin una genuina democracia política. Pero sólo hay populismo porque el poder debe conformarse o apoyarse en las masas. Incluso en el caso de que un actor se haya auxiliado de maneras autoritarias para llegar al poder, tendrá que integrar elementos democráticos para que adquiera la faz populista. Sin ellos, por lo demás, será difícil estabilizarse.

Esto es así porque, como ya entrevió Tocqueville y sus seguidores, ningún poder político moderno puede estabilizarse sin el apoyo de las masas, expresado de algún modo. Según sea este modo, así se podrá calificar el sentido de su democracia o de su populismo. Por lo general, el populismo se muestra inclinado hacia una democracia plebiscitaria que refuerza hasta el extremo los poderes ejecutivos y que permite un uso concentrado de los medios de propaganda. En todo caso, el populismo implica refrendo real de algún tipo del poder por parte de las poblaciones, y es muy difícil caracterizar como populistas los regímenes dictatoriales o totalitarios, por mucho que usen medios comunes con algunos regímenes populistas. El populismo lucha por la adhesión de las masas y quiere asegurarla, pero no mediante el terror declarado, la opresión desnuda y el crimen de Estado generalizado.

Podemos definir entonces el populismo como un régimen de gobierno y de lucha política que aspira a ganar la adhesión y la fidelidad libre de las masas en las formaciones sociales democráticas. En tanto régimen de masas, la forma de alcanzar el poder ha de ser en algún modo democrática, lo que desde luego implicará tensiones con la forma de la democracia liberal y, lo que es más importante, con la democracia constitucional. Esas tensiones por lo general derivan de formas en las que se hace visible la condición de masa de los apoyos del poder populista. El populismo no parte del principio del valor exclusivo y fundamental del axioma «un hombre, un voto», aunque lo acepta. Por eso lo complementa con acciones de masa de diferentes tipos: manifestaciones, referéndums indicativos o no decisorios, huelgas y otras actuaciones que tienen que ver con lo que Max Weber llamaba «democracia de la calle». En este sentido, el populismo busca de forma intensa poner a su servicio las agrupaciones centrales en la dirección de masas, como pueden ser sindicatos de toda índole, o movimientos sectoriales masivos (juventud, mujeres, etc.). En suma, si desde Tocqueville y los clásicos del liberalismo que le siguieron, como John Stuart Mill, la sociedad democrática mostró tensiones profundas con la conciencia individual, el populismo siempre ha puesto énfasis en las estructuras de masa, viendo en el valor del individuo liberal el signo de un elitismo autosuficiente y ajeno al destino de los comunes. De ahí que el populismo ha usado todas las herramientas retóricas destinadas a la formación de solidaridad de masa, como pueden ser una comunicación política basada en los afectos, los sentimientos, las necesidades primarias y una clara simplificación del mensaje identitario.

Prehistoria: gobiernos de masas

Por supuesto que hay regímenes alternativos de gobierno de las masas. Por ejemplo, todos los preceptistas y autores políticos del Barroco europeo, desde Shakespeare a Saavedra Fajardo, ofrecieron su idea de las formas de gobierno de lo que se llamaba multitud, plebe o pueblo, que es algo diferente de lo que Maquiavelo llamaba *popolo minimo*, afincado en el interés y la pasión de la libertad. La multitud o plebe barroca es de otra índole. La libertad política no es su objetivo, como no lo es meter en cintura a los estratos aristocráticos pendientes de la grandeza y la reputación. Muchos preceptistas barrocos elaboraron complejas analogías entre la política y el teatro y sugirieron que las masas se gobiernan mediante algún tipo de espectáculo, de representación o de simulacro. Para todos ellos, el teatro vivía de la excitación de las pasiones, desde el arrobo al estupor, pasando por el miedo, la zalamería o la vanidad. La finalidad de la representación es el aplauso, la aceptación, la reputación de los actores, el favor del público. Así, la plebe es vista como un espectador que se reserva como actuación el seguimiento o el abucheo, la aclamación o el rechazo.

Parte de este saber de la representación exitosa pasó a los preceptistas de los golpes de Estado, y todos entendieron la política como un arcano en el que se escondía el secreto arte de tirar de los hilos que manejaban a la plebe como una marioneta a su favor. Desde este punto de vista, el régimen barroco de gobierno de la masa supuso un concepto de soberano casi teológico y omnipotente. De la misma manera que Lutero había definido a

Dios como el que maneja los hilos de la voluntad humana, el Barroco vio el poder soberano bajo el mismo prisma. El poderoso, como el escritor de comedias, es el que sabe tirar con solvencia de esos hilos y producir el aplauso y la admiración. Por supuesto, el poder político del Barroco conocía un peligro fundamental para el Estado: la unión de la plebe con los grandes. Impedir esa unión es la aspiración de todo soberano barroco. Ahí radicaba su conciencia de la contingencia del poder. Cualquier monarca sabía que una alianza entre los aristócratas militares o eclesiásticos y la plebe dejaba al poder regio con las manos atadas. Por eso no es casual que, a cada intervención fuerte de los poderes regios, la reacción se canalizara mediante motines populares. Tras su anonimato se escondían también quienes tiraban de los hilos de las marionetas. Las disputas por el favor de la plebe marcarían así las luchas entre las aristocracias y las monarquías.

Estas técnicas de gobierno de masas no han caído en el olvido. Porque el Estado no olvida nada. Al contrario, las sociedades modernas las han transformado y revitalizado mediante las técnicas actuales de la teatralización y el espectáculo. Mucho antes de que se inventaran las formas de la propaganda actual a través del cine y luego de la televisión y las redes sociales, fue la propia filosofía política la que impulsó esa vinculación de la política con el teatro, y luego esa revitalización del gobierno de las masas a través de las formas espectaculares. Nos parece que éste es un asunto nuevo, pero en realidad es tan viejo como la modernidad y la impregna por entero.

Ya Maquiavelo propuso todos los elementos de su política en su obra *La mandrágora*, si bien aquí tenemos la forma política aristocrática que se juega en las pequeñas estancias. En el otro extremo de la modernidad consumada, el gran seguidor de Maquiavelo que fue Nietzsche ya definió de nuevo a su político como un gran actor frío y proteico, capaz de representar cualquier cosa con indiferencia y perfección. Inspirado en la capacidad casi religiosa de la ópera y su capacidad de transfigurar la realidad entre los públicos burgueses, Nietzsche propuso el concepto de una gran política que se concentró en la capacidad de gobernar a las masas mediante deslumbrantes elementos estéticos. La influencia de Nietzsche en la filosofía contemporánea es tan fuerte como contradictoria. Desde luego inspiró el nazismo como obra de arte total. Que estemos en la sociedad del espectáculo, como defendió Guy Debord, es una previsión en cierto modo querida por Nietzsche, e incluso podríamos decir que su previsión de que nuestro tiempo sería más bien la parodia de un espectáculo es en sí misma nietzscheana.

Condiciones de los populismos contemporáneos

Muchas veces la filosofía ofrece diagnósticos deslumbrantes y espectaculares, pero tras sus destellos se oculta una prosaica realidad que no conviene olvidar. Si tuviéramos que identificar el corazón de esa realidad, diríamos que se trata de la contingencia del poder político. Atravesado por esa contingencia, nada desea más el poder que controlar el tiempo, eternizarse, asegurarse. La tradición entera de Europa está determinada por esta comprensión, en la que se hunde la naturaleza histórica de sus sociedades. El concepto que estaba en la base de esa contingencia era el de fortuna. Todo el pensamiento político europeo se ha querido asegurar contra ella. En la fortuna se alojaba el misterioso poder del tiempo, su capacidad de devorar todo lo estable, firme y sólido. En una sociedad democrática, la aspiración de controlar la fortuna significaba la capacidad de controlar la fidelidad de las masas. El populismo es la forma democrática de hacerlo.

Esto significa que el populismo es una latencia del gobierno democrático. No todo gobierno democrático tiene que ser populista, pero toda democracia puede llegar a serlo. Lo que debemos investigar es cómo se transita de la latencia a la presencia populista. Cuando la fortuna de los antiguos o la situación de riesgo de los modernos se presentan desnudas a su cita histórica. Son esas las situaciones en las que la fidelidad de las masas a sus sistemas de gobierno comienza a resquebrajarse por diversos motivos. Pero este hecho suele colocarse en la superficie del problema. En realidad pertenece a los síntomas, no a las causas. Esa falta de fidelidad se suele deber a cambios políticos profundos, consecuencia de crisis sociales que rompen las reglas implícitas o explícitas vigentes de la representación política y la orientan hacia otros actores, esquemas, supuestos, valores y fundamentos.

Por supuesto, estos cambios experimentan transiciones y generan espacios de incertidumbre. Por eso, para actuar en ellos se requiere curiosamente que esa fidelidad de las masas sea más intensa, decidida y arrojada, justo por el riesgo de que se resquebraje, se pierda o se desplace a otros actores. Por eso, los populismos habitualmente brotan desde el poder y se activan desde la aguda percepción de peligro por parte de los mismos actores poderosos que aspiran a defender sus mismos intereses por otros medios más problemáticos.

Hoy hay una intensa polémica acerca de si hay populismo de derechas y de izquierdas. Creo que la cuestión profunda es diferente: se trata de si los poderes vigentes son capaces de mantener o no la confianza de las masas en situaciones de riesgo y de cambio de escenario. Sólo en el caso de que no sean capaces de hacerlo, pueden surgir otros sistemas de representación que reocupan esos espacios de confianza. Esto es: los populismos son hegemónicos (tienden a mantener una confianza anterior por medios más intensos) o contrahegemónicos (perciben las probabilidades de desplazamiento de esa confianza y las intensifican con ofertas más radicales). Dicho de otro modo: sostienen una dimensión hegemónica en riesgo o se lanzan a otros sistemas de representación de masas para forjar sistemas hegemónicos alternativos, ante la percepción de que los vigentes dan síntomas de no haber logrado ese plus de fidelidad de las masas en situaciones de cambio y de riesgo. El caso más notable lo tenemos cerca. Por ejemplo, las élites en el poder en Cataluña desde los últimos treinta años han logrado mantener esa fidelidad intensa de las masas en situación de crisis social mediante la divisa de la independencia, y con ella se han reforzado para encarar una situación de riesgo existencial para ellas, como es la de ver reducida a Cataluña a una región española más. La consecuencia ha sido una superación de todas las diferencias políticas y la formación de un frente independentista común.

En España, por el contrario, no ha cristalizado un populismo nacionalista alternativo, como sin duda algunos actores suponían inevitable. De ahí que hoy el problema catalán sea tan grave: se azuzó desde la segunda legislatura de Aznar pensando que produciría un nacionalismo español capaz de enfrentarse al catalán, y nos ha dejado el resultado de un populismo catalán potencial aliado de un populismo de izquierdas en otras nacionalidades y regiones, incluso en las centrales (Madrid y Andalucía). Por lo general, el sistema hegemónico de poder tiene los sistemas de observación más adecuados para la percepción de ese riesgo para sus intereses. Poder es información y previsión, o, como decía una vieja palabra, «providencia». Por lo general, el mayor riesgo para todo sistema de poder procede de la compleja trama de relaciones entre sociedad y política. Esto es: el poder social difuso, desregulado, informe, anónimo, que se organiza en multitud de tramas privadas, puede entrar en una relación confusa, insegura, inestable con las formas del poder político públicas, reguladas, expresas, representativas. Puede llegar el caso de que la constitución del poder político se distancie de intereses sociales claros, fuertes de tal manera que amenacen su futuro. En este caso, el poder político puede convertirse en una amenaza para aquellos poderes sociales que hasta ahora se sentían vinculados a él. Entonces, se requiere un reajuste entre las relaciones del poder político y social y eso puede implicar el chispazo populista.

Es lo que ha pasado en Estados Unidos con Donald Trump. Los grupos sociales que hasta ahora habían logrado un equilibrio en el imaginario de la representación política, pero que se habían quedado atrás desde el punto de vista económico y social, rozando la desesperación frente a la agenda política de Washington, se han reconectado al sistema hegemónico mediante el éxito populista de Trump. Da igual que ese antiguo equilibrio se rompiera por la política republicana de Nixon y Reagan. Da igual que su política de liberalización con China llevara a la mayor deslocalización de la historia al servicio de los grandes intereses capitalistas. Da igual que esa política republicana llevara a las clases medias blancas a su mayor desgracia histórica, como mostró el ejemplo de Kansas. La revolución neoliberal aplastó a las bases históricas de la democracia americana y generó una nueva sociedad multirracial que amenaza con desplazar el centro de la representación política hacia la minoría hispana, cuya fidelidad a las premisas políticas de una nación líder mundial no está contrastada. Ahora esas clases medias blancas han reaccionado para dejar claro que todavía son la base de la política americana, aunque para eso hayan desoído a las dos élites, la republicana y la demócrata, imponiendo a un *parvenus* que al menos les ofrece sonoras compensaciones de autoafirmación nacional y de política de poder internacional fuerte.

Esto nos lleva a otro comentario. La segunda causa que afecta a la fragilidad del poder político y sus relaciones con la sociedad, además de las crisis internas, es la constelación internacional cambiante. Incluso me atrevería a decir que las dos causas (desplazamiento de las bases populares de un poder hegemónico y horizonte de riesgo en relaciones internacionales) van íntimamente unidas. Los sistemas hegemónicos necesitan un apoyo rotundo de las masas cuando la situación internacional entra en zona de riesgo. Y esto es sobre todo necesario cuando se tiene que desplegar una agenda de liderazgo mundial, como sucede en Estados Unidos o en Rusia. Así que la necesidad de asegurar la fidelidad de las masas más convencidas de ese liderazgo mundial se ha tornado urgente en las grandes potencias. Frente a la agenda Obama, que se apoyaba en la emergencia de nuevos colectivos sociales como negros e hispanos y en una cultura multirracial de la diferencia, fruto de la emigración masiva, la agenda Trump se basa en las poblaciones blancas tradicionales a las que se promete regresar a la América grande de otro tiempo. En efecto, las élites estadounidenses más conservadoras tienen memoria de la actitud de los negros ante la guerra de Vietnam, pero también de las juventudes blancas urbanas universitarias vinculadas al Partido Demócrata. Si nuevos gestos hegemónicos se hacen necesarios en el horizonte de las relaciones internacionales, sobre todo frente a los nuevos poderes mundiales como China, entonces es preciso reforzar la continuidad del votante blanco americano tradicional, el único fiable en su patriotismo militarista.

Podemos decir por tanto que una de las razones fundamentales de la emergencia del populismo latente en las democracias es la situación de *translatio imperii*. Llamo por este nombre a las situaciones de peligro en el desplazamiento de la hegemonía mundial. Hoy estamos en una de ellas con la emergencia de China como potencia global. En realidad, a situaciones semejantes está asociada la historia reciente del populismo contemporáneo. Eso caracterizó la época del final de la hegemonía inglesa en el mundo, cuando las placas tectónicas de la política del planeta se desplazaron con fuerza para organizar un nuevo suelo firme de poderes mundiales. Para hacer frente a ese desafío, el Segundo Reich alemán generó una política de masas alrededor de su káiser que, entregada a una dura escalada atizada por el propio emperador, unificó a las poblaciones en los valores del prestigio, honor de la nación, militarismo, política de fuerza, realismo y dureza despiadada. Las masas asumieron estos valores con una fidelidad que consumó su condición sacrificial. Las pasiones nacionales de toda Europa no se quedaron a la zaga y todavía el Ortega que mira ya la época cristalizada pudo hablar de los nacionalismos como el esquema que canalizó la rebelión de las masas. En realidad, no fue una rebelión, sino una cristalización populista elaborada desde el poder.

Y cuando se vio que el terremoto de la Gran Guerra no había encontrado roca firme, sino que había dejado al descubierto la herida por la que manaba el magma hirviente de la sangre vertida, los Estados fortalecieron sus posiciones internacionales mediante sistemas de fidelidad de masas todavía más extremos, con la irrupción de los fascismos europeos. Estados Unidos no se quedó atrás. Para no dispersar las fuerzas de la nación en un momento de crisis interna en el que la escena internacional se tornaba angustiosa, el populismo de Franklin D. Roosevelt preparó a Estados Unidos para la lucha inminente por la hegemonía mundial. Que era eso lo que se jugaba se vio en los tipos de alianzas que se establecieron. Pues no debemos pensar que Stalin se unió a las potencias democráticas occidentales por convicción de afinidad. Sencillamente, sabía que el peligro de un Hitler aliado a Japón era mayor que el de un lejano Washington.

Según fue la necesidad del esfuerzo previsto en la batalla por la hegemonía, así tuvieron que intensificarse los compromisos populares y desplegar las estrategias populistas. Y esto llevó a la primera diferencia interna entre los gobiernos contemporáneos de las masas. Ésta fue la decisión a favor del Estado democrático o a favor del aseguramiento de las masas mediante sistemas totales de terror. De esa diferencia hemos vivido más de cincuenta años. El magma solidificado de las erupciones que produjo aquella situación generó la roca del Estado del Bienestar, que tiene en su raíz un populismo democrático y constitucional. El recuerdo de la necesidad de evitar los fascismos alentó a todas las partes sociales a generar un poder político mediador y equilibrado.

Una formación populista: el New Deal

En su última visita a México, Obama sorprendió al mundo, en un discurso ante el presidente de la República de México, Enrique Peña Nieto, confesando que él era populista. En su intervención, vinculaba el populismo a las luchas propias de la agenda demócrata. Este discurso sorprendió a muchos, pero no a los que tuvieran memoria del origen de esa agenda en la década de 1930. Nadie quiere recordar que los mandatos de Franklin Delano Roosevelt, el New Deal, forjaron un gobierno populista de masas. Su propaganda fue ingente, su sentimentalidad clara, su capacidad de transversalidad reconocida, su apelación a la gente constante. Que los Roosevelt fueran una familia distinguida no fue un obstáculo para que, como los viejos tiranos atenienses, se pusieran del lado del pueblo sufriente. El resultado fue que Estados Unidos vinculó a masas ingentes de trabajadores, parados, emigrantes y pobres a la fidelidad constitucional, evitando así la emergencia de un Partido Comunista fuerte en Estados Unidos. En muchas ocasiones, las medidas que se tomaron para enrolar a estas poblaciones no fueron eficaces, sino efectistas y teatrales, sentimentales y bien intencionadas; no iban dirigidas a implementar una economía racional, sino a levantar el ánimo y tenían un efecto psicológico buscado. Se trataba de mostrar que el poder pensaba en la gente, aunque se equivocara. El cine y la literatura (Capra, Steinbeck) se pusieron al servicio de esta movilización ingente y generaron una cultura democrática hegemónica comprometida con las causas sociales, incluida la lucha contra el racismo y la xenofobia. Pero si resulta inolvidable la grandeza de esta época fue porque no aspiró a erosionar hasta pervertir los poderes propios de un régimen republicano, sino a usarlos para impulsar una reforma constitucional que dotó a Estados Unidos de herramientas para implementar un programa keynesiano de crecimiento económico. En efecto, así se creó una Reserva Federal para dirigir la política monetaria, y se dotó al gobierno federal de capacidad de intervención en la planificación y actuación económica, hasta ahora reservada en exclusiva a los estados federados.

Los grandes talentos políticos del siglo XX vieron que, a pesar de todo, la división de poderes propia de un régimen republicano constitucional era condición indispensable para dotar de estabilidad a la nueva política de masas. En esa línea estuvieron el primer y el segundo Roosevelt, el último Weber, Keynes y los líderes de las democracias europeas. En esos ambientes se forjó la firme convicción de que la necesidad de encarar los nuevos desafíos del momento histórico pasaba por mantener la confianza en la libre fidelidad de las masas. Los estadounidenses o los británicos no fueron llevados al nuevo escenario internacional ni mediante la coacción del terror, ni mediante la complicidad masiva en el crimen potenciado por el Estado, como sucedió en los regímenes totalitarios. Intervinieron en la época caliente de la política interior y exterior con la idea de fortalecer la democracia constitucional. Y en esa idea sigue estando la piedra de toque para valorar las irrupciones populistas que renuevan las relaciones entre sociedad, política y Estado.

Pues si se conserva intacta la voluntad de mantener el entramado de la división de poderes, el momento populista no hace sino activar el fondo de poder constituyente que hay latente en todo sistema político democrático constitucional. Ése es el sentido de lo que Bruce Ackerman llama épocas calientes de la política, que en Estados Unidos activa la militancia constitucional del «*We the people*» con que se abre la Constitución. Por eso, el populismo estadounidense no tiene una impronta de antagonismo extremo. Su índice republicano le lleva a neutralizar las retóricas de amigo/enemigo. Ese mismo pueblo potencialmente unido se pone de nuevo en marcha con la firme voluntad de adaptarse al presente y se reconoce como *el mismo* en la medida en que mantiene su distribución originaria de poderes establecida en la parte sustantiva de la Constitución que se dispone a perfeccionar. Por tanto, el populismo en este caso significaría la renovación constructiva de la tensión entre democracia y república, tensión que ahora se dotaría de productividad, en la medida en que puede articular reformas constitucionales sin cambiar la parte sustancial de la Constitución: la unidad del pueblo, sus garantías de derechos y su división en poderes.

Por eso, esta renovación del sistema de gobierno de las masas, realizado con la propia participación de esas masas políticamente «calientes», aunque siempre tendrá un aspecto populista, no nos parece digna de sobrecargarla con valoraciones patológicas. Es compatible con el régimen constitucional de partida y le ofrece estabilidad, paz y continuidad. Quizá por eso no estamos dispuestos a reconocer su condición populista sustancial. Sin embargo, implica un momento populista, como se vio en la política de Roosevelt. Si este momento populista no sufrió derivas patológicas fue sencillamente por la fortaleza de sus instituciones, el arraigo de la división de poderes y la formación de una costumbre de fidelidad a los aspectos tradicionales y republicanos de la vida política americana. Por eso, la patología no reside en la articulación populista inicial, que es inevitable si se quiere movilizar políticamente a las masas; sino en dirigirla hacia la destrucción de la forma republicana de división de poderes y los aspectos sustantivos de la Constitución.

En suma, no está en la aceptación de la forma populista de movilización popular, propia de los gobiernos democráticos de masas, sino en la consideración de esta forma como un fin en sí mismo, como un activismo y un movimiento continuo que tiende a eliminar las mediaciones republicanas constitucionales fundamentales. En este sentido, y por seguir con el ejemplo de Estados Unidos, la activación de los reflejos populistas americanos en el caso de Donald Trump puede ser reaccionaria, en la medida en que impone una politización destinada a producir la hegemonía de fuerzas arcaicas, racistas y xenófobas (lo que es ajeno a la tradición populista demócrata), pero sólo se convertirá en patológica si amenaza la forma republicana de la institucionalidad, y si pretende alterar la evolución constitucional de Estados Unidos en sentido contrario a la hasta ahora existente integración de minorías. En realidad, éste es su mayor riesgo.

Amenazar la forma republicana de la división de poderes sólo puede implicar una opción, que ya estuvo en la base de la destrucción de los sistemas democráticos en las décadas de 1920 y 1930: el refuerzo continuo del ejecutivo y su libre disposición normativa mediante órdenes imperativas, decretos, suspensiones, vetos y demás figuras de evasión del legislativo y del sistema judicial de garantías. Por supuesto, esto será posible en la medida en que esos poderes sean débiles. Y esto dependerá de tradiciones institucionales. Roosevelt la manipuló hasta el límite, pero se atuvo a su forma. Por eso, la posibilidad de que una reactivación populista se convierta en patológica es directamente proporcional a la debilidad del sistema institucional de división de poderes. De ahí que los sistemas democráticos débiles, recientes, de poco arraigo y prestigio institucional, bien porque hayan roto con formas tradicionales autoritarias de vida política (el caso de la República de Weimar), bien porque no crearan un sistema institucional de prestigio y tradición como consecuencia de una historia trágica y violenta (el caso de España en la Segunda República o de México con el PRI), y sobre todo en situaciones de exposición a la intervención de potencias extranjeras amenazantes y poderosas (el caso de Argentina en 1945), fácilmente transformarán los momentos populistas en movimientos sustantivos que eliminarán o alterarán sus propias premisas democráticas.

En cierto modo, el destino futuro estuvo marcado por la decisión acertada de mantener la fidelidad democrática y republicana de las masas a sus sistemas constitucionales. La hegemonía política y cultural que se configuró entonces determinó en buena medida el triunfo de las democracias sobre las potencias totalitarias. Por tanto, esa decisión ofrece el ejemplo de momentos populistas que significaron pasos progresivos en las construcciones políticas de sus pueblos, que actualizaron sus compromisos políticos y movilizaron sus poderes constituyentes en un sentido decisivo en la historia. Embridados por tradiciones republicanas sólidas, los movimientos populistas estadounidense e inglés consolidaron la hegemonía anglosajona sobre el mundo y ofrecieron la edad de oro de la democracia de masas, ese momento que se conoce bajo la rúbrica de «Estado del Bienestar», cuya estabilidad dejó latentes sus premisas populistas de origen. Otras irrupciones populistas, sin embargo, no tuvieron ese destino, sin duda por la carencia de tradiciones constitucionales fuertes.

Vamos a verlo ahora. Pues un análisis detenido de la irrupción populista en el caso argentino y mexicano nos puede iluminar importantes aspectos de la irrupción del momento populista y su evolución hacia una patología capaz de imposibilitar el sistema republicano constitucional. Aquí, como veremos, conviene diferenciar entre el peronismo y la construcción del PRI.

El caso de México y el populismo del PRI

Para entender el éxito del populismo del PRI en México —más de treinta años de vida estable—, debemos hacernos cargo de la tradición revolucionaria y caudillista mexicana que llevó a la Constitución de 1917, con la que oficialmente se puso fin al porfiriato, el largo gobierno de Porfirio Díaz entre 1884 y 1911, basado en la Constitución de 1857. Por eso, el cambio más importante fue la prohibición de reelección del presidente. Este cambio marcaría la historia de la política mexicana, pues ninguno de los numerosos caudillos que produjo la revolución de 1910 estaba dispuesto a cumplirlo de buen grado. Tanto Álvaro Obregón como Plutarco Elías Calles concurrieron a reelecciones y quizá eso estuvo en la base del asesinato del primero. Cuando Calles manejó el poder tras la muerte de Obregón ya era evidente que el problema de la revolución era el conflicto entre sus caudillos militares. Superar este conflicto implicaba despolitizar a los militares y dotar a la revolución de un partido político. Calles se vio como el militar llamado a realizar esta disciplina institucional capaz de consolidar la revolución. Así fundó el Partido Nacional Revolucionario, cuyos hilos mantuvo bajo su poder, para él mismo decidir desde dentro de forma inequívoca quién era el candidato a presidente. De este modo se evitaría la violencia política y la percepción de conflicto interno entre los hombres de la Revolución. La lucha descarnada se haría antes de las elecciones y desde el arbitraje del partido. El vencedor de la lucha política se presentaría ante el pueblo para una elección segura. Calles sería el árbitro de esa lucha. De este modo, se mantendría la democracia con un partido único.

Algunos detalles previos son necesarios para entender precisamente la actuación de Lázaro Cárdenas, el verdadero político populista. En efecto, el gobierno de Calles estuvo sobre todo determinado por la guerra Cristera, entre 1926 y 1929, en la que la Iglesia católica organizó milicias capaces de resistir la acción del Estado y levantar una tropa de medio millón de soldados. El motivo central del conflicto era la distribución de tierras entre los campesinos, algo que dañaba a los latifundistas católicos y a la propia Iglesia. Sin embargo, ante las protestas de Estados Unidos, que vieron a Calles como un comunista (a esta imagen ayudó abrir la primera embajada de la nueva Rusia soviética), el presidente intensificó su cooperación con Estados Unidos. Cuando la crisis financiera mexicana de 1927 obligó a la suspensión de pagos, Calles recurrió a Estados Unidos para organizar un plan de pagos de la deuda. La sugerencia consistía en disminuir el gasto en defensa y en obras públicas para dirigirlo a pagar la deuda. De este modo, Calles tuvo que mantener los ideales de la Revolución y plegarse a las presiones de Estados Unidos, cuyo montante real no se conocía.

La serie de presidentes que siguieron a Calles fueron hombres de paja. Por supuesto, cuando Calles eligió a Cárdenas como candidato en 1934 lo rodeó de sus personas de confianza y familiares para manejarlo de igual manera. Lo eligió porque representaba una nueva generación y garantizaba la renovación de la Revolución de cara a la opinión pública, tal y como se decidió en el Plan Sexenal del PNR. Cárdenas vinculó su presidencia a este plan, que parecía inspirado en la URSS. El plan, forjado con el beneplácito de Calles, dotó al gobierno de una tarea, un programa, una finalidad y una idea. En realidad, Calles no apreciaba que, como fruto de su propia obra, se había formado una diarquía en México, con el gobierno y el partido en tensión. El partido controlaba las cámaras y el gobierno la administración. Cárdenas no veía con buenos ojos esta diarquía y comenzó una política de asegurarse el control del Parlamento, lo que implicaba determinar la política del partido desde el gobierno. Eso fue visto por Calles como un ataque a su arbitraje. Y lo era. Pero no porque Cárdenas y los jóvenes aspiraban a sustituir el liderazgo carismático de los viejos caudillos por la nueva técnica, la administración y la burocracia. Calles también estaba en esa operación. Lo era porque la iniciativa quería llevarla Cárdenas desde el ejecutivo, y no aceptaba que la llevase Calles desde el partido y el Parlamento.

Ése fue el problema. Considerar al presidente de la República como el poder regulador del partido y no a la inversa. Para ello, el presidente debía presentarse como el verdadero representante de la voluntad popular, como la figura de integración de todos los núcleos de opinión revolucionaria. Eso es lo que debía lograr el Plan Sexenal bajo el liderazgo de Cárdenas. Así triunfó el ejecutivo sobre el partido. No había duda de que Cárdenas imitaba el modelo soviético. Se invocó su actuación en Tabasco como arquetipo, donde la propaganda decía que habían desaparecido las clases sociales. Lo que defendió con toda claridad en sus discursos presidenciales era que había que acabar con el caudillaje militar, pero también con el caudillaje político. Él podía reconocer a Calles como autor intelectual del plan, pero su realización correspondía a la presidencia. Y entre sus primeras medidas estaban dos decisivas: extender la formación de ejidos, la propiedad comunitaria de la tierra, y armar a los campesinos para su defensa.

No debemos pensar que estas medidas entusiasmaran a los

comunistas mexicanos. Al contrario, conscientes de que las mismas los dejaban sin clientelas, lanzaron toda su fuerza sindical contra Cárdenas, a quien llamaron fascista. En realidad, los sindicatos no comunistas estaban manejados a distancia por un hombre de Calles, Luis N. Morones, y formaban parte de la cuestión política, en la que el presidente títere no debía poner la mano. A sus órdenes, el país se sumió en una serie de huelgas. Así que Cárdenas se dio cuenta de que el grupo que podía apoyar sus medidas era el indígena, y para movilizarlo se animó a los maestros como los verdaderos emisarios de la Revolución entre sus gentes. Pero esto no podía ser suficiente. Cárdenas lanzó una actuación política desde la presidencia en defensa de las clases trabajadoras, al tiempo que ofrecía a los empresarios las garantías jurídicas necesarias. En suma, se trataba de producir el círculo keynesiano que funcionaba en Estados Unidos: mejorar el nivel de vida de los trabajadores, aumentar su capacidad de consumo y mejorar la producción y el mercado. La Revolución recogía así los intereses de la totalidad del pueblo mexicano. Pero bajo la acción del gobierno presidencial.

La política de Cárdenas fue cristalizando en todos los frentes. Un tiroteo en el Parlamento justificó la purga de los callistas. Los conflictos internos del Partido Comunista Mexicano (PCM) lo llevaron a usar a los expulsados del partido para ganar influencia en algunos núcleos sindicales comunistas. Algunos de ellos fueron financiados para que pudieran asistir al VII Congreso de la Internacional en Moscú. En ocasiones, Rafael Alberti, por aquel tiempo de 1935 en México, sirvió de interlocutor con Cárdenas. No les pidió que lo defendieran, sino que atacaran a Calles, a quien dirigieron sus calificativos de fascismo (en realidad, Calles era un tipo pintoresco, amante del espiritismo, furibundo antisemita y anticomunista, y fascinado por Hitler, cuyo libro leía cuando fue detenido y enviado al exilio americano). Cuando estas actuaciones instigadas por Cárdenas se dieron, se suponía que Calles era el verdadero poder. Cuando los sindicatos, ya de acuerdo con Cárdenas, lanzaron una huelga general el 12 de junio de 1935, como único medio para parar «la posible implantación de un régimen fascista en México», el ataque iba dirigido a Calles.

Ahora se le pasaba factura por sus relaciones con Estados Unidos, por su plan de austeridad del gasto público. Ante la situación de crisis, los sindicatos forjaron un plan de unidad. Cuando Cárdenas se pronunció sobre los hechos aseguró que los sindicatos «sabrían actuar con la cordura y el patriotismo» adecuados.

Calles se dio cuenta de que Cárdenas estaba urdiendo la tela de araña a su alrededor. Pero, a diferencia de los anteriores presidentes títeres, no pudo derrocarlo. Había minado el Parlamento, había emocionado a los indígenas con los ejidos, despertado los planes de la reforma educativa, datado de dignidad a los maestros y logrado el apoyo de los sindicatos. No sólo tenía la presidencia de la República sino que había dotado a ésta de apoyo popular. Legalidad y legitimidad estaban a punto de unificarse en su persona. Cárdenas pudo aparecer así como el jefe de los obreros. Con el tiempo, Calles reconoció que no había sabido percibir que había caído en una trampa de Cárdenas.

Así se forjó la privilegiada relación entre Cárdenas y el Partido Comunista, algo que resulta sumamente interesante. En ella fue decisiva la retórica del Frente Popular que por aquel entonces imponía la URSS y que ya funcionaba en España. Hasta 1935, una alta autoridad del PCM, Laborde, firmaba un manifiesto con el título «Ni con Calles ni con Cárdenas». En él se denunciaba que la política de Cárdenas era obrerista en la superficie, pero capitalista y proestadounidense en el fondo. Ahora, tras la visita a Moscú y la aceptación de la doctrina soviética del Frente Popular, se reconocía que el enemigo era Calles, el representante del imperialismo americano, mientras que Cárdenas aparecía como un «nacional reformista» y con él se debía formar el amplio frente popular antiimperialista. Sin embargo, Cárdenas no quería vincularse públicamente al Partido Comunista, sino articular desde el gobierno a los sindicatos. Cuando se encontraron armas en la casa de Morones, el hasta ahora manipulador de los sindicatos a favor de Calles, se les acusó de preparar un golpe de Estado y el órgano unitario de los trabajadores convocó una manifestación en diciembre de 1935 en el Zócalo para apoyar claramente a Cárdenas. Su discurso dejó claro que el Ejecutivo federal defendería a toda la nación y a la clase obrera. Calles era un traidor a su pueblo. Los comunistas pudieron decir bien alto que era agente del imperialismo. Los periódicos hablaron de Cárdenas como el «enviado del pueblo».

Fue entonces cuando Cárdenas aupó la nueva central sindical unitaria, la Confederación de Trabajadores de México, al frente de la cual se puso a un comunista que públicamente apoyó a Cárdenas. Cuando los empresarios pusieron el grito en el cielo por la sovietización de México, Cárdenas defendió a los sindicatos y sus exigencias, y recomendó que los empresarios que estuvieran cansados de regir sus empresas las entregaran al gobierno en un gesto patriótico. Luego, el sindicato se reunificó con el partido, que pasó a llamarse Partido de la Revolución Mexicana. Sólo en 1946 tendría el nombre definitivo de Partido Revolucionario Institucional. Perfeccionando la forma de gestionar de Calles, Cárdenas impuso la cooperación desde el gobierno entre el presidente y su sucesor, lo que sería la esencia del PRI. Era la manera de asegurar el control de la burocracia mediante una continuidad de cooptación presidencial respaldada por el pueblo.

Las medidas de Cárdenas son características de los llamados regímenes populistas latinoamericanos. Nacionalizó los ferrocarriles y la explotación de hidrocarburos, rompiendo relaciones con el Reino Unido en medio de una gran exaltación nacionalista, y, de forma similar, creó una banca pública para atender las necesidades de los trabajadores de los ejidos, a los que había organizado en la Confederación Nacional Campesina. Del mismo modo, comenzó a forjar una hegemonía cultural, en la que colaboró el exilio español. Definió el Museo Nacional de Historia y fundó las instituciones centrales de la cultura oficial mexicana: Colegio de México, Instituto Nacional de Antropología, y con su presidencia dio los primeros pasos firmes el Fondo de Cultura Económica, la mayor editorial en español del mundo. Por supuesto, la llegada de los académicos españoles permitió desarrollar un derecho laboral muy consistente, que mantuvo los niveles protectores sobre los trabajadores y aseguró la alianza con los sindicatos. En suma, Cárdenas estabilizó el régimen de la Revolución, aseguró el dominio político del partido, disciplinó la batalla presidencial, permitió la existencia de la democracia de partido único en el que se enrolaban los componentes obreros, campesinos, militares y populares, y creó una élite política que administró las nacionalizaciones con exclusividad, manteniendo un sistema político que en realidad se podía presentar como alternativo al de Estados Unidos, pues tenía relaciones con la URSS a través de un Partido Comunista plagado de notables y hombres de la cultura. Este dominio hegemónico de la política mexicana fue indiscutido hasta las grandes movilizaciones de 1968, que llevaron a las matanzas estudiantiles que Octavio Paz examinó en su nuevo epílogo al *Laberinto de la soledad*. Con esto, y a diferencia del peronismo, el populismo de Cárdenas determinó una continuidad política que evadió los peligros de los bandazos a los que estuvo sometida la política argentina, pero a costa de reducir la base democrática a un plebiscito de aclamación del presidente pactado en realidad por el presidente anterior con los poderes del PRI. Pero también, a diferencia de la capacidad de resurrección del justicialismo, la política del PRI tiene muchas menos posibilidades de reorganizar frentes hegemónicos, por lo que deja el campo del populismo abierto a otras iniciativas. En realidad, como hemos visto, la identificación del PRI con el Estado mexicano moderno amenaza con que la ruina del primero lleve aparejada la ruina del segundo.

Los populismos latinoamericanos: Argentina

Si recordamos, la emergencia del peronismo se debe enmarcar en el contexto del gobierno militar que había puesto fin a las dictaduras militares de la Década Infame en el año 1943. Esta larga Década Infame se había iniciado con el golpe de José Felix Uriburu contra Hipólito Irigoyen en 1930. Como sabemos, Irigoyen, viejo seguidor de Sarmiento, había impuesto el sufragio universal de varones y perdió el poder constitucional en 1930, justo cuando la crisis de 1929 se encontraba en su apogeo y el gobierno estaba a punto de nacionalizar el petróleo argentino. Sin cierta continuidad con la figura de Irigoyen no se entenderá la figura de Perón. Por lo tanto, en el caso del peronismo estamos hablando de una cierta voluntad de continuidad con la historia constitucional argentina, no de su alteración radical. Es preciso recordar que Uriburu era la punta de un iceberg en el que se apiñaba gran parte de la Iglesia católica, los fascistas corporativistas de Lugones, muchos españoles amigos de Primo de Rivera y sobre todo el ejército, fuerzas que pronto se organizaron en un simulacro de partido que se llamó La Concordancia. Esta década larga que se inició en 1930 acabó con el golpe militar de la Revolución de 1943, del que al inicio no formaba parte Juan Domingo Perón.

El golpe militar de 1943 fue bien recibido por gran parte de la población, y tuvo en contra al Partido Comunista. Fuera cual fuese la participación del mítico Grupo de Oficiales Unidos, en el que ya estaba incluido Perón, resulta evidente que la ideología que inspiraba el golpe de 1943 era nacionalista, antiamericana y anticomunista y en cierto modo neutral respecto a las potencias que combatían en la segunda guerra mundial. Sin embargo, no tenía definida una política clara. Respecto a ellos, Perón era una figura menor y no estaba en los gobiernos iniciales. Poco a poco, la neutralidad cristalizó en un sentimiento antiamericano, y la actitud del gobierno se decantó hacia la derecha católica hispanista, con una fuerte hostilidad hacia los sindicatos socialistas y comunistas. Con la idea de controlar los movimientos de trabajadores ideologizados, se creó el Departamento de Trabajo y se puso al frente del mismo a Perón. Una década larga de política de industrialización para sustituir importaciones había generado un movimiento obrero amplio y dinámico alimentado por la emigración. La función de Perón debía ser controlar los sindicatos desde el gobierno, pero tal cosa era inviable con una política derechista. Por mucho que los sindicatos estuviesen implicados en el proceso de industrialización, pues veían al Estado como un aliado, no encontrarían interlocutores adecuados en el gobierno de la junta militar de Pedro Pablo Ramírez.

Ésa fue la oportunidad que aprovechó Perón. Atento a las demandas y reclamaciones de los sindicatos, las unificó en una referencia retóricamente clara pero políticamente abstracta:

dignificar el trabajo. Sin embargo, tuvo concreciones tangibles. Para implementar su programa, comenzó la política de convenios colectivos y de relaciones intensas con los líderes sindicalistas. El resultado fue desactivar la huelga general revolucionaria que se preparaba contra el gobierno y crear una central sindical única. Pronto, la Secretaría de Trabajo y Previsión, que Perón dirigía, tuvo estatuto de ministerio. Su activismo legislativo fue intenso a favor de los trabajadores. Así se evidenciaron las tensiones con los grupos del gobierno militar vinculados al catolicismo, al hispanismo y al neutralismo. Estos grupos veían que Perón lograba una base popular para la revolución de 1943, un nacionalismo antiamericano, un industrialismo claro y un nacionalismo apoyado por los trabajadores, que comenzaron a poner por encima la fidelidad nacional a las ideas socialistas. Así cristalizaron dos opciones en el seno de la junta militar de 1943: el viejo nacionalismo elitista oligárquico y conservador frente al nuevo nacionalismo popular y plebeyo. Cuando en 1944 las tensiones con Estados Unidos crecieron, ante los intentos de Washington de formar un bloque neutral en el hemisferio austral, los dirigentes conservadores no pudieron soportar la presión y Argentina rompió relaciones con Alemania. Este gesto descolgó del gobierno a los militares más conservadores, claramente proalemanes, y dejó solo al presidente del gobierno, el general Pedro Pablo Ramírez, cuya posición se hizo insostenible.

Sin embargo, la presión estadounidense no cesó. El presidente siguiente, Edelmiro Farrell, no fue reconocido por Estados Unidos, que decidió aislarlo. Su principal apoyo entonces fue Perón, lo que escoró las cosas hacia el nuevo nacionalismo popular, todavía más antiamericano. En efecto, con la derecha católica y nacionalista, Perón compartía su hostilidad a las injerencias de Estados Unidos, pero, a diferencia de ella, se orientaba en lo social y laboral a favor de los sindicatos. De tal manera que se adueñó de la situación. Pronto, a la dirección de la Secretaría del Trabajo, añadió su cargo como ministro de Guerra y la vicepresidencia. En estas condiciones, Estados Unidos retiró al embajador y todos los países latinoamericanos lo siguieron. La finalidad de Estados Unidos era separar por completo a Argentina de Gran Bretaña y sabemos que el mismo Roosevelt presionó a Churchill para que retirara su embajador. La hostilidad americana fue tremenda. Washington impuso el bloqueo, congeló los fondos argentinos y apoyó al gobierno amigo de Getúlio Vargas. Perón reaccionó con fuerza asegurando la fidelidad de los trabajadores y concediendo ventajas a los obreros del campo, lo que vulneraba de forma directa los intereses de los estancieros, bien representados entre las élites católicas. Al final se establecieron tribunales específicos de trabajo, se aprobó un plan de jubilaciones, se mantuvo la tasa de industrialización incluso en sectores pesados, vinculados a la defensa nacional, y se desplegó una política proteccionista.

Para el gobierno Farrell-Perón lo fundamental era preparar una salida electoral al régimen y comprendieron que para ello debían acabar con el bloqueo estadounidense. Así, Perón, fueran las que fuesen sus simpatías personales, pactó con Estados Unidos declarar la guerra a Alemania y Japón, lo que permitió que Argentina ingresara en la conferencia de San Francisco en junio de 1945, cuando se fundó la ONU. Pero la política sindical e industrial era demasiado contraria a los intereses de los *lobbies* de Washington, que enviaron como embajador a un empresario de minas, con intereses en la industria del petróleo y en fuerte relación con la United Fruit Company. El embajador Spruille Braden conectó con las clases medias porteñas, con las élites comerciales, con sectores de la patronal y todos juntos lanzaron una ofensiva contra las leyes laborales de Perón. Los sindicatos reaccionaron con fuerza y vieron en Perón su muro principal de defensa. El país se escindió en dos. Cuando la universidad tomó partido por las clases acomodadas, los líderes sindicales, que ya trabajaban con Perón, lanzaron su consigna específicamente populista y antielitista: «Alpargatas sí, libros no». Sin embargo, este enfrentamiento con la universidad no sería permanente en el peronismo.

Es difícil radiografiar la estructura del movimiento político de oposición del peronismo incipiente. En su carácter heteróclito estaba su mayor debilidad. Se trataba de una convergencia de radicales, demócratas cristianos, conservadores, más algunos líderes socialistas y comunistas que veían cómo el sindicalismo de Perón los privaba de sus bases sociales obreras. En realidad, eran todas las élites efectivas, de todo signo, que se sentían amenazadas por la irrupción de Perón y su capacidad de reunir a los trabajadores, muchos de ellos emigrantes y llegados a Buenos Aires al hilo de la industrialización. La consecuencia fue la detención de Perón y su encierro en la isla Martín García. Lo demás es muy conocido. Las movilizaciones obreras crecientes, la mítica ocupación de la plaza de Mayo, la liberación de Perón, el discurso desde el balcón de la Casa Rosada y las elecciones de febrero de 1946.

Lo que hace de la irrupción del peronismo un arquetipo de movimiento populista es el hecho de la dualización radical de la sociedad y de la representación política que produjo. Perón era un recién llegado al sistema de representación. Pero había gozado de poder suficiente para reunir a las masas obreras en la Confederación General del Trabajo. Gozar de esa fidelidad de las masas obreras fue lo determinante. Esas masas nunca habían tenido una representación política propia unitaria. Podían participar en sindicatos sectoriales y perseguir ideas políticas plurales, pero no se articularon como un colectivo visible, unitario, identificado, afincado en sus propias exigencias e ideas. En realidad, habían pasado trece años sin elecciones y las viejas adscripciones partidistas estaban erosionadas. Perón logró articular un nuevo sujeto político y lo lanzó frente a todas las demás opciones políticas, que tuvieron que reagruparse en una plataforma que vinculaba desde los radicales a los progresistas, socialistas y comunistas. Esta capacidad de reasignación de todas las fuerzas en un juego diferente es lo que hace del peronismo un modelo de populismo. No se trataba de izquierdas y derechas, pues enfrente tenía a los partidos comunista y socialista, mientras que con Perón iban los independientes conservadores. Pero no había sólo constructivismo y retórica posmoderna. Había política. Con Perón iban las masas obreras, las mujeres politizadas, y con una Unión Democrática que le hacía frente iban las patronales, los colegios profesionales, las organizaciones estudiantiles, esto es, las clases instaladas. Se trató de lo nuevo y lo viejo, de las élites antiguas dominantes cada una en su zona de poder, frente a una nueva militancia surgida de la nueva sociedad forjada en las décadas de industrialización y emigración.

Lo que luego devino una retórica antiamericana bastante grotesca, en boca de líderes con menor entidad, en la época de la emergencia del peronismo tenía un sentido bastante realista. Es más: resulta inevitable no recordar los tremendos errores, consecuencia de lo injusto de su posición, que cometió Estados Unidos. En efecto, el embajador Braden hizo público el llamado «Libro Azul». Su propuesta era impulsar una especie de cien mil hijos de San Luis para ocupar militarmente Argentina con el acuerdo de todos los países latinoamericanos e inhabilitar a Perón. La Unión Democrática no presentó batalla a la idea, sino que la usó para atemorizar con los peligros que podría llevar votar a Perón. Éste encontró una divisa adicional para la construcción populista de la nueva identidad política. Con la frase «Braden o Perón» mostró la equivalencia entre élites viejas, promiscuidad política, carencia de patriotismo, servilismo estadounidense y hostilidad al trabajador. Perón representó las equivalencias contrarias. El intento de la oposición de encasillarlo como parte del régimen militar, de la dictadura, frente a la Unión Democrática, que abanderaba la vieja vida constitucional anterior a 1930, no fraguó. Para todos los observadores y actores, sin embargo, Perón luchaba contra todos y era un perdedor. En realidad, nadie había entrevisto lo que él era: un sujeto político nuevo que se había forjado a lo largo de los últimos quince años y para el que las fuerzas tradicionales y la vieja Constitución eran un recuerdo inane. Ese nuevo sujeto le dio la victoria a Perón y al Partido Laborista. Curiosamente, el Partido Socialista y el Partido Comunista no alcanzaron ni un solo representante.

Lo que sucedió con la irrupción del peronismo se parece más a una revolución política que a un momento populista de democracia caliente, propio de un régimen constitucional asentado. En algún modo, tiene cierto parecido a la emergencia de la Segunda República española. Tras una dictadura, el sujeto político nunca es el mismo y querer volver a la época anterior a la dictadura es más bien un sueño. Las fuerzas que convivieron con la dictadura, o que no tuvieron la capacidad de destruirla, no pudieron aparecer sino como carentes de legitimidad. Por lo demás, si esa dictadura produce transformaciones sociales importantes, constituye una incógnita cómo se comportarán los nuevos sujetos políticos que se conformen. Pero sobre todo, si esas nuevas masas han alcanzado ventajas materiales claras y rotundas por la actuación política de un actor, como Perón, que puede presentarse ante ellas como víctima sacrificial, capaz de correr riesgos de muerte por haberlas defendido, entonces es fácil que le ofrezcan su fidelidad y lo conviertan en un momento mítico fundacional de tradiciones políticas. Todo lo que tuvo que ver con la destitución de Perón y su triunfo popular alcanzó la condición de mito político fundador. Como tal, instituyó una *complexio oppositorum* formidable que sigue alentando en la vida política argentina: compartía con los conservadores su nacionalismo y patriotismo, y con los progresistas su atención a los obreros, a la juventud y a la mujer; era verdad que mejoraba las condiciones de los obreros, pero también que ofrecía orden a la patronal y su política redistributiva no ponía en peligro la propiedad privada; su condición de militar era una garantía para el ejército, pero su nacionalismo y su política industrial permitían que el ejército no tuviera intereses contrarios a las capas populares.

En suma, todo lo que ha teorizado Ernesto Laclau, Perón lo realizó demostrando que la práctica sin teoría, cuando tiene la circunstancia y el hombre adecuado, es más segura que la teoría sin kairós y sin hombres idóneos. Este mito fundador de Perón define fuerzas objetivas, intereses materiales e ideales claros, formas de articulación del electorado plural; y es fácil que la democracia argentina busque en el seno de esta tradición la posibilidad de una política que atraiga a amplios sectores del país desfavorecidos y plebeyos. En este sentido, más que un populismo sustantivo, que siempre es innovador y de futuro incierto, el peronismo es más bien la tradición democrática popular propia del electorado argentino más desfavorecido. Su ideología es un nacionalismo popular de redistribución y de dignificación de capas plebeyas desfavorecidas, y su problema es cómo mantener la fidelidad de esas masas bien porque no vean mejoras reales tras su gobierno (época de Menem), bien porque al mejorar su situación se pasen a opciones más conservadoras. Esta posibilidad somete a las mayorías peronistas a la fragilidad de los bandazos, sobre todo cuando no son capaces de presentar líderes polivalentes. En la medida en que esos bandazos se presentan casi inevitables en un sistema democrático, el peronismo puede tener la aspiración de asegurarse contra ellos mediante una política de medios de comunicación y la formación de una hegemonía cultural, que tenga de su lado a la universidad (frente a las previsiones iniciales), e incluso coqueteando con reformas constitucionales que favorezcan al ejecutivo. Pero la memoria oprobiosa de las juntas militares y los regímenes antidemocráticos es demasiado fuerte en Argentina como para que el peronismo pueda violar las reglas de juego del régimen democrático. Eso le ofrece el aspecto de un ave fénix que, por mucho que acabe sus gobiernos en desafección y fracaso, en el curso de una generación vuelve a renacer, y en verdad lo hará siempre que esas capas populares, profundamente antiestadounidenses, sean convencidas de que tienen una opción de ser determinantes de la mayoría política, y por eso acompaña la historia democrática de Argentina desde su fundación.

Conclusión

De esta breve historia de los populismos americanos de las décadas de 1930 y 1940 se derivan algunas lecciones importantes. Los populismos triunfaron porque fueron regímenes sincréticos construidos sobre poderosos elementos contradictorios. Todos ellos se forjaron para alcanzar la fidelidad de las masas obreras y campesinas, sin las que resultaba imposible desplegar la democracia, pero también por mantener la voluntad de cambio más alejada de los ideales revolucionarios y dentro de los sistemas constitucionales vigentes. Por tanto, fueron formas de gobiernos de masas a las que encuadraron en organizaciones y dieron un poder político que no tenían antes. Forjaron sujetos políticos decisorios en una época en la que los procesos de industrialización tardíos o en crisis fueron convergentes con procesos de reestructuración de la producción agraria. En estas características coinciden los populismos al norte y al sur de Río Grande. Su éxito dependió del sencillo hecho de que los partidos socialistas y comunistas tradicionales o no existían o, enquistados en una élite inoperante, no supieron movilizar a esas mismas masas y ponerlas a su servicio. En cierto modo, en situaciones de crisis todos ellos supieron evitar la guerra civil y la guerra revolucionaria. De ahí que los tres movimientos tuvieron que atender reivindicaciones obreras y canalizarlas de otro modo, pero la consecuencia fue que impidieron el éxito de la Tercera Internacional en sus territorios y dejaron al comunismo sin capacidad de actuación.

Las diferencias entre el populismo de Roosevelt y el de Cárdenas o Perón consistieron fundamentalmente en la fortaleza del sistema institucional estadounidense, frente a la debilidad de los sistemas argentino y mexicano. Esta debilidad no estuvo producida por el populismo, sino que lo hizo tanto más necesario y probable. Pues, en realidad, sólo cuando los regímenes populistas de América del Sur lograron la fidelidad de esas masas que hasta ahora no estaban integradas plenamente en el sistema político, sólo entonces se logró estabilizar una forma real de democracia, algo que siempre fue un supuesto en América del Norte. En el caso de Argentina, la democracia no fue estable, pero canalizó una lucha política clara. En el caso de México, el régimen fue estable, pero la democracia mínima. Pero ninguno de los dos populismos dio el paso a formas totalitarias. Esta apreciación puede ser convalidada con el hecho de que las consecuencias que sobrevinieron a sus derrotas implicaron una gran inestabilidad política que rozó la situación de Estados fallidos.

Con este sincretismo del que hablo está relacionada de manera muy central la cuestión de la posición de los regímenes populistas en las grandes constelaciones de la política internacional. En todos los casos, la fidelidad de las masas ganada con medios populistas apoyó temporalmente la posición internacional de sus respectivos poderes estatales con fuerza. En esto también coinciden los populismos del norte y del sur de América y aquí la diferencia estuvo entre disponer de una agenda bien establecida para posibilitar una intervención activa, o tener que adaptarse a un marco impuesto por las otras potencias. Así, el populismo de Roosevelt enroló a las masas estadounidenses en la defensa de la libertad y de la democracia como el espíritu básico de su pueblo, lo que se tradujo en una capacidad de intervención mundial capaz de alterar todas las relaciones internacionales y producir una especie de *translatio imperii* desde Gran Bretaña a Estados Unidos. Pero, en el fondo, Roosevelt y Estados Unidos sólo de forma renuente se implicaron en unas relaciones internacionales que iban más allá de la doctrina Monroe, y podemos decir que la necesidad de defender los ideales de la libertad y la democracia persuadió a muchos americanos porque la amenaza de un poder mundial totalitario con Hitler y Japón era muy real. Así que la opinión pública se adhirió a ese combate desde la profunda convicción de defender una causa justa.

Como ya he comentado antes, tal cosa no ocurrió en los sucesivos programas de intervención mundial, con Corea, Vietnam u Oriente Medio. La incapacidad de movilizar a la opinión pública estadounidense con estos mismos ideales se debió a que no fue posible articularlos en un sincretismo populista. Desde entonces, las élites conservadoras de Estados Unidos buscan esa articulación capaz de apoyar una política internacional fuerte, primero con la revolución conservadora de Reagan, luego con la guerra contra el terror de Bush y ahora con los ideales regeneracionistas de Trump, una solución de urgencia ante la incapacidad del Tea Party de generar esa articulación. Esa política ha cristalizado en el momento en que las consecuencias negativas de la globalización amenazan con retirar el afecto a las instituciones americanas de las clases medias blancas empobrecidas, lo que produciría una peligrosa transferencia de liderazgo a otras minorías, sin duda menos fiables en situaciones de una política internacional más agresiva.

Desde luego, países como Argentina y México, y luego Cuba o Venezuela, no pueden determinar la escena internacional y por eso se ven obligados a buscar posiciones reactivas ampliamente oportunistas si quieren gozar de un margen de maniobra.

En este sentido, los regímenes populistas ofrecieron a la Argentina de Perón y al México de Cárdenas bazas suficientes para mantener cierta distancia de una política estadounidense que iniciaba sus momentos más álgidos de intervención en América Latina. En este sentido, sus populismos fueron las formas de la conciencia nacional que pudo desplazar, en la defensa de la razón del Estado y de su independencia, a las mismas élites nacionales senatoriales que habían construido esa narrativa nacional a lo largo del siglo XIX, y que la habían arruinado como consecuencia de su pacto continuo con las potencias imperiales. En este sentido, el populismo siempre implica un nacionalismo de masas necesario para mantener una política internacional intensa, sostenida por un sentido fuerte de la soberanía que, aunque ideológico e iluso, tiene rendimientos de poder interno y una capacidad de pasionalización de la vida política como ningún otro.

Estas reflexiones nos permiten explicar lo que hay en el fondo de los populismos que emergen en los países europeos, ya sea entre poblaciones de minorías nacionales ya sea entre poblaciones de grandes Estados. En situaciones de crisis social, y en momentos de relaciones internacionales conflictivas, los viejos sentimientos nacionales se activan al margen de las élites tradicionales y reclaman su *complexio oppositorum* de reivindicaciones de bienestar económico y de protección existencial. Estas reclamaciones sólo se pueden atender, como muestran estas historias, uniendo elementos de la vieja derecha (patriotismo, soberanía) y de la vieja izquierda (obrerismo, solidaridad), pero vinculados al ejército y a una política de seguridad y articulando una hegemonía de valores que conecte con el sentido de legitimidad de las masas. Lo único decisivo es si, en este momento de interconexiones económicas y de peligros globales, la construcción populista, con su idea arcaica de comunidad existencial nacional, no generará en el corto plazo un agravamiento de todos los problemas, imposibilitando el mantenimiento de los órdenes constitucionales y abriendo el camino a derivas imprevisibles, a formas populistas sustantivas y coactivas y a una intensificación del antagonismo interno y externo.

2

De dónde viene y adónde va. Un estudio del contexto antisistema

Aurora Nacarino-Brabo

¿Tu verdad? No, la Verdad,
y ven conmigo a buscarla.
La tuya, guárdatela.

ANTONIO MACHADO,
poeta y pensador español

El fin de la historia

Asistimos a la mayor transformación del orden político desde la derrota del comunismo. Conceptos como populismo, posverdad, *antiestablishment* o *alt-right* protagonizaron el curso político de 2016, y todo parece indicar que seguirán con nosotros en 2017. Pero ese populismo que hemos visto crecer en Europa y América no se ha expandido por panspermia. No ha llegado del espacio exterior para colonizarnos. Estaba en casa, siempre lo ha estado, bajo otra apariencia o latente, aguardando su oportunidad.

Algo está cambiando en nuestro mundo globalizado. La caída del Muro de Berlín inauguró un tiempo en el que la democracia liberal y la economía de mercado parecían no tener contestación. Autores como Fukuyama predicaron, desde una reinterpretación del idealismo hegeliano, «el fin de la historia». Con la desaparición del bloque soviético, decía, habría de ponerse término a la sucesión de grandes acontecimientos humanos. Y así parecía confirmarlo el otrora turbulento siglo XX, que concluía instalado en un sueño burgués de crecimiento económico y estabilidad política.

La tesis de Fukuyama pretendía ser una contestación al materialismo histórico y, sin embargo, asumía buena parte del marco teórico marxista al afirmar que el fin de la historia estaba directamente relacionado con la transformación de la estructura económica y con el sistema de producción, dejando a un lado el impacto de la cultura y el sistema de valores sobre el que puso el foco Max Weber. Esto no quiere decir que Fukuyama abanderase la hipótesis marxista de la lucha de clases como motor de la historia. Para el politólogo estadounidense de origen japonés son la razón científica y el afán de reconocimiento los que han determinado el devenir histórico.

Por un lado, considera que el progreso científico conduce inexorablemente al capitalismo y el individualismo. El libre mercado es el sistema dotado de la flexibilidad, la iniciativa personal y la competencia necesarias para permitir la innovación de la ciencia. Por otra parte, la volición que domina al individuo es la afirmación ante los otros. Y esa aspiración sólo puede ser satisfecha por el ordenamiento democrático. Para Fukuyama, el liberalismo iguala la dignidad de todos los seres humanos. En este sistema ningún individuo es más que otro, lo que permite que el deseo de reconocimiento se vea saciado. Es ahí donde Fukuyama conecta con su idea del último hombre, un concepto que toma prestado de Nietzsche: desprendido de la necesidad de reconocimiento que lo definía, el hombre, tal como lo conocimos, deja de existir.

Así, Fukuyama augura un progresivo advenimiento del orden liberal, político y económico, que, en su opinión, determinará el fin de la historia. El fin de la historia porque la democracia y el capitalismo han demostrado no tener contestación ideológica ni económica, como quedó de manifiesto tras la caída del bloque soviético y como confirma el hecho de que Rusia y China hayan abrazado el mercado. La democracia liberal sería algo así como «el punto final de la evolución ideológica de la humanidad» o su «forma final de gobierno».

Con esto, Fukuyama no quiere decir que la historia vaya a seguir un recorrido lineal hasta que la democracia alcance un estatus hegemónico. Describe el proceso como largo y sinuoso, salpicado de altibajos. Para el politólogo, la historia es algo así como un choque permanente entre formas de organización rivales que va dejando en la cuneta a las menos competitivas. En su último estadio, la democracia liberal prevalece como vencedora entre todas las demás. Es entonces cuando se alcanza el fin de la historia.

Pero no todas las sociedades llegan a ese final a la misma velocidad. Algunas, como las que conforman Europa y Norteamérica, ya están en ese momento «poshistórico». Otras muchas transitarán todavía la historia por tiempo largo. El distinto grado de desarrollo económico de los países dibuja diferencias en el tránsito a la democracia. Además, las divisiones culturales pueden suponer un obstáculo para la llegada del liberalismo. Elementos identitarios de carácter religioso, étnico, ideológico o simbólico son el origen de conflictos sociales y políticos de difícil extinción. Así, el autor concluye que ambos mundos, poshistórico e histórico, «mantendrán existencias paralelas pero separadas, con relativamente poca interacción entre ellos». Considera que los primeros países establecerán relaciones internacionales basadas en la cooperación política y económica, y la guerra quedará desterrada. Mientras tanto, su trato con los países del mundo histórico será escaso y tenso.

El choque de civilizaciones

A estas alturas, es posible que el lector se esté preguntando qué relación guarda todo esto con el reciente fenómeno populista. Bien, ya hemos visto que hacia el final de la Guerra Fría el optimismo liberal se abría paso, pero no todos compartían el triunfalismo de Fukuyama. De hecho, su principal crítico habría de ser su propio maestro: Samuel Huntington. En 1996, cuatro años después de que Fukuyama publicara su tesis sobre el final de la historia, Huntington respondería con su célebre *El choque de civilizaciones*, que venía a enmendar buena parte de las tesis de su discípulo.

Fukuyama partía de la convicción de que los valores occidentales son universales. Pensaba que la democracia, las libertades individuales, el Estado de derecho y la prosperidad basada en el libre mercado eran aspiraciones globales de las que todos los seres humanos desearían poder disfrutar. Y lo pensaba porque, de hecho, la gente vota con los pies: los flujos migratorios muestran de forma incontestable que las sociedades democratizadas del primer mundo son el destino preferido para vivir y trabajar.

Huntington no compartía esta visión. Concedía que la identidad y las lealtades que antes copaban las naciones y las ideologías se estaban transformando, pero sólo para organizarse en torno a grandes bloques culturales que llamó «civilizaciones», y que, como placas tectónicas en una falla inestable, están en permanente choque. Mientras Fukuyama defendía la idea de que la modernización haría avanzar a los países de forma inevitable hacia el liberalismo político y económico, Huntington insistía en trazar una distinción entre modernización y occidentalización, advirtiendo de los riesgos de que el desarrollo material y técnico diera lugar, en algunas regiones, a una evolución divergente con Occidente.

Para Huntington es indudable que casi todos los países persiguen un objetivo de modernización y prosperidad, pero eso no les hace necesariamente proclives a abrazar los valores occidentales. Considera que el progreso tecnológico favorece la confianza y el orgullo por la cultura propia, incrementando el poderío económico, militar y político de las naciones. Al mismo tiempo, esa modernización tiende a atomizar los lazos sociales tradicionales, anunciándonos el tránsito de la vida en comunidad a la vida en sociedad. Transforma los espacios de socialización, inaugura un mundo nuevo de incertidumbre, modifica las relaciones familiares y personales; y toda esa extrañeza propicia el aislamiento de los individuos, conduciendo a un estado de anomia. La modernidad, al fin, podría resumirse bien en las palabras de Ortega y Gasset: «No sabemos lo que nos pasa, y eso es precisamente lo que nos pasa».

Es así como Huntington explica el llamado «resurgimiento islámico»: el desarrollo técnico ha henchido de confianza a muchos países árabes largamente acomplejados y eclipsados por el dominio de Occidente y, a la vez, ha propiciado una reacción tradicionalista contra la modernización. En este contexto, muchos individuos se han descubierto de repente solos en medio de un universo cambiante, donde la seguridad y las certezas se han desvanecido. Frente a la incertidumbre del mundo moderno, el islam se presenta como una opción de salvación que, además, dota de pertenencia al creyente. Ya no está aislado: forma parte de una comunidad de cultura y valores que lo respalda, tiene un destino y su vida cobra sentido.

¿Quiere decir esto que Huntington tenía razón y Fukuyama estaba equivocado? Quizá sea pronto para saberlo. Por un lado, las inercias descritas por Huntington para Oriente Medio se cumplieron casi como una profecía. Cinco años después de que publicara su ensayo, el 11 de septiembre de 2001, tendría lugar el peor atentado terrorista de la historia, que supondría una declaración de guerra contra Occidente. No se ha producido el fin de los grandes conflictos humanos que vaticinó Fukuyama, no hemos alcanzado el fin de la historia, pero la historia es indudablemente otra. Las turbulencias propiciadas por el choque de ideologías cedieron el paso a nuevos conflictos de orden cultural, tal como anunció Huntington.

Además, la humanidad no sólo no ha progresado hacia la democracia y el capitalismo desde entonces, sino que atravesamos un momento de regresión antiliberal. Según Freedom House, 72 países experimentaron un retroceso democrático en 2015, la cifra más alta desde que comenzaron los registros hace diez años. En este tiempo, sólo 61 países han progresado en libertades, frente a los 105 que han visto declinar sus derechos, y la peor parte se la llevan Oriente Medio y el norte de África, seguidos de Eurasia.

Estas estadísticas no tienen por qué anular completamente las tesis de Fukuyama. En todo este tiempo, la democracia liberal ha demostrado ser un modelo de organización política y económica incontestado: ningún otro sistema es capaz de proveer cotas similares de bienestar y estabilidad. Además, aunque las libertades hayan retrocedido en la última década, las encuestas demuestran que nunca hubo tantos partidarios de la democracia en el mundo como hoy, lo cual representa una ventana abierta a la esperanza.

No obstante, en el mundo del siglo XXI las fronteras entre el mundo poshistórico y el histórico, o entre civilizaciones, tienden a difuminarse. Las sociedades distan mucho de ser homogéneas y herméticas: están integradas, superpuestas, debido a la globalización y la intensificación de los flujos migratorios. Así, lo que ni Fukuyama ni Huntington fueron capaces de anticipar es que la rivalidad entre civilizaciones no se produce por el roce de fronteras bien dibujadas, como si de placas tectónicas se tratara: los conflictos se trasladan al interior de las sociedades occidentales, que se encuentran atravesadas por una gran pluralidad de valores, culturas y credos.

Además, ambos olvidan que, como bien observó Seizaburo Sato, las confrontaciones propias de nuestro tiempo tienen que ver con la aparición de crisis de identidad en los individuos. De este modo, como veremos más adelante, el estallido de la recesión económica global servirá para desatar una crisis en las hipertrofiadas identidades individuales de Occidente. Entonces, el individuo encontrará alivio en la colectividad, y emprenderá una búsqueda de culpables para sus dificultades personales que se traducirá en conflictos políticos, sociales y culturales.

Individuo y masa

La búsqueda de lo gregario como refugio del individuo atribulado por los cambios que introduce la modernidad ha tenido lugar históricamente en momentos de crisis y grandes transformaciones, y siempre ha dado lugar a conflictos cuya resolución se ha mostrado larga, costosa y sangrienta.

Dios

El nacimiento del individuo con conciencia de su singularidad coincidió con el tránsito que tuvo lugar del sistema feudal al capitalismo, y que anunciaba el declive del Antiguo Régimen. En el sistema estamental no había lugar para la autonomía, no dejaba espacio a la iniciativa personal ni preveía algo así como un ascensor social ligado al talento o al mérito. En lo político, no existía más voz que la del monarca absoluto, en lo organizativo, la centralización era la norma, y el concepto de propiedad era aún muy primitivo. Sin embargo, este sistema proporcionaba una cierta seguridad. La persona sabía cuál era su lugar en el mundo. Nacía en una familia que desempeñaba un oficio y pertenecía a un gremio al que quedaba ligado de por vida.

El tránsito del feudalismo al capitalismo propició una anomia similar a la que Huntington describe para explicar el resurgimiento islámico. La quiebra de la organización estamental permitió el descubrimiento del individuo, le dotó de voz y de libertad. Pero también disolvió los lazos tradicionales que le infundían sentido de pertenencia, inaugurando un mundo dominado por transformaciones rápidas, fuente de dudas e inseguridades.

No es extraño que en este escenario cobrara gran pujanza la fe protestante de Martín Lutero. La doctrina nacida de la Reforma permitía una vivencia de la religión más personal y más libre, que se ajustaba a los nuevos valores de la modernización. Pero, al mismo tiempo, el protestantismo ofrecía una comunidad de pertenencia, que proveía certezas y salvación en un momento de tribulación y cambio.

Patria

Desde entonces, impelida por esa razón científica que Fukuyama señala como motor de la historia, la modernización ha continuado avanzando de forma imparable. Llegó después el turno de las revoluciones liberales que irrumpieron con la Revolución francesa. No es casualidad que la Revolución industrial hubiera comenzado sólo unas décadas antes en Inglaterra. Las rápidas transformaciones económicas, sociales y políticas propiciadas por el desarrollo tecnológico dibujaron un horizonte nuevo, desconocido, repleto de oportunidades, pero también de amenazas. Sin embargo, el momento histórico había cambiado. Europa ya no se parecía a aquellos protoestados nacionales de ciento cincuenta años atrás, y el Estado-nación alcanzaba por fin su madurez. Así, cuando los lazos sociales tradicionales quedaron rotos por la nueva oleada de modernización, ese vacío, que antes había llenado Dios, pasó a ocuparlo la nación.

Se acuñó el concepto de soberanía nacional para designar a un nuevo sujeto colectivo que se oponía a la soberanía unipersonal del monarca absoluto. Si las personas solían encontrar pertenencia como parte de una comunidad religiosa, con la irrupción de las revoluciones liberales sería el sentimiento de solidaridad horizontal entre los miembros de la nación el que dotaría de sentido a la existencia. Europa descubrió el fervor patriótico que permitía a los individuos disolver su singularidad, y también sus vacilaciones, su ansiedad, sus debilidades, en una masa orgullosa, igualitaria y fuerte.

En las regiones más desarrolladas, las nuevas condiciones materiales proporcionadas por el progreso tecnológico transformaron las viejas sociedades europeas: la extensión de la educación, la alfabetización, las comunicaciones y el «capitalismo impreso» permitieron el paso a una cultura nacional. Los Estados impulsaron las identidades nacionales por medio de sistemas educativos que imponían una cultura homogénea y un relato histórico común y mitificado. También se crearon festejos, desfiles, símbolos y canciones para ensalzar la nueva comunidad nacional.

Eran días en que los Estados nacionales basaban su supervivencia y desarrollo en la rivalidad y la guerra. Por eso, Europa se volcó en la construcción de ejércitos modernos y se preocupó de desarrollar una administración que permitiera articular un sistema impositivo y mantener un control centralizado del territorio. Era crucial disponer de un sistema tributario eficiente que permitiera sostener la nueva administración y el esfuerzo de guerra. Pero mandar a los hombres al frente y reclamarles el pago de impuestos exigía una contrapartida: la concesión de derechos de ciudadanía.

Es así como llegamos a una paradoja: mientras las revoluciones liberales contribuyeron a avanzar en la conquista de derechos individuales, al mismo tiempo, condujeron a Europa al nacionalismo y la guerra. Así, podemos decir que se cumple una tercera ley de Newton aplicada a la historia: a cada acción modernizadora que impulsa las sociedades hacia el liberalismo, sucede una reacción colectivizadora. Según Fukuyama, la oposición al impulso de la razón científica está destinada a perecer. Sin embargo, conforme la ciencia ha ido erigiéndose como el método de prestigio desde el que abordar el análisis de la realidad, las fuerzas de oposición al liberalismo han tratado de disfrazarse de ella.

Así, en el siglo XIX, ya observamos un discurso nacionalista que pretende construirse sobre argumentos racionalistas y científicos. Teóricos alemanes del etnosimbolismo, como David Friedrich Strauss y Theodor Mommsen, mantendrán un debate ya clásico con los liberales franceses Renan y Fustel de Coulanges, y afirmarán poder demostrar de forma científica la pertenencia nacional a partir de criterios lingüísticos y sanguíneos. Y un siglo después, veremos como el marxismo hablará de «socialismo científico» para dotar de prestigio y credibilidad a sus postulados.

Pero esa apariencia de rigor científico ha de ser contrastada con la realidad. La puesta en práctica de las teorías nacionalistas condujo a las mayores cotas de destrucción humana conocidas por el hombre. La guerra franco-prusiana de 1870 sería el preludio de dos guerras mundiales que desacreditarían el imperialismo y el nacionalismo como modelos organizativos. Pero la derrota de la Alemania nazi no significaría el fin de los conflictos. La segunda guerra mundial concluiría con 50.000 tanques rusos a las orillas del Elba, anunciando una nueva rivalidad entre la democracia liberal y el comunismo. La Guerra Fría estaba a punto de comenzar.

Clase

El comunismo había llegado a rivalizar con el modelo occidental de democracia liberal aupado por las masas. Como hemos señalado, la maduración de los Estados-nación, la implementación de sistemas tributarios modernos, la creciente institucionalización de las sociedades y el desarrollo de burocracias centralizadas trajeron de la mano la progresiva concesión de garantías, libertades y derechos individuales.

Así, hacia finales del siglo XIX se produjo un cambio que tendría un gran impacto en la política de las décadas sucesivas: nos referimos a la ampliación del sufragio. El voto censitario, que restringía la participación política a un número reducido de ciudadanos, normalmente hombres, cabezas de familia y con una cierta posición económica y social, fue dando paso a un sistema electoral más inclusivo, que primero incorporaría a todos los varones, y que más tarde comenzaría a abrirse a las mujeres. Esta transformación permitió la evolución del parlamentarismo hacia la democracia de los partidos de masas.

Pronto, los sistemas partidistas en Occidente se organizaron en torno a dos grandes bloques ideológicos: los partidos socialistas, casi siempre de inspiración marxista, y los partidos conservadores, de corte democristiano. De esta época datan algunos partidos socialdemócratas actuales, como el SPD alemán, cuya fundación se remonta a la década de 1860, y que servirá de modelo para los socialistas de otros países.

La influencia del marxismo popularizó entonces el concepto de «clase». La modernización propiciada por la Segunda Revolución industrial, iniciada a mediados del siglo XIX, tuvo un gran impacto en la estructura social de las naciones occidentales. La incipiente desruralización de las sociedades produjo grandes migraciones hacia las ciudades, donde comenzó a crecer una clase obrera alrededor de las nuevas industrias. La vida en la gran ciudad era dura. Los obreros tenían que afrontar el desarraigo y largas jornadas de trabajo en unas condiciones a menudo insalubres. En un momento de tribulación para el individuo, el despertar de la conciencia de clase significó una verdadera tabla de salvación. La clase se convirtió en una comunidad de socialización donde los trabajadores encontraban solidaridad y respaldo. La clase les hacía fuertes y la huelga les proporcionaba poder de negociación. Pero no sólo eso: la conciencia de clase permitió sofocar la zozobra personal proporcionando un relato vital al trabajador, que ahora se sentía parte de algo más grande que él, que, de repente, tenía un lugar en el mundo, un orgullo, una identidad.

En nuestro viaje histórico hemos visto cómo, a medida que la modernización ha ido progresando, los espacios de socialización colectiva se han ido transformando: primero fue la religión, que compartían amplias regiones del continente, después fue la nación, que restringía la comunidad de pertenencia a las fronteras de un país, y más tarde fue la clase, que, si bien declaraba una vocación universalista, en la práctica interpelaba a los obreros de una nación o una ciudad. Es curioso cómo, a medida que la modernización avanza hacia el individualismo, también las comunidades de pertenencia que pretenden aliviar la soledad personal aparecen cada más atomizadas.

La clase se convertiría en el sujeto político colectivo más importante del siglo XX, y de la doctrina marxista surgiría la principal amenaza para la democracia liberal tras el fin de la segunda guerra mundial. Pero ¿cómo es posible que la doctrina comunista encontrara su mayor arraigo en una sociedad rural, agraria, atrasada y de alfabetización escasa como la de Rusia? ¿Qué había pasado para que Stalin se plantara en 1945 con 50.000 tanques a orillas del río Elba?

Un siglo antes, en 1848, Karl Marx y Friedrich Engels habían publicado uno de los textos políticos más importantes de la historia: su famoso *Manifiesto comunista*. El tratado partía de la convicción de que la demolición de la sociedad feudal no había dado lugar a una sociedad igualitaria. Al contrario, la sociedad burguesa contemporánea había creado una nueva confrontación entre dos clases antagonistas: el proletariado y la burguesía. La primera había sido sometida por la segunda, lo cual hacía necesaria una revolución comunista que acabara con la propiedad y socializara los medios de producción. Sólo así el proletariado podría emanciparse y la humanidad alcanzaría una sociedad igualitaria en ausencia de clases sociales.

Unos años más tarde, en 1867, ambos autores publicaron el que ha sido seguramente, tras la Biblia, el libro más influyente de la historia: *El capital.* Se publicó originalmente en Hamburgo y en alemán, pero, curiosamente, en Alemania no tuvo una gran acogida: la primera edición, de mil copias, tardó cinco años en venderse. Tampoco parecía generar gran curiosidad en Inglaterra, donde el manuscrito no se publicaría hasta veinte años después. Sin embargo, *El capital* tuvo un éxito tremendo en Rusia. Llegó cinco años después de la edición alemana, logrando burlar la férrea censura de los zares. Creo que fue el filósofo Gustavo Bueno el que una vez dijo que *El capital* sería un libro clandestino aunque alguien lo abandonara en medio de la Gran Vía. Eso mismo pensaron los censores rusos: aquel mamotreto era demasiado abstruso, demasiado analítico y demasiado científico como para que alguien se tomara la molestia de leerlo.

Pero se equivocaron: la primera tirada, de tres mil ejemplares, se agotó en menos de un año. Como ha señalado Orlando Figes, para la *intelligentsia* urbana, el marxismo fue un soplo de esperanza. Aquella ideología contaba con el respaldo de la ciencia, constituía una «vigorosa fe, pertrechada de hechos y de cifras». Hacia 1870, además, Rusia había comenzado a desarrollar su industria, que experimentaría un rápido empuje a partir de 1910, y la aparición de la clase obrera sirvió para abonar el socialismo. El fatalismo con que los aspirantes a revolucionarios habían encajado el atraso y la pobreza de Rusia, que parecía condenada a ser un país de campesinos pobres, rudos y devotos, encontró en Marx un optimismo científico y económico sin precedentes.

El ambiente revolucionario iba creciendo, mientras la realeza rusa permanecía desconectada de la realidad, ajena a la insurrección que se estaba gestando fuera de la corte. La primera sublevación llegaría en 1905, seguida de una gran huelga de obreros y campesinos. Los Romanov conseguirían sofocar esta primera intentona revolucionaria, y algunas más a lo largo de la década siguiente. Sin embargo, 1917 traería una inestabilidad revolucionaria que sería imposible de contener. El zar Nicolás II dimitiría en marzo de aquel año, y el gobierno provisional que le sucedió, liderado por Kerensky, sólo resistiría unos meses más.

Finalmente, la Revolución de Octubre daría comienzo a «la construcción del orden socialista» liderado por Lenin.

El triunfo de la Revolución rusa sería el germen de la Unión de Repúblicas Socialistas Soviéticas, que se prolongaría desde 1922 hasta 1991. Siete décadas durante las cuales el modelo de democracia liberal encarnado por Occidente rivalizaría con la alternativa comunista, en un antagonismo que pondría en peligro la seguridad mundial durante los años de la Guerra Fría. Sin embargo, la andadura del socialismo real concluiría con la caída del Muro de Berlín y con la demolición definitiva de la Unión Soviética dos años más tarde. El socialismo real había fracasado: nunca fue capaz de encarnar una vía de progreso científico y económico que pudiera competir con el modelo occidental, ni consiguió proporcionar a quienes vivieron dentro de sus fronteras unos niveles de bienestar y prosperidad comparables.

Al contrario de lo que se repite a menudo, el socialismo real no fracasó porque su teoría nunca se pudiera llevar a término. Su descrédito proviene de la aplicación práctica de su doctrina, y su claudicación puede observarse en sus dos máximos exponentes, Rusia y China, que han abrazado el capitalismo.

Auge y decadencia de la socialdemocracia

Pero muchos partidos de raíz marxista en Europa habían renegado de las aspiraciones comunistas mucho antes, abrazando un liberalismo político y económico. Así, las formaciones socialdemócratas se convirtieron en las verdaderas triunfadoras de la democracia de masas a partir de 1945, donde la competición partidista se articuló en torno al eje ideológico marcado por la división entre la derecha y la izquierda. El éxito de la socialdemocracia fue el de tejer una convergencia de intereses entre las clases trabajadoras populares y las clases medias más acomodadas e ilustradas, lo que dio lugar a una coalición de electores estable y robusta.

La alianza tenía sentido porque permitía que las dos partes de la coalición se sintieran ganadoras. Las clases trabajadoras encontraban en la socialdemocracia a un actor político que proveía redistribución de la riqueza, que actuaba como impulsor de un Estado del Bienestar que implementaba servicios y políticas públicas universales y gratuitas, y que, además, ofrecía concertación laboral, seguro de desempleo y pensiones de jubilación respaldadas por el Estado. Por su parte, las clases medias también se beneficiaban de este sistema, así como de su modelo de estabilidad social, derechos políticos, libertades individuales, seguridad jurídica, iniciativa privada y la promesa de un crecimiento económico sostenido.

El Estado del Bienestar que conocemos hoy comenzó a desarrollarse a partir de las políticas keynesianas de reconstrucción que se impulsaron desde 1945, aunque sus antecedentes históricos hay que buscarlos en propuestas anteriores, como las *poor laws*, que en Inglaterra se remontan a la Edad Media, el État-Providence del Segundo Imperio en Francia, o el *Wohlfahrtsstaat* implementado por Bismarck en Alemania durante el Segundo Reich.

Tras la derrota del nazismo, la apuesta por el Estado del Bienestar que habían tomado los partidos socialdemócratas resultó todo un éxito. Tanto que el modelo fue poco a poco asumido por sus rivales conservadores hasta imponerse en Europa, de tal forma que dejó de representar la propuesta de una opción ideológica para pasar a identificarse con un arquetipo de organización política y social propio de la idiosincrasia continental. Desde entonces, la mayor parte de los partidos de derecha y centro-derecha europeos ha abrazado muchos de los postulados socialdemócratas. Así, el subsidio de desempleo, la sanidad y la educación públicas o la existencia de un salario mínimo son banderas del centro-izquierda que el sistema político ha asumido como propias. Hasta los partidos comunistas o marxistas defienden hoy a capa y espada un Estado del Bienestar que hace no tanto les parecía una capitulación burguesa.

Sirva como ejemplo que, hoy día y a pesar de las políticas de austeridad que siguieron a la última gran crisis económica, el gasto público medio sobre el PIB en la Unión Europea es del 48,1 por ciento. La paradoja es que la universalización de los postulados defendidos por la socialdemocracia ha ido mermando con el tiempo su capacidad de diferenciación. Estas diferencias comenzaron a apagarse tras la caída del Muro de Berlín, pero todavía la socialdemocracia fue capaz de reinventarse con una propuesta que conjugaba la gestión económica ortodoxa con la redistribución y las políticas públicas, en una «tercera vía» que fue muy exitosa. Y, en los primeros 2000, la socialdemocracia consiguió desmarcarse de los conservadores predicando nuevos derechos sociales y políticas de la identidad individual.

Sin embargo, con la última crisis económica han reaparecido los fantasmas. La recesión dificultó la estrategia de diferenciación de los socialdemócratas, que se vieron obligados a postergar sus programas de redistribución y políticas públicas para atender las exigencias de la deuda. En este sentido, el centro-izquierda y el centro-derecha se vieron constreñidos por unas exigencias que les llevaban a tomar posiciones parecidas en cuestiones macroeconómicas, y que ponían de manifiesto las limitaciones de maniobra que encuentran los gobiernos cuyos países han cedido soberanía a un ente supranacional.

En el nuevo entorno económico derivado de la modernización, el avance de la globalización y las consecuencias sociales de la crisis internacional, los socialdemócratas afrontan cada vez más dificultades para ofrecer soluciones a un grupo de trabajadores crecientemente heterogéneo. La transformación de la estructura social ha multiplicado las líneas de fractura política y ha dinamitado la dualidad ideológica y económica en la que la socialdemocracia se desenvolvía con superioridad. Según un estudio publicado en el Reino Unido en 2013, actualmente existen siete clases sociales: la dicotomía burguesía-proletariado ha desaparecido. Por si esto fuera poco, las bases electorales que sostenían a los partidos socialdemócratas han seguido una evolución divergente en sus aspiraciones.

Tal como ha señalado John Harris, en el siglo XXI se ha producido una contradicción creciente entre los intereses de unas clases medias acomodadas, bien educadas, insertas en la globalización con buenas perspectivas económicas, y que comparten unos valores multiculturales; y unas clases trabajadoras golpeadas por la crisis, que han visto frustradas sus expectativas en la globalización, que viven inmersas en la inseguridad y la precariedad laborales y que sienten que su puesto de trabajo, ese que antes dotaba su vida de dignidad y sentido de clase, está amenazado por los progresivos avances en la automatización industrial y por la llegada de mano de obra inmigrante. Mientras los primeros mandan a sus hijos a estudiar al extranjero con una beca Erasmus o hacen escapadas de fin de semana a alguna capital europea, el trabajador no cualificado ha de afrontar que su puesto podría ocuparlo un robot mañana, y que sus hijos, que no fueron a la universidad, tendrán un futuro laboral incierto.

Hacia una democracia *on demand*

Pero es necesario explicar de qué modo se han operado los cambios que han conducido al declive de la socialdemocracia y transformado la competición política en Occidente. Como siempre, el progreso técnico y la modernización dan cuenta de lo sucedido.

La democracia representativa basada en los partidos de masas que trajo la ampliación del sufragio poco a poco irá evolucionando hacia una nueva forma de gobierno que Bernard Manin llamará «democracia de audiencias». La deriva está directamente relacionada con la Tercera Revolución industrial, iniciada a mediados del siglo XX. Una revolución que protagonizarán las tecnologías de la comunicación, transformando la naturaleza del sistema político. Si la democracia de masas había inaugurado el tiempo de unos partidos fuertes, constituidos como robustas maquinarias burocráticas, la extensión de los medios de comunicación de masas modificó la forma en que los líderes políticos se relacionaban con sus electores. Hasta ese momento, el votante formaba parte de una opción ideológica a la que se adscribía por afinidad programática o de clase, y los candidatos lograban llegar a lo más alto de sus formaciones gracias a sus habilidades para desenvolverse dentro de la organización. Pero la extensión de la televisión modificó para siempre la naturaleza de esa relación: los candidatos podían apelar directamente a sus votantes desde los *mass media*, de tal suerte que la nueva forma del gobierno representativo encumbró a los expertos en medios de comunicación.

Sin embargo, la modernización ha continuado progresando desde que Manin publicara *Los principios del gobierno representativo* en 1998. Aquél era todavía un mundo analógico, que limitaba nuestra interacción con los medios de comunicación y la tecnología a un consumo pasivo. La libertad de elección estaba restringida a un puñado de canales de televisión, de emisoras de radio, de diarios de papel. El cambio fundamental que ha tenido lugar desde entonces tiene que ver con la democratización del acceso a internet, el desarrollo de teléfonos inteligentes y la aparición de las redes sociales. La característica más notable del progreso científico en los últimos años es que ha tendido a fragmentar los espacios de socialización, así como a empoderar al individuo: nunca antes fue tan autónomo en la historia ni su poder de decisión fue comparable.

Hoy, podemos escuchar de forma instantánea casi cualquier canción gracias a Spotify, y Netflix y HBO nos ofertan un amplio abanico de series y películas, tenemos un sinfín de canales de información digitales que nos permiten hacer un consumo activo de información y contenidos culturales, Uber nos deja elegir a nuestro taxista, BlaBlaCar a nuestro conductor, los comparadores de internet nos permiten reservar un viaje sin pasar por la agencia, contratar un seguro sin pisar una oficina, abrir una cuenta bancaria sin acercarnos a la sucursal, comprar zapatos desde casa. Con internet, las posibilidades se han multiplicado y las nuevas tecnologías se basan en una comunicación bidireccional que permite superar el consumo pasivo del mundo analógico.

Pero ése no ha sido el único efecto propiciado por el cambio tecnológico, que también fragmentó el espectro de los medios de comunicación. Las posibilidades digitales han multiplicado la oferta de información, y ese crecimiento notable de la competencia ha obligado a los medios a diferenciarse y buscar audiencia a través de estrategias que a menudo se traducen en amarillismo y polarización. Este clima de polarización permea socialmente, pero los ciudadanos no son meros receptores de las consecuencias que el aumento de la competencia ha tenido sobre los medios. Ahora son también parte activa en este proceso de división. La aparición de las redes sociales ha facilitado la proliferación de burbujas de información e interacción que nos permiten mantenernos aislados de todo lo que no nos gusta. Hemos generado nuestra propia comunidad de afines en Twitter o Facebook, cuyos algoritmos nos eximen de la incomodidad de afrontar disonancias cognitivas. Evitamos las informaciones y a las personas que retan nuestros puntos de vista, al mismo tiempo que nos rodeamos de todo aquello que refuerza nuestras posiciones. Así, paradójicamente, nos relacionamos con más personas y consumimos más medios que nunca antes en la historia y, sin embargo, estamos aislados.

Por tanto, tal como anunció Fukuyama, parece que la innovación científica ha seguido progresando en dirección al capitalismo y, por ende, al individualismo. Pero eso no quiere decir que las comunidades de socialización hayan dejado de ser importantes: seguimos siendo animales sociales. Sin embargo, como vemos, esas comunidades también han tendido a atomizarse y aislarse. De la comunidad de creyentes que ofrecía la religión pasamos a la comunidad nacional que representaba la patria, y de ahí a esa comunidad material que era la clase. Y ahora, en el mundo posmoderno que ha superado la dialéctica materialista marxista, las comunidades de socialización buscan la satisfacción de unas identidades individuales hipertrofiadas. Comunidades de feministas, colectivos LGTBIQ, *runners*, góticos, vegetarianos, animalistas, seriéfilos, a las que la tecnología ha puesto en contacto. El desarrollo del individualismo ha caminado de la mano de la fragmentación de unas comunidades de socialización cada vez más volcadas en la diferenciación, pero, al mismo tiempo, cada vez más homogéneas.

Este fenómeno guarda relación con la tesis sobre el final de la historia de Fukuyama: superada la confrontación ideológica, las sociedades serán guiadas por el capitalismo individualista. Lo que a su vez tiene que ver con el declive de la socialdemocracia del que hablábamos: la conciencia de los trabajadores es ahora diversa y ya no existe un sentimiento sólido de pertenencia a una clase social. Las clases medias ya no quieren comprar el paquete ideológico completo que ofrecía la socialdemocracia, quieren poder tomar un puñado de cerezas de cada árbol político, y eso les hace volátiles y también difíciles de representar.

Estas inercias sociales ya se habían observado al menos desde los años sesenta, con el nacimiento de la contracultura, el éxito del movimiento hippy y la popularización de la cultura juvenil, pero el progreso científico, con su tendencia a la atomización y la especialización, ha acentuado el empoderamiento individual, poniendo en marcha nuevos procesos sociales. Así, el desarrollo técnico propició la ruptura de la mediación: la relación con la tecnología se tornó bidireccional y directa, facilitando una sociedad de consumo en la que la adquisición de bienes y servicios se puede realizar prescindiendo del concurso de intermediarios. La democracia de audiencias ha dado paso a un modelo que podemos denominar democracia *on demand*, propio de las sociedades de consumo posmodernas, en el que el votante, lejos de ser un sujeto pasivo, quiere liderar cada elección.

La demanda decisionista ha llegado a la política. No es extraño que en los últimos años hayan sido muchas las voces que han reclamado una democracia más participativa, concepto sobre el que ha trabajado Jürgen Habermas. Una inclinación propia de las sociedades posmodernas que han alcanzado un estadio de desarrollo científico alto, y que no debería resultar demasiado problemática. Pero entonces sucedió algo. Los países occidentales eran los más prósperos del mundo, la tecnología había empoderado al individuo, que nunca antes tuvo una capacidad de decisión comparable en todas las esferas de la vida. Y, de repente, estalló la mayor crisis económica desde el crac de 1929.

La crisis económica

La crisis económica global que tendrá lugar a partir de 2007 supondrá un frenazo para las expectativas materiales de millones de personas en todo Occidente. Con ella, la confianza en un progreso lineal que había dominado las últimas décadas se pierde. El cambio tecnológico cada vez permite automatizar un número mayor de funciones, haciendo prescindibles muchos puestos de trabajo que requieren una cualificación media o baja. Por otro lado, la aceleración del proceso de globalización ensancha las fronteras de los mercados laborales, facilitando el flujo de migraciones y haciendo posible la externalización y deslocalización de la producción de las grandes empresas. Se pone de manifiesto que no todos sufrirán de forma uniforme las consecuencias de la recesión, produciéndose una escalada de las desigualdades, y muchos jóvenes comienzan a asumir que vivirán peor que sus padres. El mundo globalizado, parece, no será un lugar de oportunidades para todos.

La incidencia de la crisis pondrá de manifiesto la existencia de distintas brechas de índole económica, social y cultural en el seno de los países occidentales. De repente, contemplamos cuán relativas pueden llegar a ser las distancias en un entorno globalizado. Detectamos una brecha generacional, con una generación joven socializada en la integración europea y la cultura occidental global, y una generación envejecida y anclada en los mecanismos psicológicos de los viejos Estados nacionales. Observamos también una brecha entre los habitantes de las ciudades, de ambiente cosmopolita, plural, diverso, insertas en la modernidad y la globalización; y las áreas rurales, que han quedado rezagadas en ese proceso, permaneciendo en un estado de aislamiento respecto de los cambios tecnológicos y sociales contemporáneos. Y vemos una brecha entre quienes pudieron cursar estudios superiores, que complementaron aprendiendo una o dos lenguas o realizando algún máster en el extranjero; y aquellos a los que su déficit de cualificación les dota de pocas herramientas para competir en los mercados globales.

Estos fenómenos se han manifestado de forma más acusada

debido al concurso de la tecnología. El desarrollo de burbujas de información e interacción social ha reducido las distancias entre personas que viven apartadas por océanos, al tiempo que ha aumentado la separación con algunos de sus propios vecinos. Así, la generación *millennial* consume la misma información, las mismas series, la misma música o la misma moda en todo Occidente, de modo que la burbuja de afinidades de un joven de Madrid se parece mucho más a la de un joven de Los Ángeles, Berlín o Londres que a la de sus padres o abuelos. Todas estas desigualdades propiciadas por la tecnología se convirtieron en una fuente de conflictos identitarios con el estallido de la gran crisis.

De este modo, ese malestar económico y material ocasionado por la recesión pronto se reflejó en la política. La primera reacción fue de desconfianza hacia los partidos políticos tradicionales, que no habían sido capaces de ofrecer respuestas eficaces para paliar y revertir los efectos de la crisis. Esta desconfianza, en un contexto en el que el progreso científico había iniciado una ruptura de la mediación, empoderando la capacidad decisional del individuo, propició una reacción de rechazo hacia los partidos políticos como mediadores legítimos entre los ciudadanos y la acción política. Muchos ciudadanos en Occidente dejaron de creer en la necesidad del sistema de partidos tradicional, reivindicando que fuera el pueblo quien ejerciera el poder de forma directa. Aquellos fueron días de grandes manifestaciones en todo el mundo. Desde la plaza Syntagma de Atenas hasta el Wall Street de Manhattan, y del movimiento I'm the 99% al 15-M español, la indignación popular se hizo escuchar en todo Occidente. Así, la crisis económica pasó a ser también una crisis política.

Al mismo tiempo, en Europa, esa frustración con respecto a los partidos alcanzó las instancias supranacionales: los políticos domésticos habían fracasado a la hora de atajar los problemas económicos y laborales de sus países, pero una parte de esa responsabilidad se achacó a las instituciones europeas. Estas instituciones eran cada vez más vistas como una élite de burócratas alejados de los ciudadanos, que menoscaban la soberanía nacional de los Estados miembros al tiempo que tomaban decisiones que afectaban a la vida de cientos de millones de personas sin someterlas a la consideración democrática.

Por otro lado, la recesión fue interpretada por muchos como un síntoma de agotamiento de las posibilidades de la globalización. La vulnerabilidad laboral y la inestabilidad económica condujeron a un estado de ansiedad individual ocasionada por la incertidumbre. Muchos tuvieron entonces el impulso de revertir esa integración, de retornar a la seguridad de las sociedades cerradas. Además, la crisis económica coincidió en el tiempo con el despliegue de un terrorismo internacional capaz de golpear con dureza a las sociedades occidentales. Esa mezcla de rivalidad económica y amenaza cultural despertó en algunos sectores de los países occidentales un sentimiento de rechazo a la inmigración y el multiculturalismo.

La crisis del liberalismo

De este modo, la interacción de la recesión económica con los atributos de la modernidad fue fraguando un clima de contestación al consenso liberal cuya hegemonía parecía incuestionable desde la caída del muro de Berlín. La crisis del liberalismo se traducirá en el socavamiento de los valores fundamentales sobre los que se edifica la cultura occidental: la democracia representativa es despreciada entre demandas de una acción política popular y directa (Podemos ha repetido que la verdadera política no se hace en los parlamentos, sino en la calle), el pluralismo retrocede y las diferencias se acentúan, la libre circulación de personas se suspende, las minorías dejan de contemplarse como colectivos merecedores de protección para ser vistas con sospecha, la libertad de prensa se contesta entre acusaciones de falsedad, el imperio de la ley se supedita a la voluntad popular («No hay ningún tribunal ni ninguna ley que pueda estar por encima de la voluntad democrática de un pueblo», llegó a decir Artur Mas), la legitimidad de los resultados electorales se pone en entredicho, la iniciativa empresarial cede ante el intervencionismo y las amenazas del poder (Ford canceló una inversión en México ante las amenazas de Trump, incluso antes de que el nuevo presidente jurara el cargo).

Ante el aumento de la inestabilidad y la incertidumbre, el individuo empoderado no se basta para afrontar las tribulaciones del presente. Se genera entonces un sentimiento de anomia similar al que hemos descrito para otros momentos históricos marcados por la modernización y el cambio. El individuo busca refugio en la colectividad y desarrolla una visión romántica del pasado, una añoranza de los viejos tiempos en los que el mañana no se vivía como una amenaza. Esa crisis del liberalismo que pone el énfasis en lo gregario y la añoranza de un pasado mejor permea socialmente hasta manifestarse en la cultura. Las series y películas que triunfan en Occidente actualmente, de *Stranger Things* a *La La Land*, son producciones construidas sobre la nostalgia. Esta tendencia puede observarse incluso en una de las sagas cinematográficas más populares de la historia: la última entrega de *Star Wars* plantea una salvación colectiva a costa de la aniquilación de la individualidad.

Esta reacción romántica antiliberal no es una excepción histórica. Como bien describió Norbert Elias, el curso de los acontecimientos humanos se ha visto periódicamente salpicado por este tipo de fenómeno. La oleada de romanticismo que precedió a la actual tuvo lugar en el siglo XIX, y propició el auge del nacionalismo alemán que conduciría a dos guerras mundiales. El hecho de que Alemania fuera una nación ilustrada y moderna, desde el punto de vista del progreso científico y técnico, no sirvió como barrera para la contención del nacionalismo. No impidió que el individuo fuera subsumido en la colectividad nacional y que cayera en el olvido la tradición del idealismo más fraternal que encarnó Schiller.

Tampoco las sociedades occidentales del siglo XXI están vacunadas contra el romanticismo antiliberal. De hecho, todo el clima económico, social y cultural ha comenzado a cristalizar en un nuevo momento político caracterizado por la irrupción o ascenso de partidos populistas que fomentan y rentabilizan estas inercias descritas.

El momento populista

El nuevo romanticismo

La incertidumbre y la frustración han conducido a muchos a la melancolía y la desconfianza en las instituciones políticas y sociales del presente. En este escenario hemos visto emerger posturas y liderazgos románticos, que buscan en el futuro la restauración de un pasado idealizado. En Europa, contemplamos cómo la vieja aspiración de construir «una unión cada vez más cercana» se desvanece ante las falsas promesas que auguran un porvenir mejor si se retorna al fortalecimiento de la soberanía nacional. En Estados Unidos, el nuevo inquilino de la Casa Blanca es Donald Trump, un político cuya campaña consistió en proponer el retorno a un pasado triunfante que los estadounidenses habrían perdido al desatender el control de sus fronteras frente a la amenaza de la inmigración. No en vano, su lema electoral fue «*Make America great again*», una sublimación de los valores nostálgicos y reaccionarios del nacionalismo romántico.

No es la primera vez que sucede en la historia. Como señalábamos, Norbert Elias describió muy bien cómo se fraguó la anterior oleada romántica, que se inició en Alemania en el siglo XIX. Elias sitúa el origen de la reacción en la «sociedad cortesana» a la que dio lugar la aparición de los Estados modernos, que comenzaron a tejer una estructura administrativa y burocrática. También a crear auténticos ejércitos con un mando centralizado y a desarrollar sistemas impositivos y recaudatorios eficientes que pudieran sostener el esfuerzo bélico y la nueva administración. De este modo, la profesionalización y el monopolio de la violencia por parte del Estado condujeron a una progresiva pacificación y cohesionamiento de las sociedades occidentales.

Esto implicó que la antigua nobleza guerrera perdiera casi todas sus funciones militares anteriores, y prosperar en la corte comenzó a requerir habilidades sociales, así como la adquisición de los nuevos usos y maneras refinadas que rodeaban al rey. Aquél era un mundo nuevo para el guerrero, uno en el que no sabía cuál era su papel y en el que no se sentía cómodo. Entonces, surgió la tentación de querer retornar a un pasado que había sido idealizado, un pasado en el que el individuo, pensaban, podría reencontrarse con las esencias perdidas, despojarse del corsé normativo que le imponían el rey y la sociedad cortesana, y volver a ser libre. La vida cortesana fue progresivamente percibida como una jaula y el Romanticismo, con su pesimismo melancólico y su añoranza de un mundo que había desaparecido, se impuso. Es así como Elias explica el triunfo del «*ethos* guerrero de la aristocracia» y la exaltación romántica de la violencia que darán forma al nacionalismo alemán en el siglo XIX, para desembocar en el nazismo en el XX.

En 2016 asistimos al auge de movimientos populistas que despegaron al calor del descontento y que han planteado el mayor reto para el ordenamiento liberal desde la caída del telón de acero. También ahora las grandes transformaciones inducidas por la crisis, la globalización y la tecnología han hecho que muchos añoraran un mundo que ya no existe. La promesa emancipadora del liberalismo se ha tornado para algunos en desarraigo, y la individualidad ha comenzado a sentirse como una pesada carga que la colectividad puede aliviar, del mismo modo que la fe, la nación o la clase representaron, en momentos de crisis anteriores, identidades colectivas que dotaban de sentido y de pertenencia.

El agón populista

Pero ¿por qué tienen éxito estas formaciones populistas en un momento en el que el modelo de mediación que caracteriza al sistema de representación partidista tradicional está en crisis? El populismo establece la ficción de la ruptura de la mediación al presentarse no ya como representante del pueblo, sino como el pueblo mismo. Se trata de una sinécdoque política altamente efectiva, por la que el líder populista y los intereses a los que representa se toman por el pueblo como totalidad. El populismo construye y modela el concepto de pueblo, de tal modo que decide quiénes forman parte de él y quiénes no.

Por eso, la vocación del populismo es necesariamente excluyente, pues la afirmación del pueblo sólo es posible mediante la negación de aquellos a los que se les ha privado de la consideración popular (la casta, las élites, el poder financiero, las instituciones europeas). Sin embargo, se da la paradoja de que, al mismo tiempo, la existencia de ese enemigo es la razón de la fortaleza del discurso populista y, en tanto, lo necesita para perpetuarse. Así, el populismo cava un abismo moral entre el pueblo y el antipueblo, por medio de una dialéctica amigo/enemigo que ha de ser siempre antagónica. No en vano, uno de los referentes teóricos del academicismo populista es Carl Schmitt, conocido por haber articulado esta retórica de la confrontación como motor de lo político.

Palabras como puños

Otra de las fortalezas de los partidos populistas es que reniegan de la política convencional. Sus líderes aseguran que estas formaciones no son verdaderos partidos políticos, acaso plataformas, herramientas, palancas de cambio, y ellos mismos se presentan como *outsiders* de la política: son profesionales o activistas que han hecho una carrera al margen de las instituciones y cuyo alejamiento de toda ambición de poder les legitima para hablar en nombre del pueblo. Para diferenciarse de los políticos tradicionales, estos candidatos rechazan el lenguaje del *establishment*, esa corrección política que busca enmascarar la realidad. El líder populista habla de forma pretendidamente sincera, cercana y directa, se atreve a decir «las cosas como son». Esta elección deliberada de la incorrección es percibida por una parte del electorado como una señal de autenticidad y de diferenciación: el habla coloquial los identifica con el ciudadano de a pie y los aleja de la imagen de las élites.

La elección deliberada del lenguaje llano está relacionada con otro de los fenómenos del momento: la aparición de una corriente política antiilustrada. La confusión entre corrección política e intelectualismo ha dado alas a líderes populistas que enarbolan un discurso de descreimiento del conocimiento científico. Candidatos que niegan el calentamiento global o siembran dudas sobre la necesidad de las vacunas o cuestionan los consensos en materia de derechos, libertades y políticas públicas. La negación de estos postulados tiene que ver con la estrategia de diferenciación y distanciamiento respecto a las élites tradicionales.

El lenguaje ocupa un lugar central en la estrategia populista porque, en el mundo posmoderno, las palabras constituyen el material del que está hecha la realidad. No es casualidad que los referentes teóricos populistas provengan de un posestructuralismo que, desde Lacan, Barthes y Derrida, y siguiendo a Saussure, proclama que el lenguaje no guarda relación alguna con la realidad, que todo en él es forma y nada hay de sustancia. Esta concepción del lenguaje abre la puerta a un nuevo universo de posibilidades políticas. Al liberarse del corsé materialista, el discurso partidista puede superar la dialéctica marxista para construir, por medio de las palabras, su propio mundo, que opera bajo las reglas contenidas en los nuevos significantes. Lo factual ha pasado a un segundo plano porque la realidad se construye cada día, en cada discurso, por medio del lenguaje. Democracia, pueblo, violencia, dignidad, patria o verdad son significantes vacíos que pueden ser redefinidos y apropiados.

Así pues, las categorías absolutas se banalizan, y todos los consensos, todos los valores, pueden ponerse en entredicho: esta es la era de la posverdad, caracterizada por un relativismo que permite hacer política sin sentirse obligado por los hechos. El populismo es una estrategia exitosa porque es plástico, maleable, mutante. Supera los conceptos absolutos para hacerles hablar su lenguaje y no se siente constreñido por lo real. Maneja «hechos alternativos», como dijo una asesora de Trump. En este sentido, el populismo ha resuelto algunas de las limitaciones del marxismo.

El comunismo partía de una realidad determinada por la estructura económica. El motor de la historia lo constituía la lucha entre dos clases sociales definidas según unos atributos objetivos. El populismo, en cambio, se instala en el posmaterialismo y pone fin a la objetivación conceptual: modela los sujetos colectivos según sus necesidades, transforma los marcos de la discusión y modifica las aspiraciones de la confrontación antagónica a conveniencia. Se da la paradoja de que el populismo tiene una visión apocalíptica del mundo posmoderno, pero está plenamente integrado en él.

Así, el pueblo puede ser la clase obrera o puede ser las clases medias. Puede ser los trabajadores no cualificados o los parados, los pensionistas o las élites intelectuales universitarias. Y las palabras adquieren un significado flexible, de tal forma que la Unión Europea o España pueden interpretarse como «falsas democracias», al tiempo que el régimen de Fidel Castro puede definirse como verdadero socialismo democrático. Lo mismo sucede con la «violencia», cuya gravedad se vuelve relativa: tanto vale para definir un acto terrorista cuanto para referirse a un desahucio. O acaso con el déficit de libertades, que permite comparar la Rusia autoritaria de Putin con la España de la ley mordaza. Según esta interpretación, la pobreza de Venezuela es asimilable a la pobreza energética en nuestro país, y las faltas de Hillary Clinton aparecer como más graves que las de Donald Trump.

Esa capacidad del populismo para la transfiguración lo convierte en un enemigo arduo. La estrategia mutante es adaptativa, pues permite variar el rumbo en función de las necesidades del momento. Una adaptación de la que no era capaz el marxismo, constreñido por el materialismo de la estructura económica y limitado por el eje ideológico. El populismo es competitivo porque es dúctil y transversal, y cosecha votos en la izquierda y la derecha del espectro ideológico, lo que lo convierte en una propuesta competitiva.

¿Programa, programa, programa?

Otro elemento que separa al populismo del marxismo es su ausencia programática, a la que sustituye con un conjunto de promesas vagas, generales, simbólicas y difíciles de ejecutar. La tesis undécima de Marx sobre Feuerbach no dejaba lugar a dudas sobre cuál era la vocación del comunismo: «Los filósofos no han hecho más que interpretar de diversos modos el mundo, pero de lo que se trata es de transformarlo». El marxismo establecía una hoja de ruta clara una vez alcanzado el poder: el establecimiento de una dictadura del proletariado y la socialización de los medios de producción para alcanzar una sociedad igualitaria en ausencia de clases. El populismo, en cambio, no es una ideología. No cuenta con un *core* de valores o de políticas que implementar tras conquistar el mando. La indefinición programática tiene una razón estratégica: ejecutar un programa implica el riesgo de que se alcancen los objetivos señalados de partida, y una vez esto sucede, el populismo pierde su razón de ser.

Si observamos la campaña del *brexit*, entendemos cuál fue el gran error que cometió el UKIP. Su líder, Nigel Farage, identificó al partido con una causa, un contenido programático: conseguir que el Reino Unido abandonara la Unión Europea. Farage nunca pensó que conseguiría su objetivo, pero lo hizo. El resultado es que, tras la victoria del *leave*, el líder presentó su dimisión y el partido quedó sumido en una grave crisis interna. El populismo necesita que existan demandas sociales que liderar para poder prosperar, pero no puede satisfacerlas, pues, si lo hace, pierde su razón de existir. Éste es el motivo por el que el populismo no puede ser progresista. No se fija un mandato teleológico, no pretende avanzar, sino consolidar su hegemonía explotando el antagonismo pueblo/élite.

Por otro lado, no contar con un programa detallado convierte a estos partidos en difíciles de fiscalizar y juzgar: si no puedes evaluar sus políticas, no dispones de elementos para concluir si su gestión es un éxito o un fracaso, y es difícil atribuirles responsabilidades. El populismo utiliza esta circunstancia para alejar el debate político de lo material y trasladar el foco a lo emotivo. Así, mientras las demandas que le alzaron al poder permanecen insatisfechas, el populismo puede continuar culpando a sus enemigos (las grandes empresas, los bancos, el FMI, el BCE, la Unión Europea) de esta perpetuación. De este modo, el populismo disloca el sentido de la competición partidista: cuando está en la oposición se proclama como único gobierno legítimo, como verdadero vocero del pueblo; y cuando alcanza el gobierno actúa como oposición a la élite que realmente ostenta el poder en la sombra.

Además, el populismo ha entendido muy bien la metamorfosis que se ha operado en el gobierno representativo. En la democracia de masas, los protagonistas eran los partidos. Se trataba de instituciones con una gran maquinaria burocrática lideradas por unas siglas que movían a la identificación ideológica o de clase. Estas formaciones desarrollaron por primera vez programas exhaustivos y pormenorizados que contenían las líneas maestras de lo que después sería la gestión en el gobierno. Sin embargo, muy pocos electores conocían estos documentos al detalle. La función de los programas, como señaló Manin, era otra: «Contribuían a movilizar el entusiasmo y energía de los activistas y de los burócratas del partido que sí estaban al tanto de los mismos».

Ese papel desaparece en la nueva democracia de audiencias, donde los votantes tienden, cada vez más, a votar a la persona en vez de al partido o al programa. En las últimas décadas hemos observado en los países democráticos una tendencia a la personalización del poder: las campañas y las elecciones se centran en la figura del líder. Esto no significa que los partidos hayan dejado de ser importantes, pues, como señala Manin, proporcionan recursos, redes de contactos e influencias, capacidad para la recolección de fondos y el trabajo voluntario de los militantes. Sin embargo, las organizaciones políticas tienden a convertirse en instrumentos al servicio de un líder que ahora puede relacionarse de forma directa con su electorado a través de los medios de comunicación de masas. Así, la comunicación ocupa el centro del espacio político, desplazando al programa. Se cumple el vaticinio de McLuhan: el medio se convierte en el mensaje, de tal forma que el fondo queda supeditado al envoltorio, a la forma. Este escenario resulta propicio a un populismo que vuelca sus esfuerzos en la comunicación y que, con frecuencia, se caracteriza por contar con un líder mediático.

Nacionalismo *versus* populismo

Hemos hablado de la importancia del lenguaje en la estrategia del populismo, y de cómo esta herramienta le permite superar algunas de las limitaciones del marxismo. También hemos señalado la centralidad de la comunicación y la carencia de una vocación programática en el populismo. En ausencia del *pool* de *policies* que hacía reconocible a la socialdemocracia o del mandato teleológico del comunismo, el objetivo del populismo será otro: la construcción del sujeto colectivo «pueblo» que, en comunión con su liderazgo, consolide la hegemonía política popular.

Pero llama la atención la aparición de un fenómeno colectivista que toma por sujeto político un concepto tan amplio como el pueblo, que parece romper la inercia histórica de atomización progresiva de las comunidades de socialización. Esto puede interpretarse como una anomalía o retroceso en un devenir histórico que no puede ser estrictamente lineal. Pero también puede entenderse como un paso lógico en la evolución política y social. Durante siglos, los espacios de referencia fueron menguando: de la cristiandad continental a la nación, y de ahí a la clase como fenómeno obrero y urbano. Hasta que la globalización revierte esa inercia, ampliando de nuevo los espacios de referencia. En este sentido, la división ideológica ha quedado superada por un nuevo clivaje que enfrenta a quienes se encuentran cómodos en ese modelo de sociedades abiertas e integradas, y quienes reaccionan contra él, reivindicando un retorno a las fronteras nacionales. El populismo representa a este último grupo.

El populismo proclama que el pueblo ha de recuperar el control de su destino, por eso es frecuente que sus líderes incidan en la importancia de retornar al fortalecimiento de la soberanía nacional, una aspiración en la que se entremezclan nostalgia romántica y estrategia proyectiva. Porque el populismo aspira a redefinir esa soberanía para hacer coincidir los bordes de la nación con los del nuevo pueblo hegemónico. Aquí, la tarea del populismo guarda alguna relación con la del nacionalismo, y ello puede observarse en el cuestionamiento de las instituciones políticas, económicas y monetarias supranacionales, así como en la articulación de un discurso y un relato patrióticos.

En última instancia, nacionalistas y populistas tienen vocaciones parecidas, pues ¿acaso no es erigirse en portavoz del pueblo tanto como proclamarse representante de la nación? Nación y pueblo son dos significantes de una identidad colectiva que designa a un conjunto de individuos que comparten una cultura, valores, costumbres, mitos, y un pasado en común. Nacionalismo y populismo no sólo tratan de construir y poner en valor esa identidad colectiva, sino que la dotan de un *ethos*, es decir, le atribuyen una cierta moral, carácter y destino compartidos. Esta identidad colectiva dota de pertenencia a quienes han sido elegidos dentro de sus límites, fortalece la cohesión interna y genera una gran fuerza movilizadora que es catalizada y rentabilizada por las élites que dicen representarla.

Es cierto que hay algunas diferencias. El nacionalismo tiende a poner un énfasis primordialista, por el cual los miembros de la nación quedan unidos por atributos etnosimbólicos, tales como la raza, la lengua o la cultura, más o menos ancestrales. Por su parte, el populismo es una estrategia propia de un momento histórico posterior que, si bien mira al pasado con nostalgia, actualiza el vínculo afectivo aplicándole los atributos de la posmodernidad. En cualquier caso, ambos construyen, por decirlo con Benedict Anderson, «comunidades imaginadas». Y estas comunidades basadas en la solidaridad horizontal y los afectos son capaces de generar adhesiones inquebrantables. En este sentido compiten con cierta ventaja sobre la propuesta social de la democracia liberal: la identificación sentimental es siempre más incondicional, fuerte y acrítica que la identificación racional, pues elimina el matiz y la duda, y presenta sus postulados desde una relación y una invocación personales, directas y no mediadas. La patria y el pueblo apelan directamente a los miembros de la comunidad, mientras que la democracia liberal ofrece una maquinaria institucional sin alma, burocratizada, racionalista, que requiere de representantes políticos.

Además, nacionalismo y populismo difícilmente pueden categorizarse como ideologías. Dice Chantal Mouffe que el populismo es «una manera de hacer política». También son muchos los que han negado que el nacionalismo sea una ideología. Para Benedict Anderson, el nacionalismo es un «artefacto cultural», como la religión o la familia. Para Herder, «una visión del mundo». Un «estado de ánimo», lo llamó Kohn. Y al no ser ideologías tienen la capacidad de desgajarse del eje ideológico, adoptando una transversalidad que les provee ventajas competitivas respecto de los partidos que permanecen anclados en la escala izquierda-derecha. Esto no significa que puedan sustraerse por completo de los clivajes ideológicos tradicionales, pero su mensaje permea de forma más oblicua, como ha podido verse en la campaña del *brexit* o como refleja el éxito del Movimiento Cinco Estrellas de Beppe Grillo en Italia, al que difícilmente podemos situar en la división clásica izquierda-derecha.

Si el nacionalismo canaliza su gran potencia movilizadora hacia la construcción nacional, el populismo se afana en una tarea semejante. Cuando Íñigo Errejón demanda que se escriban canciones, novelas, mitos que hablen del «cambio político», cuando pide que se forje una nueva cultura que sea la expresión de una patria nueva, está activando de forma consciente los mecanismos de la construcción nacional. Álvarez Junco ha explicado cómo, en el siglo XIX, tiene lugar una gran eclosión de símbolos, festividades, instituciones culturales, himnos y ritos colectivos a los que se les pone el apellido «nacional» en sustitución del adjetivo «real», imperante hasta entonces, para señalizar la ruptura con el absolutismo. Ahora, Podemos promueve una génesis similar en la que los nuevos elementos de la cultura colectiva lleven el calificativo «popular».

Esa movilización de la que hablábamos, tanto en el nacionalismo como en el populismo, es siempre reactiva, es decir, se genera contra un enemigo. Se ha dicho que el populismo se aleja del nacionalismo en la medida en que, a diferencia del segundo, no es necesariamente xenófobo. Sin embargo, tampoco existe un consenso académico sobre la necesidad del carácter xenófobo del nacionalismo. Durante el siglo XIX, el nacionalismo se presentó como un instrumento unificador para romper con el feudalismo, transitar a la modernidad y construir el Estado-nación.

Sin embargo, la guerra franco-prusiana de 1870 será el preludio de las dos contiendas mundiales del siglo XX. El nacionalismo tomará entonces una deriva expansionista y xenófoba, fundamentado en el etnosimbolismo de la raza y la lengua.

Hoy en día encontramos movimientos secesionistas en Quebec, en Escocia o en Cataluña de los que participan, transversalmente, votantes progresistas y conservadores, muchos de los cuales niegan tal atribución xenófoba. Resulta altamente complejo dictar una sentencia unánime sobre el carácter xenófobo de un nacionalismo que, a menudo, se presenta bajo apariencias heterógenas. Incluso dentro de un mismo continente, encontramos diferencias notables. Hay un nacionalismo que reacciona contra la integración europea y un nacionalismo de Estado aspirante que busca incorporarse a la Unión Europea. Por eso, a mi juicio, es más útil hablar del carácter excluyente del nacionalismo. La nación se define siempre en sus fronteras y, por tanto, su identidad se afirma no tanto en los atributos que comparte la comunidad, sino en los que la diferencian de los excluidos.

En lo que respecta al populismo, a menudo se establece una distinción entre aquel que es de derechas y aquel que es de izquierdas. El primero estaría encarnado por figuras como Donald Trump, Marine Le Pen o Nigel Farage, y tendría marcados tintes xenófobos. No obstante, es difícil dilucidar si los discursos de Trump, Le Pen o Farage son nacionalistas o son populistas. De igual modo, cuando Pablo Iglesias habla de recuperar la «soberanía nacional» para que España no sea una «colonia» de Alemania, no es sencillo decidir si está siendo populista o nacionalista. Tras conocerse que había ganado el *brexit*, Farage escribió: «Es una victoria de la gente corriente contra los bancos, las grandes empresas y los políticos». El UKIP suele catalogarse como partido de extrema derecha y, sin embargo, ese mismo lenguaje es el que utiliza Podemos en España o Tsipras en Grecia. Por tanto, las presuntas diferencias que muchos teóricos del populismo tratan de establecer entre sus variedades izquierdista y derechista, así como entre el populismo en su conjunto y el nacionalismo, tienden a ser vagas.

Cuando Maduro, en la estela de Hugo Chávez, señala a Estados Unidos como el enemigo que explica y justifica todos los problemas de su país, está haciendo un discurso que raya en lo xenófobo. Cuando Pablo Iglesias afirma que Rajoy es un «virrey» de Merkel, cuando urge a recuperar la «soberanía nacional» que Europa nos ha arrebatado, cuando se compromete a servir «a los ciudadanos y no a los intereses extranjeros», vemos que el discurso antielitista se aproxima bastante al nacionalista. No en vano, Podemos califica su proyecto como «nacional-popular» y, en período electoral, inunda las capitales de pancartas que rezan: «Patria, pueblo, Podemos».

Para ilustrar la dificultad que encontramos en algunas ocasiones para discernir el discurso nacionalista del populista, valga esta cita de Adrian Hastings, en la que el historiador proporcionaba una definición de los procesos nacionalistas: «Son episodios en los que la salvación nacional está o parece estar en juego. Casi siempre hay un traidor en la historia, y esto agudiza el sentimiento de "nosotros" y "ellos", el deber absoluto de lealtad a la camaradería horizontal del "nosotros" y el abismo moral que nos separa de los otros». Esta descripción puede aplicarse tanto al discurso de los independentistas en Cataluña cuanto a la construcción del «nuevo pueblo» que demanda Íñigo Errejón. Donde unos hablan de «nación», otros hablan de «gente», y donde los primeros culpan a España, los segundos responsabilizan a «la casta».

The long way home

El fenómeno populista ha obtenido gran atención mediática desde que los líderes de derecha alternativa e izquierda *antiestablishment* comenzaran a cosechar éxitos electorales. 2017 se presenta como un año en el que los partidos populistas continuarán recogiendo buenos resultados, mientras sus adversarios políticos siguen sin encontrar la tecla para contener su ascenso. La *alt-right* ha demostrado poder competir en nichos de votantes que otrora se consideraban feudos socialistas, y la nueva izquierda antisistema ha hecho gala de una transversalidad que le permite liderar la competición electoral.

Muchos partidos tradicionales, especialmente los socialdemócratas, han perdido el rumbo. Como en aquella letra de Tom Waits, tropezaron en la oscuridad y ahora se encuentran perdidos y solos. Llegados a este punto, la única salida posible pasa por tomar el título de la canción: *The long way home*, el camino largo para volver a casa. No hay atajos para derrotar al populismo, pero tampoco debemos ser dramáticos: la reacción gregarista pasará, como lo hizo otras veces, y el individuo continuará su andadura, llevado en volandas por el progreso científico. Tratar de mimetizarse con el discurso populista no servirá de nada: el votante siempre prefiere el original a la copia. La única estrategia eficaz para doblegar al populismo pasa por atacar su fuente de votos: el descontento. El populismo necesita descontento para crecer, lo necesita para ganar y lo necesita para perpetuarse. Por eso, a sus rivales solamente les queda asumir que tienen que acometer reformas innovadoras que permitan satisfacer las demandas sociales, y eso implica tomar un camino que será largo y tortuoso.

La recuperación económica puede ayudar a mitigar el descontento, pero por sí misma no será capaz de frenar el populismo. En los últimos años, las sociedades occidentales han experimentado un acusado crecimiento de las desigualdades, y este agravio dota de gran fuerza al populismo. Fukuyama afirmaba que la democracia liberal sería hegemónica porque igualaba a todos los hombres, saciando el afán de reconocimiento de los individuos. Así, es posible que la crisis que atraviesa la democracia liberal hoy tenga mucho que ver con la perversión de ese principio igualitarista.

La democracia liberal tiene que desarrollar mecanismos de igualdad de oportunidades y políticas públicas que tengan un impacto real en la vida de los trabajadores. También tiene que fortalecer sus instituciones, de forma que se comporten como una herramienta eficaz de provisión social y de estabilidad democrática. Se trata de una cuestión vital, porque unas instituciones sólidas constituyen el mejor dique de contención contra el avance del populismo.

De hecho, los teóricos populistas saben que ésta es la razón por la que el populismo encuentra más dificultades para triunfar en Occidente que en regiones como América Latina. En Europa, la mayoría de los ciudadanos percibe sus instituciones y sus partidos como legítimos, de tal forma que el descontento no se ha traducido en una crisis orgánica.

También parecen ofrecer mayor resistencia al populismo los regímenes parlamentarios que los presidencialistas. Los segundos se prestan mejor a la dialéctica amigo/enemigo que despliegan los partidos populistas y los primeros exigen un trabajo legislativo que a las formaciones populistas, bregadas en la confrontación mediática, se les hace muy penoso. Con frecuencia, se trata de partidos jóvenes y con poca experiencia, muy dotados para la comunicación política, pero escasamente interesados y preparados para la técnica parlamentaria. El populismo trata de suplir estas limitaciones con su desborde comunicativo, pero eso no evita que, a menudo, se vea sobrepasado por sus oponentes en las negociaciones, relegado de los acuerdos y superado en la presentación de iniciativas parlamentarias.

El populismo tampoco es imbatible una vez ha alcanzado el poder. Con frecuencia provoca la decepción de sus votantes al no poder satisfacer su promesa de redención nacional. En Estados con instituciones democráticas y contramayoritarias sólidas, además, la capacidad de ejecución de un gobierno es limitada, máxime en el caso de países que son miembros de una Unión Europea que exige el cumplimiento de obligaciones políticas y económicas. Un buen ejemplo de ello lo constituye el fracaso del primer experimento populista dentro de los márgenes de la integración política y monetaria europea: la coalición de izquierda radical Syriza, que gobierna Grecia liderada por Alexis Tsipras, cuenta con la desaprobación del 80 por ciento de los griegos y ha perdido cerca de un 50 por ciento de apoyos según las últimas encuestas.

Como en el caso del comunismo, la brecha que genera la ejecución práctica con respecto a las expectativas depositadas en la teoría actúa en desprestigio del populismo. En el caso de los regímenes comunistas, la coerción permitía perpetuar este fracaso durante décadas, pero el populismo es una estrategia genuinamente democrática. Necesita la democracia para construir su hegemonía por medio de la retórica, pero, al mismo tiempo, la obtención de esta hegemonía actúa en menoscabo de las instituciones democráticas. Esto es así porque la vocación de exclusión del populismo choca con la exigencia pluralista de la democracia. Además, el populismo socava el principio liberal de respeto a las minorías y su dialéctica de la confrontación degrada la estabilidad política y la paz social.

Todas estas contradicciones producen el desgaste de las opciones populistas, pero suelen hacerlo una vez ya han conquistado el poder. Mientras tanto, los partidarios de la democracia liberal deben encontrar respuestas innovadoras para combatir las desigualdades, mejorar la provisión de las políticas sociales, perseguir y dificultar la corrupción en las instituciones, implementar mecanismos de redistribución que permitan un vida digna a las rentas más bajas y a aquellos a los que el progreso tecnológico va a dejar en la cuneta del mercado laboral (complementos salariales, rentas básicas). En definitiva, deben entender que no queda más remedio que tomar el camino largo para llegar a casa.

3

Las claves del éxito populista (durante siglo y medio)

Esteban Hernández

Una parte sustancial de los estadounidenses se van a dormir asustados todas las noches: porque no tienen trabajo; o porque tienen uno pero los ingresos no les llegan para pagar todos sus gastos; o porque tienen un buen empleo pero piensan que lo pueden perder fácilmente, ya sea por las circunstancias en que se desenvuelve su sector o porque la tecnología los reemplazará. Sanders, Trump y el populismo en general son productos de una población insegura. Ellos sienten que las políticas de sus gobiernos les han defraudado.

BYRON WIEN, vicepresidente de Blackstone,
la mayor empresa de capital riesgo del mundo

El populismo no ha sido tomado en serio. Tanto la izquierda como la derecha contemporáneas lo han minusvalorado o despreciado de diversos modos y a menudo mientras ellas mismas desarrollaban prácticas populistas. La creencia de que se trata de una simple táctica, un modo de engañar a masas incultas cuya necesidad les lleva a creer al primer mentiroso carismático que les dice lo que quieren oír es compartida por las élites liberales de un lado y del otro del espectro ideológico, es decir, por aquellas que venían ocupando los lugares favorecidos en las instituciones, en la política, en la universidad, en la cultura o en el periodismo. El término posverdad no es más que un resultado de esta visión: tanto el *brexit* como la victoria de Trump fueron descritos como consecuencia de las falsedades que sus partidarios habían difundido y que mucha gente, ignorante y estúpida, se había tragado. Es una versión particularmente tranquilizadora para las élites perdedoras, que siempre pueden difundir una lectura en la que ellas conservan la posición racional y los que son timados son los paletos. Desde la nueva izquierda tampoco se ofrece una lectura mucho mejor, ya que el populismo es un término que nunca puede tener un contenido positivo: no es más que una marca que aspira a reunir, coaligar y dotar de identidad, a través de la mera sensación de éxito, a un puñado de excluidos que quieren su lugar en el sistema.

Ninguna de las dos formas cree que el populismo pueda significar algo: para unos no es más que un instrumento perverso, y para otros un espejo aspiracional. Ninguno lo valora en su justa medida. Pero, al desdeñar el concepto, evitan toda posibilidad de conocerlo y por tanto de utilizar o combatir políticamente las bazas que genera. El populismo tiene un contenido diferente según países y tendencias ideológicas, pero posee unas constantes, que son las que le están haciendo triunfar. Fijémonos en la historia.

1896. Primer populismo

El juez Harlan, de la Corte Suprema de Estados Unidos, resumía así el contexto en el que floreció el People's Party en este país:

> Aquellos que recuerdan las condiciones en que estaba el país en 1890 no habrán olvidado que en todas las gentes, en general, había un hondo sentido de ansiedad. Se había liberado al país de la esclavitud humana, afortunadamente, como todos ahora opinan, pero existía una universal convicción de que el país estaba en verdadero peligro de otra clase de esclavitud que se quería imponer al pueblo americano: la que resultaría de la acumulación de capitales en manos de unos pocos individuos y sociedades que controlan to-

> talmente los negocios del país, incluyendo la producción y venta de los productos esenciales para la vida. Tal peligro parecía ser entonces inminente y todos opinaban que era necesario enfrentarse a él con firmeza, mediante reglamentaciones legales que adecuadamente protegiesen al pueblo contra la opresión y el mal.[1]

Estados Unidos, un país de enormes dimensiones, de condiciones de supervivencia complicadas a causa de la naturaleza y económicamente floreciente, dependía en esa época de la energía y los transportes. La llegada del ferrocarril, cuya red a finales del siglo XIX era mayor que la de toda Europa (321.000 kilómetros), había transformado por completo la nación y había abierto grandísimas posibilidades de negocio que estaba aprovechando fundamentalmente un pequeño grupo de empresas. La energía era un buen ejemplo: la Standard Oil Co. de Ohio podía controlar, gracias al dominio de las refinerías y de los oleoductos que las conectaba a la red ferroviaria, el 95 por ciento del petróleo refinado e imponer dictatorialmente condiciones de tarifas y descuentos. El periodista Henry Demarest Lloyd escribió en 1894 que

> un reducido número de hombres obtiene el poder de prohibir a todos menos a sí mismos abastecer al pueblo de fuego en casi todas las formas conocidas en la vida e industrias modernas, desde los fósforos hasta las locomotoras y la electricidad. Tienen bajo su dominio nuestro carbón duro y gran parte del blando, así como estufas, hornos y calentadores de vapor y de agua caliente, los reguladores de las calderas de vapor y estas mismas calderas, el gas y los mecheros y los accesorios, el gas natural y las tuberías, la iluminación eléctrica y todas las instalaciones. No se puede liberar uno pasando de la electricidad al gas, o del gas de la ciudad al de los campos. Si trueca uno del queroseno por las bujías sigue aún en igual situación.[2]

1. Rostow, E. V., *Monopolio y competencia*, Tecnos, Madrid, 1974, p. 149.
2. Underwood Faulkner, Harold, *Historia económica de Estados Unidos*, Nova, Buenos Aires, p. 492, 1956.

En esa época, además, se había producido una doble expansión. Las empresas no sólo se habían dotado de más recursos, sino que idearon nuevas formas jurídicas que permitieron a unos cuantos inversores manejar grandes cantidades de capitales y de bienes en una sola sociedad. Empresas como la Standard Oil abrieron la puerta a las innovaciones legales.

> Para completar su dominio del mercado, ideó en 1882 un plan por el que todos los accionistas de catorce de las sociedades del grupo y la mayoría de los de otras veintiséis transfirieron sus títulos conforme a una institución tradicional del derecho anglosajón llamada *trust* [es decir, confianza] a nueve depositarios [mejor dicho, fiduciarios], [los *trustees*], recibiendo en contrapartida certificados de depósito [*trust certificates*] de 100 dólares de valor nominal cada uno, por un importe global de 70 millones de dólares. A cada partícipe se le asignó un número de justificantes que correspondía al valor de sus propiedades o títulos; todo accionista de cualquiera de las compañías miembros perdía, pues, la titularidad de su porción de capital en la entidad y adquiría, en lugar de ella, una parte proporcional en la masa de títulos y bienes que los *trustees* gestionaba, según los estatutos, para el mejor servicio e interés de los poseedores de certificados del *trust*. En otras palabras, la propiedad legal de los títulos accionarios había pasado a los fiduciarios, y con ella el derecho de voto, mientras que los propietarios primitivos conservaban únicamente la que cabría calificar de propiedad beneficiaria, esto es, la facultad de cobrar los eventuales dividendos, previa exhibición de sus certificados, así como la de venderlos como si fuesen acciones o títulos de una compañía.[3]

Al crecimiento en volumen, facturación y poder de mercado se le sumó el de la influencia institucional. El ferrocarril, el eje vertebrador de los negocios en aquel instante, no podía haberse desarrollado en la forma y el tiempo que lo hizo sin el apoyo estatal. Las contribuciones gubernamentales fueron enormes en

3. Daranas Peláez, Mariano, *Concentración de empresas y defensa de la competencia*, Colegio Universitario San Pablo, Madrid, 1972.

una nación en la que el buen gobierno se había equiparado a menudo con la frugalidad.

> Los gobiernos federal, estatales y locales hicieron a los ferrocarriles préstamos en efectivo por un valor superior a los 150 millones de dólares. A esto habría que añadir el hecho de que ciertos estados y ciudades concedieron exenciones impositivas a las compañías ferroviarias para estimular la construcción, concesiones que llevaron aparejados unos ahorros para los ferrocarriles de, por lo menos, 1,26 millones de dólares. Los gobiernos estatales y locales adquirieron a su valor nominal casi 149 millones de dólares en bonos del ferrocarril, los cuales, y estimados de una manera bastante conservadora, les supondrían a las compañías ferroviarias alrededor de 50 millones de dólares más de los que hubieran conseguido con su venta a compradores privados. Entre las más notables ayudas gubernamentales se pudieron contar los 134 millones de acres de tierras estatales concedidas a unas setenta compañías ferroviarias por el gobierno federal, así como los 48,9 millones de acres donados por nueve estados [si todas estas tierras se colocaran juntas, ocuparían una superficie mayor que la del Reino Unido, España y Bélgica juntos]. Dependiendo de la estimación utilizada para tasar estas tierras, las compañías ferroviarias recibieron entre 130 y 500 millones de dólares como donación directa.[4]

Este proceso de acumulación, que había empeorado las condiciones de vida en gran parte de Estados Unidos, y que dio lugar a un constante discurso antimonopolios a finales de la década de 1890 y de la de 1900, no puede entenderse sin la participación activa del People's Party. Los populistas fueron los que fijaron la opinión pública a una serie de cuestiones hasta entonces inéditas, los que empujaron a que las leyes antimonopolio fueran aprobadas y los que centraron los debates de buena parte de la nación en torno a los peligros que para la vida de la gente común y para la misma democracia suponía supeditar Estados Unidos a las decisiones de un puñado de empresas y mag-

4. Underwood Faulkner, H., *op. cit.*

nates. Ese contexto, en el que se mezclaban asuntos materiales, culturales y políticos, expresa particularmente bien una característica constante en el populismo: la lucha contra unas élites a las que se describe como perversas y perjudiciales para el conjunto de los ciudadanos. Este aspecto de resistencia frente a un poder ilegítimo es esencial para entender este tipo de movimientos.

Eran los años de los llamados Robber Barons, un conjunto de personajes ligados al transporte, al petróleo, a las finanzas o a metales como el acero que lograron enriquecerse increíblemente. La Sherman Act, de 1890, prometía poner coto a esos abusos, pero eso no fue suficiente, probablemente porque, como ocurre con muchas normas, aprobación y aplicación no son sinónimos. Lejos de producir el efecto deseado, justo después de la nueva ley, las concentraciones siguieron aumentando. En la década de 1890, muchas industrias básicas se convirtieron en monopolios: acero, petróleo, refinerías de azúcar, carbón de antracita, explosivos, tabaco, envasado de carne, fabricación de maquinaria agrícola o maquinaria para calzado.

El nacimiento de los populistas fue consecuencia de esta deriva y no puede explicarse sin ella. Las comunidades agrícolas del sur de Estados Unidos sobre todo vieron cómo su vida se empobrecía por el ferrocarril. El precio del transporte aumentaba y los bancos les imponían condiciones particularmente lesivas. Negocios vendidos a bajo precio, pequeños propietarios arruinados a causa de las imposiciones de mercado de las nuevas empresas dominantes y un descenso generalizado en el nivel de vida generaron un estado de ánimo que cuajó políticamente en el People's Party. Nacido como alianza de agricultores, sus posiciones fueron calando en la población, y a mediados de la década de 1880 habían conseguido tener representación institucional, fijar una nueva agenda política y construir una serie de reivindicaciones que eran ampliamente compartidas en grandes zonas interiores de Estados Unidos.

Hasta entonces, como ahora, las opciones de gobierno quedaban limitadas a dos, las encarnadas en el Partido Republicano y el Demócrata. El Partido del Pueblo era una opción exterior, extrasistema, que fue abriéndose paso y cuyo auge le llevó a fusionarse con el Partido Demócrata. El candidato común William Jennings Bryan compitió en 1896 por la presidencia en una campaña terrible que acabó perdiendo. La suerte de Bryan no cambió con los años (se presentó en otras dos ocasiones con el mismo resultado) aunque llegó a ser secretario de Estado.

Fueron esos años los que dieron al populismo una serie de características esenciales para entenderlo. En primera instancia, tuvo un carácter reactivo, puesto que nació como resistencia. Los grupos sociales que lo promovieron creían en una serie de ideas respaldadas por la pertenencia a una nación y a una época determinadas: eran estadounidenses, tenían una Constitución, eran un pueblo libre y creían en un mercado justo. Encontrarse con una realidad que subvertía aquello en lo que se habían educado, y que les había sido enseñado por sus padres, precisaba de una acción en consecuencia. Alzarse políticamente suponía defender sus intereses, pero también salvaguardar los de su nación. Las respuestas que se produjeron no tenían sus raíces en la ideología, ni en un cambio de sistema, sino en una racionalidad común que estaba en la esencia de su sistema y que estaba siendo pervertida. Precisamente por ser estadounidenses están legitimados para ser populistas: son las ideas que forjaron su nación, las que defiende su Constitución, las que dieron forma al país, las que estaban siendo subvertidas por una serie de ricos que habían puesto el sistema a sus pies. La revolución populista lo fue porque incluía esta defensa del orden establecido (y no su explosión) contra la gente del poder y del dinero.

En segunda instancia, el populismo del People's Party introdujo un cambio sustancial en la mentalidad del país, que afectó especialmente a los demócratas y que prefiguró acciones futuras. Hasta entonces, en un entorno plenamente partidario del libre comercio y con grandes resistencias a los impuestos, el poder institucional era visto como una fuente de amenazas. A partir de ese instante, el Estado fue invocado como garante de la ley, como contrapoder frente a esos poderosos que estaban tomando las instituciones y que se aprovechaban de ellas en beneficio propio. Y no sólo en Washington: la particular alianza entre grandes magnates y poderes locales había tejido una vastísima red corrupta de la que no quedaba fuera parte de la judicatura. Basten unos pocos ejemplos: la huelga Pullman de 1894 fue quebrada por el gobierno merced al fallo de los tribunales, según el cual las actividades del sindicato implicaban una conspiración tendente a restringir el comercio interestatal. En el caso de los sombrereros de Danbury se declaró a los miembros de un sindicato obrero financieramente responsables, según la Ley Sherman (es decir, aquella que se había aprobado para combatir los abusos de los monopolistas), hasta el monto total de los bienes que poseyeran individualmente, por las pérdidas comerciales ocasionadas por un boicot interestatal. «Algunos tribunales llegaron aun a poner en duda la legalidad de los sindicatos obreros en sí, considerándolos, a causa de sus reglas y prácticas restrictivas, como combinaciones ilegales, tanto desde el punto de vista del derecho consuetudinario como de la Ley Sherman.»[5]

Jennings Bryan atacó en su campaña a las grandes corporaciones e insistió como punto nodal en la erradicación de la corrupción. A ello se fueron sumando nuevas ideas, como la jornada laboral de ocho horas, la propiedad pública de ferrocarriles, teléfonos y telégrafo, la aprobación de un impuesto gradual sobre la renta, la introducción del referéndum y la elección directa del Senado o la creación de bancos de crédito rural, que eran apuestas que generaban lógicas simpatías entre los sectores más desfavorecidos, obreros y pequeños comerciantes, además de los agricultores.

El populismo, por lo tanto, implicaba un regreso a los orígenes en lugar de una utopía. Defendía un núcleo común que había sido pervertido, lo cual suponía que podían traer el pasado y la tradición en su defensa. No se proyectaba hacia el futuro, porque los poderosos esgrimían el progreso como fuente de legitimación de sus negocios, sino que suponía la defensa de un orden asentado que los cambios se estaban llevando por delante. Era un movimiento conservador, en el sentido en que se anclaba en las leyes existentes y en su espíritu, lo cual le permitió ganar-

5. Underwood Faulkner, H., *op. cit.*, p. 496.

se las simpatías de poblaciones que entendían el respeto a la tradición, también religiosa, como una parte esencial de su vida. Jennings Bryan era un cristiano ferviente, como muchas de aquellas comunidades, lo cual daba cuerpo a una imagen en que personas cabales, respetuosas, trabajadoras y amantes del orden estaban siendo atacadas por ladrones que en nombre del futuro estaban destruyendo el modo de vida americano. Eso llevó también a que en el movimiento populista la mujer apenas tuviera algún papel activo, y que, en esas alianzas que se fraguaron con otros perjudicados por la concentración de poder y recursos, como fueron los colectivos obreros, no se sumara a los afroamericanos. Del mismo modo, el origen de la revuelta contribuyó también a establecer variables regionales, la de un sur agrícola frente a un norte industrializado, la de la vida honesta de la ciudad pequeña frente a la ambición desatada de las grandes urbes, y la del hombre común frente a los millonarios que habían perdido el sentido de la decencia.

En este instante de auge populista, que definió los debates públicos e instituyó una serie de asuntos que ya no pudieron ser olvidados, quedan marcadas una serie de características que regresarán en otros momentos, aunque sea con lecturas diferentes. Aquí está la lucha contra los poderosos, ese *establishment* en el que los políticos no son más que empleados a sueldo de los ricos, la restauración de la fuerza del Estado para beneficio de la gente común, la invocación a la conservación de lo adquirido y a la tradición, además de esas variables geográficas entre norte y sur, entre ganadores y perdedores. Son elementos que, con unas u otras expresiones, reaparecen en los populismos de épocas posteriores.

1960. Cambio de signo ideológico

Tras la Gran Depresión, con el New Deal en marcha, y más aún tras la segunda guerra mundial, Estados Unidos se estructuró, como ocurrió en la Europa posterior, a partir de un sistema administrativo más pujante, una intervención pública frecuente y un aumento generalizado del nivel de vida. El entorno conservador, perdedor con la imposición de las tesis de Roosevelt, era consciente de que los tiempos habían cambiado por completo, por lo que necesitaba un nuevo discurso si quería llegar a sus posibles votantes. Optó por una recomposición llamativa, que colocó en segundo plano sus viejas tesis económicas, muy impopulares en esa época, y que apostó por la crítica cultural. La retórica anticomunista en el inicio de la Guerra Fría fue una baza explotada, pero hasta la década de 1970, con la candidatura de George Wallace a la presidencia, las nuevas ideas no comenzaron a tomar un cuerpo políticamente influyente. Esa reacción fue peculiar, un *backlash* en toda regla, porque las ideas que manejaron partían del mismo lugar que el populismo anterior, sólo que trasladadas a un nuevo terreno: tomaron la misma retórica y la cambiaron de signo. Como señalaba Thomas Frank, «la derecha populista imita constantemente los grandes movimientos progresistas del pasado: sus dirigentes están obsesionados con los años treinta, cuando les fue muy mal».[6]

Wallace, que decía ser el primer obrero que presentaba su candidatura a la Casa Blanca, articuló una serie de constantes típicas del populismo a las que ofreció un nuevo contenido. El lado *antiestablishment* fue enfocado hacia las élites de Washington, un montón de burócratas petulantes, cada vez más presentes en su vida cotidiana, que los despreciaban. Wallace defendía al hombre común, nada glamuroso ni sofisticado, el que se ganaba el pan con el sudor de su frente, el que se esforzaba todas las mañanas por llevar el sustento a su familia; a gente devota, productiva y modesta, seguidora de las normas, que estaba siendo dejada de lado por la burguesía urbana y cosmopolita. Los votantes de Wallace representaban a la América tradicional, esa que se guiaba por las costumbres y que apostaba por un importante sentido de la comunidad en lugar de por el individualismo en boga. Los sesenta fueron años de grandes cambios

6. Entrevista a Thomas Frank, <http://www.elconfidencial.com/alma-corazon-vida/2014-01-07/el-mensaje-que-la-clase-media-envio-a-los-que-mandan-nos-podeis-seguir-robando_67943/>.

sociales y culturales en los que el progreso estaba imponiéndose de un modo arrollador, especialmente en el terreno cultural, y ellos se percibían como perdedores en esas transformaciones a pesar de que defendían un orden estable y justo. En ese contexto, el populismo de derechas les ofreció un enemigo de dos caras, el que unía élites liberales y minorías. Las primeras tenían como objetivo aumentar el poder estatal, dictaminar cómo debía ser la vida de la gente común y recaudar la mayor cantidad de impuestos posible. Eran ingenieros sociales que repartían lo recaudado entre los grupos de presión y entre sus amigos de los guetos. Desde su perspectiva, Estados Unidos estaba gobernado por un montón de burócratas ineptos y arrogantes, y las calles tomadas por antipatriotas que odiaban a su país y por minorías criminales.[7] Los liberales de limusina, esos que abogaban por las escuelas públicas pero llevaban a sus hijos a colegios de élite, los sangraban para darles sus impuestos a los negros y a los estudiantes de izquierda.

Estas ideas, que no fueron especialmente exitosas en aquel instante, penetraron de una manera profunda en una parte sustancial de la sociedad estadounidense, de tal forma que no puede entenderse gran parte de los argumentos que utilizaron Reagan o los Bush en sus campañas sin este punto de partida. Esa pinza entre los liberales y las minorías indolentes, cuando no criminales, reapareció infinidad de ocasiones en los años posteriores: desde las películas a lo *Harry el Sucio*, donde un montón de delincuentes drogadictos campaban a sus anchas porque los jueces progresistas no los metían en la cárcel, hasta el excesivo gasto del Estado en subsidios destinados a vagos que no querían dar palo al agua, pasando por los antiamericanos que decían defender la libertad cuando en realidad estaban siendo cobardemente blandengues con las amenazas interiores y exteriores que la nación sufría.

En el período de Wallace, el mensaje material típico de los populistas tenía poco recorrido como consecuencia de la expansión

7. Kazin, Michel, *The populist persuasion. An american history*, Cornell University Press, p. 169, 1995.

de la economía, de las políticas keynesianas y de la percepción de la época como llena de oportunidades. Sin embargo, era posible movilizar otro tipo de recursos en el terreno político, como era el de los cambios culturales, algo de lo que los conservadores eran conscientes desde la época de la Gran Depresión. Los populistas de los sesenta se centraron en ese terreno y construyeron un discurso en el que seguían presentes la lucha contra el *establishment*, la defensa del hombre común y de una vida razonable, la conciencia rebelde de luchar contra los poderosos y el empleo de la religión. Añadieron algunos elementos, como la particular alianza entre las élites blancas y el submundo de las minorías, o el antiamericanismo pacifista, y tejieron todo un movimiento con ellos.

Años después (desde Reagan) se añadió el lado económico como parte principal del discurso, atacando al gobierno federal y sus ansias recaudatorias, señalando el despilfarro de los recursos públicos en vagos y maleantes, subrayando cómo la iniciativa privada era quebrada por burócratas que querían imponer un Estado totalitario y planificador y abogando por una apertura liberal mucho más intensa. Es cierto que justo esas políticas económicas eran las que venían mal a la mayoría de los votantes del populismo de derechas, pero tampoco tenían enfrente, en el campo progresista, una propuesta que les generase simpatías. En todo caso, las líneas maestras dibujadas por Wallace fueron las que se intensificaron y radicalizaron no sólo en el movimiento populista, ese que se dio en llamar Tea Party y ahora Alt-Right, sino que se consolidaron como esencial en el Partido Republicano. Desde Reagan hasta Trump, todos sus presidentes y candidatos se han apoyado en esas ideas como núcleo de su propuesta electoral.

2004. El populismo *neocon*

En la elección en que compitieron George Bush Jr. y John Kerry, el discurso populista de derechas era propiedad, no de un movimiento alternativo, sino del Partido Republicano. Y les funcionaba: bastaba con mirar a los candidatos de cada una de las formaciones para darse cuenta. Aunque provenían de la misma clase social y habían gozado de los beneficios de instituciones elitistas (Yale, Skulls and Bones), ambos contaban con experiencias vitales opuestas y se habían forjado en espacios culturales casi irreductibles. Sus semejanzas y desacuerdos reflejaban hasta qué punto los asuntos materiales (clase, posición, recursos) habían perdido eficacia en favor de las diferencias culturales o identitarias. Bush fue en sus años jóvenes un estudiante vividor, gracioso y mediocre, mientras que Kerry había sido aplicado, formal y algo idealista. Como si la trayectoria universitaria contuviera el núcleo de sus vidas, Kerry concurría a la elección como un hombre formal y de lazos sólidos, mientras que Bush había tenido una existencia más agitada (alcohol, vicio, arrepentimiento, renacimiento religioso). Kerry exhibía formación y moderación, Bush conocimiento intuitivo y convicción absoluta en sus ideas. Era creencia común entre los medios que Kerry estaba intelectualmente preparado para gobernar y que Bush presentaba deficiencias formales y lógicas en sus argumentaciones. En cuanto oferta de imágenes, una sociedad moderna no hubiera tenido dudas a la hora de decidir qué tipo de presidente necesitaba, pero el elegido fue Bush, lo cual tenía su lógica.

Los neoconservadores habían insistido en la necesidad de un país fuerte, que hiciera frente a las amenazas con decisión, que fuera pragmático en lo económico (que implicaba menos impuestos, menos prestaciones estatales y más iniciativa privada) y que plantase cara a los problemas cotidianos, como la delincuencia, un corpus teórico que funcionaba fundamentalmente porque se le oponía un frente político progresista formado por élites intelectuales que utilizaban un lenguaje alejado del pueblo y que abogaban por soluciones sofisticadas y formas de vida distinguidas que no tenían nada que ver con el ciudadano común. Eran quienes, en nombre del progreso (o de sus utopías keynesianas, cuando no socialistas, según sus detractores), menospreciaban la tradición desde despersonalizados entornos urbanos. En el tiempo de las primarias de Iowa, cuando aún Howard Dean era el favorito de las encuestas, una publicidad televisiva pagada por el neoconservador Club para el Crecimiento mostraba al precandidato como «dado a subir los impuestos y a aumentar el poder del Estado, al café a la italiana, a comer *sushi*, a los coches Volvo, a leer *The New York Times*, al *body piercing* y a Hollywood; un monstruo de feria del ala izquierda».[8] En la descripción aparecen los lazos que atan los aspectos culturales y los materiales, cómo son quienes tratan de aumentar el poder estatal y de minar las bases tradicionales de la convivencia, y hasta qué punto elitismo, control estatal y progresismo iban de la mano. El modo en que fueron dibujados públicamente Kerry y Edwards no era más que la continuación de la imagen atribuida a Dean: el elitista urbano, el progresista intelectual y prepotente, con sus gustos refinados y opuestos a los de mayoría de los estadounidenses, e incapaz de gobernar con decisión porque es excesivamente tolerante para con los otros y sus innegables defectos. Esa mirada (que fue la ofertada por una mayoría de medios) insistía en preconcepciones emparentadas con recursos típicamente conservadores: Kerry era fluctuante, ambicioso e incapaz de ser firme en la vida real.

Pero había más elementos novedosos, o al menos llamativos, en su discurso. Desde la perspectiva del populismo republicano, se difundía la impresión de que las mutaciones de la modernidad, privadas ya de un cierto aliento liberador, habían llegado a su límite; lo crucial no era profundizar en ellas, sino ponerles freno. Los cambios que los progresistas querían impulsar eran descritos como fuente de tensión y de peligro por los extremos que habían alcanzado, como en la ciencia con las clonaciones, en lo social con los derechos de las minorías, en lo identitario con los nacionalismos, en la autoconservación con la delincuencia, en lo religioso con la tolerancia absurda hacia los islamistas radicales, en lo económico con las tendencias redistributivas, etc. Era el momento de plantar cara a tanta endeblez, tanta inconsistencia y tanta buena intención sin sentido.

8. Frank, Thomas, *Qué pasa con Kansas. Cómo los ultraconservadores conquistaron el corazón de Estados Unidos*, Acuarela, 2008.

El populismo *neocon* fue también un movimiento reactivo, porque funcionó a partir de la visualización de la fragilidad de sus enemigos: era el rechazo reiterado y desproporcionado que los otros hacían de cuestiones de aparente sentido común el que los autorizaba a actuar del modo en que lo hacían, a manifestar sus opiniones con cierta agresividad y, en consecuencia, a traer de soslayo las esencias a una nueva escena. No era una legitimidad primera, sino derivada: encontraban su lugar de certeza en el otro, en su falta de madurez, en sus acciones incoherentes o dañinas, en su visión restringida y dogmática, en el mundo buenrollista de esa gente, los progresistas, que habían perdido el sentido de la realidad y que, en consecuencia, resultaban socialmente perniciosos.

En segundo lugar, el discurso populista fue también capaz de reescribir la vida privada desde esta misma perspectiva. Le dieron un nuevo barniz que convertía a los progresistas en aquellos que querían prohibir todo aquello que hacía la existencia interesante: eran quienes estaban insistiendo en que había que comer alimentos veganos, que beber era malo (salvo que fuera vino caro), que disfrutar con los viejos deportes era cosa de gente sin cultura, que había que hacer *running* o que moverse por la ciudad en bicicleta era lo mejor. Veían en los ojos de los progres un desprecio acentuado por su modo de vida y por todo aquello que les gustaba, mientras que el populismo neoconservador les hacía sentirse orgullosos de ser blancos y heterosexuales, de consumir cervezas y ver el fútbol americano por la tele. No había color.

De modo que este nuevo populismo podía contar con un programa económico poco favorecedor para muchos de sus votantes, pero les ofrecía una identidad en un momento en que la estaban perdiendo. Y lo hizo a través de la reinvención de las constantes del movimiento: la pelea contra el *establishment*, la reacción para conservar elementos tradicionales, la energía resistente y la lucha de la gente común contra el elitismo de los ricos.

2017. El populismo de derechas

En nuestra época, el elemento político central es la seguridad, y toda oferta exitosa se ha construido alrededor de ese sentimiento. Los efectos de la crisis económica y el cambio productivo que está desarrollándose han trastocado por completo la estructura social, han roto muchas expectativas y ofrecen una versión del porvenir nada esperanzadora. Los discursos de clase media que eran típicos de las sociedad del bienestar de la segunda parte del siglo XX ya no encuentran hechos que los ratifiquen y la perspectiva de una degradación estructural de sus condiciones de vida y del endurecimiento de la competencia en el mercado de trabajo es hoy común. Los hijos de la clase media con titulación universitaria acaban en empleos muy por debajo de su cualificación y desplazan a los de la clase popular hacia abajo, que a su vez se encuentran con los inmigrantes como competencia. Esto tiende a replegar a los grupos hacia posiciones defensivas y a generar tensiones sociales.

La inseguridad es generalizada. No sólo porque afecte a casi todos los grupos sociales (incluso las clases medias altas cuya vida está económicamente resuelta perciben de un modo nítido las dificultades para que sus hijos conserven el nivel de vida del que gozaron), sino porque el futuro se hace mucho más impreciso. La inestabilidad y la incertidumbre, y con ellas las dificultades para trazar trayectorias vitales a medio plazo, impregnan la sociedad. Un contexto en el que las opciones políticas que se despliegan juegan bazas muy diferentes de la época inmediatamente anterior.

Las dos ofertas electorales exitosas en los últimos años han tenido como núcleo la misma idea central: desde el *establishment* se ha trasladado con insistencia la sensación de que la situación mejora, que se han hecho esfuerzos notables durante la época de la recesión y que en poco tiempo comenzarán a dar sus frutos; que el descenso en el nivel de vida ha sido coyuntural y que la recuperación para el común de los ciudadanos comenzará pronto, siempre bajo la condición de seguir por la senda de las reformas. Los viejos partidos, cuando han triunfado, han basado su éxito en esa suerte de prosperidad diferida, en esa continuidad expectante cuyos réditos aparecerán al final del camino. Pero también en el dibujo de sus contrincantes electorales (en general partidos populistas) como una grave amenaza para la democracia y para el bienestar económico, convirtiendo la seguridad en su elemento esencial por una vía indirecta: ofrecen estabilidad frente a quienes pueden desestructurar por completo el sistema. Hasta hace poco tiempo, ésta era la esencia del éxito electoral, ya que el partido prosistema acababa imponiéndose. Pero el *brexit* y el éxito de Trump han abierto la puerta a una posibilidad de que esta ola populista se convierta en el elemento políticamente dominante en el final de década.

Lo paradójico es que el ascenso populista se ha producido mediante la oferta de la misma solución que los partidos institucionales, aunque por otro camino: la seguridad sigue siendo el asunto central, por más que para alcanzarla se precisen cambios profundos. En el inicio de la crisis,[9] los discursos dominantes, ampliamente interiorizados, tenían que ver con una dinámica de exceso en la que los ciudadanos habían caído: el afán descontrolado por acceder a los privilegios de las clases con más recursos había conducido a un gasto ostentoso e imitativo que llevó a la gente a vivir por encima de sus posibilidades. Sin embargo, esas ideas fueron girando paulatinamente hacia nuevas explicaciones: la burocracia de la Unión Europea, los emigrantes o la avaricia de los banqueros son ideas que han ido apareciendo de modo nítido y que han dado lugar a diferentes lecturas políticas.

En el establecimiento de estos nuevos responsables, el populismo de derechas ha conectado mejor con la población de los países industrializados, en especial los de centro y norte de Europa y Estados Unidos, gracias a un discurso típicamente emparentado con los elementos que George Wallace contribuyó a poner sobre la mesa. Las élites pasan a estar representadas por los políticos de Washington, en el caso estadounidense, y por la buro-

9. Alonso, L. E., Fernández, C. J. e Ibáñez, R., «De la moral del sacrificio a la conciencia de la precariedad. Un análisis cualitativo de los discursos sobre la evolución de la crisis en España», *Política y Sociedad*, vol. 53, n.º 2, 2016.

cracia de Bruselas, en el europeo; al mismo tiempo, el viejo odio hacia las minorías improductivas que vivían del erario público se traslada hacia los inmigrantes, quienes reciben los recursos institucionales en detrimento de los ciudadanos nacionales. Se conjuga así una doble amenaza, interpretada en clave patriótica, que reproduce en nuevos contextos viejas alianzas.

El nacionalismo en Europa, desde la versión del populismo de derechas, supone la revitalización de este ataque por arriba y por abajo a la gente normal; de una parte, Bruselas, con sus medidas económicas y su tolerancia con los procesos migratorios, impone unas condiciones que dañan los intereses de los nacionales; al mismo tiempo, las élites locales, siguiendo las instrucciones de los progresistas, prefiere gastar los recursos públicos en extranjeros que han llegado al país a vivir de los subsidios sociales. Esa visión, que hizo triunfar el *brexit* y a Trump y que impulsa a Le Pen, es indisociable de un mensaje de reivindicación orgullosa del nacionalismo: la idea de fondo es que los ciudadanos de un país grande no deberían estar pasando privaciones, que el trabajo debería regresar y que, para ese objetivo, se está mejor solo que mal acompañado. El rechazo de Trump a los tratados de libre comercio o la sensación en el Reino Unido o en Francia de que a sus países les iría mucho mejor sin la Unión Europea, es decir, de que en un mundo global podrían sacar mucha más ventajas operando en solitario, es la otra cara de esta reivindicación de las esencias patrias. Más que la *grandeur* de la Francia o la promesa de imponer el dominio de Estados Unidos al resto de los países, este regreso del nacionalismo tiene un aspecto de repliegue, de defensa de las poblaciones autóctonas, de fortificación frente a las fuerzas globalizadoras. No es un movimiento utópico, no pretende imponer una cierta pureza étnica ni imponer las esencias de un pueblo al resto, sino de defenderlas de las crecientes amenazas a las que se ven sometidas: otros países les roban sus puestos de trabajo porque tienen unas condiciones de empleo mucho más frágiles, los inmigrantes les quitan ayudas y empleos, y los burócratas, cosmopolitas y alejados de la realidad de la gente, los extorsionan con cada vez más impuestos.

La variable nacional desempeña un papel decisivo en aquellos países, como Alemania, Francia o Estados Unidos, donde el sentimiento patriótico ha sido frecuente y no aparece repartido entre distintas regiones; es mucho menos importante en Estados, como el español, el británico o el italiano, con partes de su territorio que desarrollaron un nacionalismo propio. Recurrir al patriotismo en España tiene una complicación enorme, ya que cuanto más popular se vuelve en las zonas centrales y en el sur, más se oponen a él en la periferia (Cataluña, País Vasco, Galicia o Valencia); y a la inversa, cuando una opción política apuesta por una posición integradora, como un Estado federal que diluya el nacionalismo español, más impopular resulta en las zonas del interior (Madrid, las Castillas, Andalucía, etc.). En estos casos, y Cataluña o Escocia son buenos ejemplos, las variables populistas ligadas a un enemigo exterior (el Estado central en lugar de Bruselas, Madrid o Londres en lugar de Washington) y al gasto que debería destinarse a sus nacionales en lugar de favorecer a otros (como a los andaluces) reaparecen con fuerza, como lo hace la sensación de que yendo en solitario lograrían muchos mejores resultados en un entorno globalizado.

Pero este repliegue nacional no funcionaría sin nuevos líderes, que por una parte generen esa seguridad que sus políticas prometen, y que por otra se alejen de las fórmulas de acción que arrastraron hacia esta decadencia. Las personas que encabezan este movimiento son mucho más atrevidas, más incorrectas políticamente, más dadas a utilizar un lenguaje directo y a adoptar actitudes contundentes que los políticos tradicionales. No sólo se revisten de cualidades más carismáticas, según lo definido por Max Weber, sino que exhiben un nuevo tipo de legitimidad que viene a sustituir a la de las élites administrativas de la modernidad. El desprecio por los políticos, a los que se vincula con los peores rasgos de la burocracia y con la corrupción y con la ineficacia, produce la aparición de nuevos actores, ya provengan de la sociedad civil, del mundo del espectáculo o del empresarial, que prometen formas de actuación radicalmente distintas. Un tipo de populismo, como el de Beppe Grillo, simplemente aboga por la honestidad, la transparencia y la eficacia; otro, como el de Trump, propone una transformación radical: la justificación que emplea el nuevo presidente es que su equipo y él aportarán la experiencia del éxito, la energía y el empuje de quienes saben cómo hacer las cosas, la sabiduría de aquellos que no se fijan en las teorías sino en la práctica real y que no se pierden en palabrería. Quien sabe cómo gestionar lo privado sabe cómo gestionar lo público, sin medias tintas y sin tibiezas, por lo que quitar del medio a los técnicos es, desde ese punto de vista, una acción necesaria. Tampoco es extraño que sus votantes confíen en estos nuevos líderes, porque han oído demasiadas veces decir a los expertos oficiales que la globalización está siendo buena para ellos, que viven mejor que nunca, que la economía está mejorando, aunque ellos noten los efectos contrarios, y que los perdedores en este proceso de cambio lo son porque no se actualizan o se reinventan.

El último aspecto en el que la seguridad vertebra la propuesta populista es el de la insistencia en los mensajes materiales. Los ataques que sufren a su nivel de vida, ya sea causados por la deslocalización, por la competencia desleal de otros países, por las medidas de la burocracia de Bruselas o Washington o por la presencia de demasiados inmigrantes en sus países, tienen como fondo la decadencia de la clase media y las dificultades para la subsistencia de las populares. De esos estratos sociales se nutren, y a ellos sólo pueden llegar a través de mensajes potentes. Que Trump afirme que si «las empresas se quieren ir y despedir a todos los trabajadores, tendrán que pagar un impuesto muy grande cuando quieran vender sus productos en Estados Unidos» o que «va a ser el mayor creador de trabajos que Dios haya puesto en la Tierra», o que los carteles de propaganda del Frente Nacional recojan que «nunca en nuestro país le ha faltado trabajo a un joven francés» destacan la centralidad del empleo y la demanda creciente de recursos materiales en una sociedad empobrecida.

Todos estos elementos se cohesionan en un concepto central, el de «seguridad», que es la clave del triunfo populista, y bajo el cual se amparan, y recogen viejas variables del movimiento, como el énfasis «*antiestablishment*», la lucha contra los poderosos, la acción reactiva de defensa de elementos tradicionales, culturales y materiales que se perciben en riesgo, así como la insistencia en un cambio económico articulada a través de una nueva acción del Estado que proteja a la gente común en lugar de a las élites. La seguridad es la clave del éxito populista.

2017. Populismo posmoderno

Estas constantes típicas de la acción populista han tenido, sin embargo, un desarrollo muy diferente según se trate de Estados del norte o del sur de Europa. Si los de países industrializados, los de mejor nivel de vida, han girado hacia una prolongación del populismo a lo George Wallace, en España, Italia y Grecia los modelos han sido muy distintos. En el país heleno, porque la resistencia fue canalizada a través de un partido de izquierda tradicional cuyo núcleo discursivo fue la lucha contra las imposiciones de la Unión Europea. En Italia, Cinco Estrellas es un partido transversal, que ha mezclado elementos anti Unión Europea con otros favorables, que añade propuestas de izquierda y de derecha y que es fundamentalmente un movimiento de reacción contra el *establishment* político. En España se ha dado un movimiento nuevo que pretendía fusionar discursos populistas con la izquierda posmoderna, y que no ha funcionado en la medida de lo esperado: hace un par de años parecían una fuerza irresistible, destinada a ser el primer o segundo partido, y hoy su futuro se percibe mucho más endeble.

La causa del fracaso relativo de Podemos (su trayectoria ha sido un gran éxito si se analiza desde las escasas expectativas con que contaban en el momento de su nacimiento, y una gran decepción si se toma en cuenta el lugar que llegaron a ocupar) es que no son un partido populista, es decir, que no han sabido identificar ni utilizar las variables que han hecho triunfar a estos movimientos en esta época. Se convirtieron en la esperanza de la izquierda europea porque prometían articular un discurso nuevo, ese que unía a Gramsci con Laclau, y que recogía buena parte del pensamiento de autores que funcionaron en la izquierda.

Lo de Podemos es interesante porque muestra, en su recorrido, las debilidades teóricas de su punto de partida, y por tanto las dificultades de implantación como partido mayoritario a las que se enfrentan.

La fragilidad de Podemos puede explicarse desde distintos puntos de vista, pero hay dos, interrelacionados, que resultan determinantes. El primero es su debilidad estructural. Nacido como alianza de colectivos de izquierda ideológicamente distantes, fue reuniendo sensibilidades que giraban por fuera del Partido Comunista (verdes, anticapitalistas, izquierda posmoderna, nacionalistas periféricos) bajo una misma denominación. Su irrupción en la escena política como fuerza extrasistémica ligada a variables populistas de combate del *establishment* (lo que quedaba reflejado en el uso frecuente de un concepto que Beppe Grillo había popularizado, «casta»), y el empuje que ese enfoque diferente les otorgó, convenció a muchos desencantados de la izquierda y del centro-izquierda y a gente indignada con el sistema de que otra opción era posible. La heterogeneidad de sus componentes provocaba una dificultad de encaje obvia, a la que se sumaron las confluencias, alianzas con movimientos nacionalistas de varias autonomías, que contaban con una estructura y una agenda propias. La celeridad con que el partido hubo de vertebrarse tampoco ayudó en ese proceso. En la política sólo el éxito electoral garantiza que las tensiones internas se diluyan en lugar de intensificarse, mucho más en el caso de Podemos, dado que los grupos que lo conformaban eran muy dispares.

La otra debilidad era ideológica, y explica también por qué una estructura tan dispersa no causaba preocupación. La versión populista que acogieron, ligada a ciertas experiencias exitosas en Latinoamérica, distaba mucho de las hasta ahora expuestas.

Su apuesta era recoger las más diversas demandas insatisfechas producto de la dislocación sistémica[10] y hacerlas confluir en una identidad común, pero entendiendo siempre que esa heterogeneidad no tiende, a partir de su propio carácter diferencial,

10. Laclau, Ernesto, *La razón populista*, Fondo de Cultura Económica, p. 151, 2005.

a confluir alrededor de una unidad que resultaría de su mero desarrollo interno, sino que debe sustanciarse en un elemento, que sólo puede ser discursivo, y que carece de contenidos que lo llenen.[11] Todos los intentos por encontrar lo que es específico en el populismo son esencialmente erróneos porque van a ser superados por una avalancha de excepciones. La indeterminación de los conceptos propia de la posmodernidad regresa también en esta nueva lógica política. El populismo no es nada en sí mismo, en el sentido de que no puede recogerse en unos contenidos concretos, sino que consiste en el significante en el que se reúnen demandas de lo más dispares.

Pero seguir por este camino quizá sea improductivo, porque supondría otorgar demasiado peso a las discusiones teóricas acerca de, cuando quizá sea más revelador saber qué se hace con estas ideas en la práctica, y el caso de Podemos resulta significativo.

La formación de Pablo Iglesias recogió la lógica de la innovación descrita por Boris Groys,[12] para quien lo nuevo no se constituye a partir del descubrimiento de lo que estaba escondido o haciendo comparecer lo que nunca habíamos pensado, sino transmutando el valor de algo que era visto y conocido desde siempre. Aquello que era considerado profano, extraño, primitivo o vulgar se higieniza y reaparece en el primer plano cultural, cobrando un valor inesperado. La apuesta por la diferencia estética del *hipster* y su búsqueda de lo no asimilado es llevada un paso más allá en el mundo activista, cuyos códigos estéticos acentúan la no pertenencia al orden común. Podemos optó por reunir en torno a él a los excluidos del sistema, entendiendo por tales todos aquellos colectivos que habían sido relegados a la invisibilidad por la cultura dominante, varonil, blanca, heterosexual y de clase media.[13] Frente a ese poder, la mujer, el emigrante, el colectivo LGTB, el ecologismo, el cooperativismo, los nacionalismos periféricos y la cultura de los barrios más pobres se convertían en

11. Ibíd., p. 128.

12. Groys, Boris, *De lo nuevo: ensayos sobre una economía cultural*, Pre-textos, 2005.

13. Hernández, Esteban, *Nosotros o el caos*, Deusto, 2015.

los espacios que defender, reivindicar y sumar a la causa. Podemos debía ser el espacio de reunión y unidad que reclamase que esa sociedad hasta ahora excluida, y siempre joven, debía tomar el centro de la política. Ese centro de su política en los excluidos los llevó a campañas como las de la pobreza energética o a combatir los centros de internamiento de emigrantes.

Como segundo elemento, jugaron con cierta vaguedad e indefinición esas que, según Laclau, son componentes esenciales de cualquier operación populista, e invocaron mucho más la toma de decisiones en común como solución política que una serie de medidas concretas: el problema catalán es buen ejemplo de cómo no es el diálogo, sino la expresión de la voluntad popular en las urnas, lo único que podía arreglar un mal enquistado. No hubo una toma de partido radical a favor o en contra de la independencia, sino una apuesta insistente por que el pueblo expresara su voz. Más que ofrecer un programa bien definido, su programa era que la gente se expresase; más democracia era su centro. Dado que el *establishment* estaba conformado por quienes impedían hablar a la gente, la operación política por excelencia era permitir que la gente dijera lo que piensa.

Además, como tercer elemento, sus propuestas estaban tejidas de indefinición porque privilegiaron movilizar los sentimientos y no las razones. El mismo nombre, Podemos, parte de esa convicción en que los afectos son lo esencial en la política contemporánea, como lo es su creencia en que sólo los grandes medios de masas podían tener alguna efectividad a la hora de transmitir mensajes. Las campañas electorales que lanzaron en redes intentaban, a través de apelaciones a la positividad y el buen rollo, a través de corazones y fábricas de amor, generar la sensación de que el cambio era inminente, de que la crispación de los viejos partidos debía dejar paso a un partido nuevo en todos los sentidos. En esa tarea, subrayar los contenidos parecía una idea mucho menos pragmática que invocar a los sentimientos.

Esos fueron los elementos centrales del populismo posmoderno de Podemos, y todos ellos cuentan con déficits que explican por qué no fueron siquiera capaces de sobrepasar al PP, por qué había caras tan largas en la sede de Podemos la noche del

26-J, por qué su papel en el largo proceso de investidura de Rajoy fue irrelevante, y por qué hoy sólo la endeblez del PSOE les permite seguir ofreciéndose como fuerza de oposición.

En el aspecto estructural, la reunión de colectivos tan heterogéneos funciona cuando los problemas inevitables que genera esa dispersión pueden ser sofocados por la presencia de un enemigo común. En la campaña electoral permanente que vivió Podemos desde su nacimiento, sus debilidades pasaban desapercibidas en la medida en que siempre se podía recurrir al PP: todos los grupos internos, por diferentes que fueran en sus opciones ideológicas, coincidían en la resistencia frente a los populares, que era el elemento decisivo de su cohesión. Cuando la campaña se cerró y la derrota se hizo visible, el enemigo desapareció y sólo quedaron las diferencias internas. Convertirse en un paraguas que recoge las demandas de muy diversos grupos es útil para jugar a la contra, pero no para llevar el peso del juego. Las tensiones en Podemos hoy son perfectamente necesarias, es decir, son algo que no podía ocurrir de otra manera. Como también era previsible que, en ese contexto, la lucha por hacerse con las posiciones de poder en el partido (con los salarios aparejados) se convirtiese en el elemento central de su tensión política.

En lo discursivo, su populismo posmoderno ofrece un problema muy serio a la hora de ganarse las simpatías de los electores, es decir, a la hora de generar una opción política que realmente posea opciones de gobernar. Todo partido de mayorías es el receptor de demandas heterogéneas, pero siempre a condición de que haya sabido tomar el pulso a la época, de que haya identificado cuál es el deseo dominante en esa sociedad. Por decirlo de otra manera, en esa sobredeterminación hay una demanda más importante que las demás. El populismo de derechas está dominando porque ha dado una respuesta al anhelo de más seguridad, de vidas más sólidas y menos fluidas, de menos incertidumbre, un aspecto que en nuestro tiempo está más ligado que nunca a lo material. El populismo posmoderno ha insistido, por el contrario, en la demanda de más derechos y libertades, cayendo en un marco liberal que los mismos neoliberales parecen haber sobrepasado con Trump. Reclamar más derechos para las minorías, apostar por un mundo ecológico y encontrar el mejor remedio en más participación democrática es una opción política totalmente legítima, pero poco efectiva en un instante social en el que la economía es el aspecto dominante. La defensa de la democracia que hacía el viejo populismo, que era radical, implicaba esencialmente que el imperio de la ley funcionase para favorecer al pueblo y no a los ricos; que en lugar de sangrar a obreros y pequeños empresarios pusiera coto a los abusos de los barones ladrones; defender la democracia no era reclamar presupuestos participativos, sino plantarse frente a un poder industrial y financiero que había escapado a las leyes y las había puesto a su servicio.

La impotencia que siente el hombre común, la de estar sometido a fuerzas que no controla en absoluto, es un elemento constitutivo de nuestra sociedad, y es algo a lo que el populismo posmoderno no ha sabido dar respuesta. En sus peores momentos hace lo mismo que condenó a la izquierda europea a la irrelevancia: culpar a quien está perdiendo pie. En cierto sentido, su respuesta parte del mismo lugar que la neoliberal, aunque elija un desarrollo distinto: éstos decían a esa gente que siente miedo, que teme por su futuro y que cada vez tiene menos esperanza, que hay un mundo de oportunidades enormes ahí fuera y que si no saben sumarse a él es responsabilidad suya; que no se forman, no se actualizan, no se reinventan, han quedado obsoletos. La izquierda les dice que si las cosas van mal es por su culpa, porque se han quedado anclados en el pasado del hombre blanco de mediana edad, y que son un conjunto de racistas, sexistas, homófobos y en el fondo fascistas, y que si les va mal mejor para todos. Ahí está la clave de que los barrios populares voten a Le Pen, de que Trump o el UKIP funcionen muy bien en las clases obreras y medias, y de que Podemos tenga su representación entre los hijos con menos posibilidades de las clases medias. El populismo de derechas ofrece una salida a esa impotencia desde el proteccionismo, la promesa de la reactivación del empleo y la contención de la amenaza de los inmigrantes; el de izquierdas, en lugar de brindarles una solución, les insiste en que lo importante son los derechos y las libertades o, aún peor, los desprecia.

El tercer error del populismo posmoderno es entender la política como un ámbito dominado esencialmente por las emociones. Más allá de entrar en el debate acerca de esta creencia endeble (sin ir más lejos, también las razones movilizan las emociones), ha de subrayarse que este tipo de campañas resultan particularmente útiles en determinados contextos y contraproducentes en otros. Tratar de generar adhesiones mediante invocaciones a la sonrisa, a la ilusión y a la positividad es sin duda una rémora si el elector no percibe que el triunfo está cerca: cuando las encuestas señalan que la posibilidad de ganar está al alcance de la mano, recurrir a las emociones es un arma indispensable; en otro caso, genera más burlas que réditos.

Estos tres aspectos auguran un futuro dudoso para Podemos, y más aún si las tensiones internas no encuentran una resolución que no dañe al partido. Pero, más allá del recorrido que tenga una formación concreta, lo cierto es que la izquierda debe dar una respuesta convincente a su problema central, ese que la ha alejado de sus núcleos de votantes prototípicos, como eran las clases trabajadoras y medias. En cierta medida, el populismo posmoderno repite los males que sufrió la socialdemocracia, que cada vez tenía más aceptación entre las clases medias urbanas y menos en los barrios obreros.

En un tiempo como el nuestro, que está viviendo grandes transformaciones productivas, que se mueve aceleradamente y que está sometido a la incertidumbre, la izquierda debe ser consciente de que sólo una contestación convincente al problema de la seguridad material le puede otorgar un lugar importante en la escena política. Y esa respuesta hoy, como ocurrió con el viejo populismo, tiene que ver con enfrentarse a un sistema en decadencia, que ha sido tomado por un *establishment* que perjudica a la mayor parte de la gente y que está pervirtiendo las bases ideológicas en las que se asentaba. El populismo de derechas lo ha hecho por un camino convincente para poblaciones de países como Estados Unidos o Francia, y lo seguirá haciendo. Estamos en un momento de cambio profundo, lo que genera una inestabilidad enorme, y eso se verá reflejado de un modo evidente en el entorno político. Vienen tiempos muy agitados.

4

Donald Trump: el populismo conquista la Casa Blanca

Juan M. H. Puértolas

El populismo es la democracia de los ignorantes.

FERNANDO SAVATER, filósofo

Los conceptos de populismo, nacionalismo y demagogia aparecen a menudo mezclados justa o injustamente a nivel mundial y, en este sentido, Estados Unidos no es una excepción. Sin embargo, en ese país también se asocia el populismo al destino manifiesto, al excepcionalismo e incluso al aislacionismo, de amplia tradición en América. Por alguna razón, se relaciona el populismo con las grandes praderas del centro y norte del país, contraponiéndose el espíritu de la granja y el rancho frente al de la industria y la ciudad. Sin embargo, como veremos a continuación, la realidad es mucho más compleja.

Andrew Jackson, el Bonaparte americano

Los orígenes del populismo estadounidense se confunden con el nacimiento de la república y encuentran en la figura de Andrew Jackson, séptimo presidente del país (1829-1837), a su primer exponente. Conocido como el «Bonaparte americano», siendo apenas un niño sirvió de mensajero durante la guerra de la independencia y fue capturado y maltratado por los ingleses. Abogado, militar, congresista y senador, fue un hombre hecho a sí mismo que llegó a ser dueño de una gran hacienda conocida como la plantación Hermitage, donde trabajaban cientos de esclavos y que aún puede visitarse en las afueras de Nashville, Tennessee.

Aunque en su pasivo figuren la encendida defensa de la esclavitud y ser uno de los principales artífices del desplazamiento forzoso de los indios americanos —hoy lo llamaríamos con toda propiedad limpieza étnica—, Jackson luchó contra los intereses especiales de determinados poderes financieros y especulativos para erigirse en defensor de los trabajadores de la época, básicamente agricultores y mecánicos rudimentarios que reparaban los aperos de labranza. Fue el primer presidente estadounidense de origen no aristocrático y hasta nuestros días sigue constituyendo una figura tan heroica como polémica, hasta el punto de que regularmente se cuestiona que su efigie siga apareciendo en unos de los billetes de mayor circulación, el de 20 dólares.

William Jennings Bryan, el gran orador

A William Jennings Bryan le cabe el dudoso honor de haber sido el único político de la historia de Estados Unidos en ser nominado en tres ocasiones candidato a la presidencia del país... para perder las tres veces las elecciones generales, a finales del siglo XIX (1896 y 1900) y de nuevo en 1908. Congresista por Nebraska con apenas treinta años, fue asimismo periodista y secretario de Estado en la presidencia de Woodrow Wilson en los albores de la primera guerra mundial, aunque renunció precisamente al cargo debido a su acendrado pacifismo cuando Estados Unidos decidió intervenir en el conflicto.

Bryan fue el primer estadounidense genuinamente populista y algunas de sus afirmaciones suenan hoy sorprendentemente contemporáneas, transcurridos más de cien años: «Al pobre hombre que cree que la riqueza de los potentados debiera ser redistribuida entre los pobres se le llama socialista, pero al rico que pretende aprovecharse de la miseria de los pobres se le llama financiero. Al pobre hombre que adquiere una propiedad por la fuerza se le llama ladrón, pero al acreedor que consigue una legislación a través de la cual el deudor paga el doble de lo que tomó prestado se le alaba como defensor de la solvencia de la divisa».

Partidario de la libre acuñación de plata y opuesto por tanto al patrón oro, Bryan favorecía la intervención del Estado en la economía, pero al tiempo se mostraba receloso de la entrada de inmigrantes, lo que lo enlaza con el populismo actual. Siempre en la difusa frontera con la demagogia, fue un eminente orador que a finales del siglo XIX proclamó en un discurso de tres horas de duración que «el Partido Demócrata se sitúa hoy entre dos grandes fuerzas. En un lado se sitúan los intereses corporativos de la nación, sus instituciones adineradas, sus acumulaciones de riquezas y capitales, imperiosas, arrogantes, sin compasión. Piden legislaciones especiales favorables, privilegios, inmunidades [...]. En el otro lado se sitúan las multitudes que han dado su nombre al Partido Demócrata, gastadas por el trabajo y cubiertas de polvo, que ejercen su apelación enmudecida y que demasiado a menudo encuentran que sus peticiones de ayuda chocan en vano contra los muros exteriores mientras que otros, que lo merecen menos, tienen rápido acceso a las cámaras legislativas». Prosa sin duda barroca, pero reveladora.

Huey Long, cada hombre un rey

No mucho tiempo después surgió lo más parecido a un populista de izquierdas que jamás haya habido en Estados Unidos. Elegido gobernador de Luisiana poco antes del crac de 1929, Huey Long, apodado *The Kingfish*, sangró desde la capital de ese estado sureño a los ricos, a la banca y a las grandes corporaciones para entregarse a un auténtico frenesí de obras públicas, proyectos educativos y mejora de las pensiones. Bajo el lema «Cada hombre un rey», en 1934 lanzó un programa denominado «*Share Our Wealth*» [Compartamos nuestra riqueza], básicamente integrado por un impuesto finalista sobre los activos de las corporaciones y las personas cuya recaudación se dedicó a aliviar la pobreza y la carencia de viviendas que se abatió sobre el país en plena Gran Depresión.

Pasó de Baton Rouge, la capital de Luisiana, al Senado de Washington tras las elecciones de 1932 sin dejar en la práctica de ser el jefe y cacique supremo del Bayou State, que gobernó con puño de hierro, al tiempo que reprimía o corrompía a los pocos que osaban hacerle frente. Pero no puede ignorarse que cambió la faz de uno de los estados más pobres del país mediante la construcción de una red de hospitales para los menos favorecidos, inversiones masivas en autopistas y túneles y libros de texto gratis para los niños en edad escolar. Al tiempo, constituyó lo que hoy llaman un *fondo de reptiles*, financiado por una fracción de los salarios de los funcionarios que le debían el puesto de trabajo —prácticamente todos— y destinado a sus proyectos políticos y personales, más allá incluso de las fronteras estatales.

Tras romper con el presidente Roosevelt y apenas un mes después de que anunciara que le iba a disputar la presidencia en las elecciones de 1936, el yerno de un juez al que Long acababa de privar del cargo le disparó a quemarropa y le causó heridas que provocarían su muerte dos días después. Aún no había cumplido cuarenta y tres años. Su asesino fue en ese mismo momento abatido por los guardaespaldas de Long y los impactos del tiroteo aún pueden verse en las columnas de mármol del Capitolio estatal en Baton Rouge, un edificio construido a iniciativa del Kingfish. Más de doscientas mil personas asistieron al funeral de uno de los primeros políticos estadounidenses en fundar una dinastía política, cuya influencia se mantuvo en Luisiana hasta finales del siglo XX.

Joe McCarthy y la caza de brujas

Joseph Raymond McCarthy, más conocido como Joe McCarthy, no fue propiamente un populista, pero sí un demagogo que alteró durante una década la cultura política del país, arruinando carreras políticas y profesionales, estas últimas de manera especial en el sector cinematográfico. En los años posteriores al final de la segunda guerra mundial y ante la evidencia de que la Unión Soviética se había hecho con armas nucleares, se desató en Estados Unidos una auténtica caza de brujas en la que el hasta entonces oscuro senador por Wisconsin desempeñó un papel primordial. Empuñando lo que después se supo que era un simple recibo de lavandería, McCarthy proclamó que ésa era la lista de los miembros del Partido Comunista infiltrados en el Departamento de Estado (Asuntos Exteriores).

Desde la presidencia de un subcomité del Senado y manejando con maestría el arte de la delación, este legislador dio nombre en la década de 1950 a uno de los períodos más lamentables de la historia estadounidense, el macartismo. Uno de los pilares de esta década negra para las libertades individuales fue el «*guilty by association*», la sombra de la sospecha o directamente la condena directa de aquel infortunado ser que hubiera estado presente en una reunión en la que también estuviera un miembro del Partido Comunista o un simple simpatizante del mismo.

Su suerte se torció cuando arremetió contra una administración (Eisenhower) de su propio partido, el republicano, y también contra el ejército, en unas apasionantes audiencias televisadas que revelaron la auténtica catadura moral del individuo. Fue sintomáticamente la televisión lo que constituyó el principio del fin de McCarthy. Ante el enésimo intento de embarrar la imagen de un joven abogado, el letrado asesor del Ejército, Joe Welch, se encaró con McCarthy y le espetó en vivo y en directo una frase que pasó a la historia: «Al final de todo, ¿no le queda a usted un cierto atisbo de decencia?».

A partir de ahí, junio de 1954, todo le empezó a ir de mal en peor. Censurado por sus colegas del Senado —McCarthy había colaborado en la derrota en las urnas de varios senadores y hubo uno incluso que se suicidó como consecuencia de sus irresponsables acusaciones—, se convirtió en un fantasma viviente que circulaba como alma en pena por los pasillos del Capitolio. Se dio a la bebida y murió de cirrosis apenas tres años más tarde, sin haber llegado a los cuarenta y nueve.

La historia de McCarthy tiene un estrambote que la une con

la actualidad y con Donald Trump. El pasado mes de abril, el diario británico *The Guardian* publicó un interesante reportaje, titulado «Mentor en desvergüenza: el hombre que enseñó a Trump el poder de la publicidad». Ese mentor fue Roy Cohn, que se hizo famoso en las citadas audiencias como abogado en jefe (Chief Counsel) del subcomité presidido por McCarthy. Cohn era un experto en conseguir titulares, aunque fuera por noticias aparentemente negativas. Abogado en 1973 del joven Donald y de su padre, que habían sido demandados por una presunta discriminación racial en la adjudicación de unos apartamentos en Brooklyn, lo primero que hizo Cohn fue interponer una contrademanda por un importe de 100 millones de dólares, que no fue admitida a trámite pero que fue ampliamente publicitada en el momento de su presentación.

Fue el principio de una larga e intensa relación, que incluyó la redacción por parte de Cohn del acuerdo prenupcial entre Trump y su primera esposa, un acuerdo notablemente lesivo para Ivana, a la que sólo le fueron adjudicados 20.000 dólares al año. Homosexual homófobo que nunca quiso salir del armario, Roy Cohn murió víctima del sida en 1986 sin haber cumplido los sesenta años y legó al joven Donald la descarada pasión por la acumulación de poder, el rápido recurso al insulto y la amenaza y una gran afición por ser permanente noticia en la prensa sensacionalista.

George Wallace, la leyenda de Alabama

Pero, sin duda alguna, el populista contemporáneo estadounidense por excelencia fue George Corley Wallace, quien fuera cuatro veces candidato a la presidencia de Estados Unidos y que ocupó de forma no ininterrumpida el cargo de gobernador de Alabama durante dieciséis años, a los que hay que añadir el año y medio que, imposibilitado legalmente para presentarse a la reelección, consiguió que la elegida fuera su esposa, Lurleen.

Salió como gobernador al segundo intento en noviembre de 1962, atribuyendo su primera derrota a no haber sido suficientemente radical en su apoyo a la segregación racial. Así que en su primer discurso inaugural pronunció una frase —«Segregación ahora, segregación mañana, segregación para siempre»— que le proporcionó fama a nivel nacional. En una escena ampliamente reproducida e inmortalizada en la película *Forrest Gump*, Wallace hizo un fútil intento de oponerse al ingreso de estudiantes negros en la Universidad de Alabama, posando teatralmente con la mano en alto y extendida y sólo echándose a un lado ante la presencia del número dos del Departamento de Justicia y sus guardias federales.

Aunque su fama se debió sobre todo a su oposición a la integración racial en la turbulenta década de 1960, Wallace fue también un populista que condenó agresivamente los movimientos contraculturales de la época. Con su fuerte acento sureño, en una ocasión proclamó que «si uno de esos anarquistas, hippies y melenudos se tumba delante de mi coche, os aseguro que será la última vez que se tumba delante de un coche».

Es significativo en cualquier caso que ya en 1964, con el país anonadado por el reciente asesinato del presidente Kennedy, Wallace disputara el nombramiento presidencial demócrata al presidente Johnson, presentándose a tres elecciones primarias en el centro y sur del país y obteniendo en todas ellas al menos un tercio de los votos emitidos. Cuatro años más tarde, optó por una candidatura independiente, que fue la más votada en cinco estados de la antigua Confederación, la última vez hasta el presente que un candidato independiente obtiene representación en el colegio electoral. Aquellas elecciones fueron ganadas por Richard Nixon, pero habría bastado una pequeña desviación de los votos en un par de estados hacia la candidatura demócrata encabezada por el vicepresidente Humphrey para que ninguno de los tres hubiera conseguido el número necesario de votos electorales para ser proclamado presidente, con lo que la elección tendría que haber sido decidida en la Cámara de Representantes.

Wallace volvió al redil demócrata en 1972 y se estaba erigiendo en la amenaza más clara al senador George McGovern para obtener la candidatura demócrata cuando un desequilibrado en busca de fama le descerrajó varios tiros en el parking de un centro comercial de Maryland. Salvó la vida, pero quedó paralizado de medio cuerpo para abajo y, abocado a una silla de ruedas para el resto de sus días, nunca volvió a ser el de antes. Lo intentó de nuevo en 1976, pero otro gobernador sureño, Jimmy Carter, le derrotó en las elecciones primarias de Florida, poniendo en la práctica el punto final a sus aspiraciones presidenciales.

Al margen de su dilatada carrera política y de su indisimulado racismo, al que renunció explícitamente en los últimos años de su vida en el curso de una entrevista concedida a *George*, la revista editada y dirigida por el hijo del presidente Kennedy, a nuestros efectos interesa destacar algunas de sus propuestas programáticas, tan cercanas a las que efectuara Donald Trump casi cincuenta años después.

En la citada campaña de 1968, en la que cosechó casi 10 millones de votos (13,5 por ciento del voto popular), Wallace propuso generosas mejoras en las pensiones y asistencia sanitaria para las personas más necesitadas, la inmediata retirada de las tropas estadounidenses en Vietnam si a los noventa días de tomar posesión se llegaba a la conclusión de que la guerra no podía ganarse —su compañero de ticket, el general Curtis LeMay, más expeditivo, no excluyó el uso de las armas nucleares y propuso devolver a bombazos a ese atormentado país asiático a la Edad de Piedra—, describía la ayuda exterior como dinero arrojado a la ratonera y propuso que los aliados europeos y asiáticos pagaran más por su defensa.

Como hemos podido ver, los populistas estadounidenses se han solido nutrir más de las filas demócratas que de las republicanas y el reverendo Jesse Jackson, candidato en las elecciones de 1984 y 1988 y tan opuesto en las formas y en el fondo al también afroamericano Barack Obama, es una buena prueba de ello. Sin embargo, a finales del siglo xx y principios del xxi, algunos candidatos republicanos como el columnista y escritor Pat Buchanan también pudieron pasar como populistas, una etiqueta que aún le cuadra más a la exgobernadora de Alaska y candidata a la vicepresidencia en 2008 Sarah Palin, o al exgobernador de Arkansas, Mike Huckabee, candidato en 2012 y 2016.

En general, el fracaso de los populistas estadounidenses ha estribado en la imposibilidad de llevar a cabo sus desaforadas promesas. Andrew Jackson sería la excepción, pero estamos hablando de una sociedad estadounidense apenas poscolonial, básicamente rural y esclavista y aún a la búsqueda y conquista del Oeste. Bryan fue un excelente orador que se hizo con el corazón del Partido Demócrata, pero tres derrotas en otras tantas elecciones generales demuestran lo minoritario de su apoyo. Por su parte, Huey Long tuvo la voluntad y los medios para transformar a mejor su estado, pero se deslizó por una derivada dictatorial y corrupta que le acabó costando la vida. Joe McCarthy demostró que la demagogia tiene sus límites y él no supo calcular los suyos, mientras que George Wallace nunca ostentó un poder real más allá de las fronteras de su Alabama natal.

Donald Trump, de Queens a la Casa Blanca

Contra todo pronóstico, el populismo recibiría un improbable portaestandarte en la figura del millonario Donald John Trump, nacido en el barrio neoyorquino de Queens en junio de 1946 y actual presidente de la nación. Empresario inmobiliario por tradición familiar, desde muy joven tuvo claro que la apariencia de éxito era tan importante como el propio éxito y que, remedando el viejo dicho castellano, el buen paño en absoluto se vendía en el arca, sino que era necesaria una permanente, compulsiva y avasalladora campaña de marketing. Graduado en Económicas por la Wharton School de la Universidad de Pennsylvania, a los veinticinco años se hizo cargo del negocio familiar, Elizabeth Trump & Son, que pronto rebautizó como The Trump Organization.

La primera operación en el sector de la hostelería que le proporcionó notoriedad pública fue el rescate en la década de 1970 de un vetusto hotel, el Commodore, propiedad de la quebrada empresa ferroviaria Penn Central y situado en el corazón de Manhattan, para remodelarlo y pasar su gestión a la cadena Hyatt. La operación, que incluyó cuantiosas subvenciones fiscales, acabó en una orgía de demandas, como en tantas otras operaciones del pintoresco empresario, que ha quebrado varias veces para salir siempre milagrosamente a flote.

Casi medio siglo de trayectoria empresarial da para mucho, pero baste decir que los edificios de oficinas, los hoteles, los casinos y los campos de golf han sido las actividades básicas del imperio Trump. No se puede olvidar su faceta televisiva como productor y presentador de *The Apprentice*, un *reality show* de gran audiencia en el que supuestamente se valoraban las cualidades gestoras de los concursantes. Las despedidas corrían a cargo del propio Trump, que proclamaba estentóreamente el «*You're fired!*» (¡Estás despedido!) que ponía punto final a la participación del concursante. Asimismo significativa para entender la personalidad del actual presidente de Estados Unidos es su faceta de autor, por decir algo, de numerosos libros de autoayuda que, masivamente promocionados, han sido *bestsellers*, con títulos tan significativos como *El toque de Midas*, *Cómo hacerse rico* o *Queremos que seas rico*. Por último, no puede olvidarse la faceta lúdico recreativa representada por su propiedad de los concursos Miss Estados Unidos y Miss Universo.

Carne de tabloide

Tanta y tan variopinta actividad, junto a un gusto por la decoración barroca que podría definirse como falso Versalles, una personalidad extrovertida basada más en la bravata que en la inteligencia emocional, un aspecto físico inconfundible —especialmente en su vertiente capilar—, un uso agresivo y frecuente de Twitter y una vida sentimental agitada —cinco hijos de tres sucesivos matrimonios— han hecho de Trump permanente carne de tabloide —prensa sensacionalista— a lo largo de los últimos lustros, cuando no décadas. Inevitablemente, esa sobreexposición le ha llevado a ser muchas veces objeto de ridículo, algo que le ha herido profundamente y que, sin embargo, ha sido un componente esencial de su exitosa campaña a la presidencia del país. Cuando, en junio de 2015, bajó en el ascensor de la Trump Tower para anunciar su candidatura a la nominación republicana a la presidencia de Estados Unidos, pocos se lo tomaron en serio. Cuando lo hicieron, fue demasiado tarde. Probablemente, la sentencia que mejor define su espectacular trayectoria política en el año 2016 es que sus enemigos interpretaron sus palabras literalmente pero no lo tomaron en serio, mientras que sus partidarios no interpretaron sus palabras literalmente, pero sí lo tomaron en serio.

Ésa es probablemente una de las causas de su improbable acceso a la presidencia del país. Como afirmaba Michael Scherer en el especial de la revista *Time* que proclamó a Trump «*Person of the year*», muchos de sus críticos nunca entendieron que su desprecio le daba fuerza, que él utilizó el ridículo para obtener más titulares sensacionalistas, lo que a su vez lo conectaba con la gente común. Y la gente a la que tiene que agradecerlo, a esos a los que dedicó su discurso inaugural del 20 de enero de 2017, a esos a los que llama «los olvidados», son muchos de los 13 millones de ciudadanos que le votaron durante la temporada de los caucus y de las primarias para conseguir la nominación republicana y los casi 63 millones que le otorgaron su confianza el 8 de noviembre de 2016.

Como declaraba el propio Trump a la revista *Time* desde su *penthouse* de la Quinta Avenida, «lo que le sorprende a muchos es que estoy sentado en un apartamento único, casi nadie verá uno similar y, sin embargo, represento a los trabajadores del mundo». Sea por convicción o por cinismo, ese comentario encapsula en pocas palabras la esencia del populismo.

En los meses posteriores a la derrota de Mitt Romney a manos de Barack Obama en las elecciones presidenciales de 2012, se convirtió prácticamente en dogma de fe que los republicanos nunca reconquistarían la Casa Blanca si no adoptaban una estrategia inclusiva en relación con las minorías étnicas, especialmente la hispana. En los últimos comicios, los de 2016, al menos tres candidatos estaban mejor posicionados que Trump en ese sentido, por supuesto los dos de origen hispano, los senadores Marco Rubio y Ted Cruz, y otro casado con una hispana y perfecto dominador del español, el exgobernador Jeb Bush.

Sin embargo, Bush arremetió contra los mexicanos desde el primer momento, tildándolos de violadores y narcotraficantes y demostrando, de nuevo en palabras de Scherer, que los instintos tribales nunca mueren, que, en tiempos de refriega económica y cambio social acelerado, un líder carismático aún puede identificar al enemigo interior culpable de sus penurias y atraer las masas a su lado. Porque, no nos engañemos, Trump se impuso estrechamente en determinados estados clave gracias al miedo físico generado por el terrorismo de origen islamista radical y a la aprensión laboral generada por la inmigración hispana.

Los que se quedaron atrás

Curiosamente, Trump lo ha cogido donde Obama lo dejó. La convicción de que, por más que uno se esfuerce, puede quedarse económicamente atrás formó parte del evangelio del candidato afroamericano en su campaña de 2008 ante Hillary Clinton para obtener la nominación demócrata y, cuatro años más tarde, le bastó para ser reelegido. Fue cuando definió a su rival republicano, Mitt Romney, como un financiero endurecido, ajeno a las clases populares. A esa sospecha contribuyó el propio Romney con el famoso vídeo en el que afirmaba que no esperaba el apoyo del 47 por ciento «de la gente que votará al presidente en cualquier caso, que dependen del gobierno, que creen que son las víctimas, que creen que el gobierno tiene la responsabilidad de cuidarlos, que creen que tienen derecho a la atención sanitaria, a la alimentación, a la vivienda, a lo que ustedes quieran». Mismo partido, mensajes opuestos, del antipopulismo de Romney al populismo de Trump.

Hay un hecho incontrovertible: a pesar de que Obama lidió con más éxito que sus colegas europeos las consecuencias de la recesión propiciada por la crisis financiera de las hipotecas basura y la quiebra de Lehman Brothers, la clase media baja estadounidense, aquella que está por debajo de la renta media pero que ingresa lo suficiente como para no recibir ayudas públicas, ha visto como sus ingresos descendían un 5 por ciento en el período 2007-2013, según un economista del Banco Mundial citado por *Time*. Al propio tiempo, el volumen de las clases medias también ha menguado. Medidas en función de las rentas superiores en un 25 por ciento o inferiores en la misma proporción en relación con la renta media, el número de personas adscritas a esta definición descendió en el período comprendido entre la década de 1980 y el año 2013 no sólo en Estados Unidos, sino también en Alemania, Reino Unido, España y Holanda, lo que sugiere un cambio estructural y no meramente coyuntural, al tiempo que ayuda a explicar la inestabilidad política que se ha cernido sobre esos países y muchos otros.

La habilidad de Trump residió en sintonizar con ese segmento de la población en la que no ha funcionado el ascensor social, un fenómeno especialmente doloroso en la supuesta tierra de las oportunidades y ajeno a la cultura social del país. Son las personas entre los treinta y los cincuenta años que recuerdan los sólidos puestos de trabajo de los que disfrutaban sus padres, que permitían a sus madres ser amas de casa, a ellos ir al *college* o a la universidad y también poder visitar, al menos una vez en la vida, Washington DC y sus monumentos, Nueva York y sus rascacielos o un parque de atracciones tipo Disney o Six Flags.

Una peligrosa deriva de la campaña populista de Trump es que dio una pátina de respetabilidad a racistas, misóginos y xenófobos, unos colectivos que hasta entonces solían como mucho expresar sus opiniones en la privacidad del bar o del gimnasio. Es significativo que el candidato se defendiera de esas opiniones sexistas que provocaron el enésimo revuelo y la condena de muchos de sus colegas republicanos en la recta final de la campaña calificándolas de charlas de vestuario, pero es evidente al propio tiempo que la incorreción política le proporcionó jugosos dividendos a lo largo de su azarosa ruta hacia la Casa Blanca.

El papel de los medios de comunicación en la campaña también ha sido objeto de numerosos análisis, pero las conclusiones en absoluto son unánimes. Algunos sostienen que le dedicaron irresponsablemente excesivo espacio y tiempo a Trump porque proporcionaba incrementos en la audiencia, los famosos *ratings*, y sí, es cierto que su probada experiencia televisiva le suministró acceso gratuito a numerosos *reality shows*. Pero tampoco puede negarse que, en las respectivas campañas para las nominaciones, los debates entre los candidatos republicanos fueron mucho más vistos que los sostenidos en el campo demócrata, obviamente gracias a Trump. En todo caso, la prensa tradicional, que a juicio de muchos historiadores propició hace poco más de cuarenta años nada menos que la dimisión de un presidente —Richard Nixon *versus The New York Times* y *The Washington Post*—, sufre hoy las aceradas críticas de un primer mandatario que, día sí y día también, los desprecia e insulta vía Twitter, pero que tampoco los acaba de arrojar del todo a las tinieblas exteriores. Antes de mudarse a la Casa Blanca, parece probado que lo primero que leía Trump tras levantarse de la cama era la edición en papel de *The New York Times*.

Peligrosos precedentes

Por su parte, uno de los influyentes editoriales de la revista *The Economist* afirmaba a los pocos días de la victoria de Trump que la última vez que Estados Unidos se replegó en sí misma fue después de la primera guerra mundial, con consecuencias realmente calamitosas. Ese «*America First*» que constituyó la esencia del discurso inaugural de Trump fue un eco de épocas caracterizadas por la intolerancia y el antisemitismo, lo que contrasta con la aparente barra libre de la que parece gozar en Washington el gobierno israelí presidido por Benjamin Netanyahu.

La gran pregunta es si la elección de Donald Trump ha supuesto un realineamiento de la política estadounidense, tanto a nivel interno como externo, o si, por el contrario, representa el último estertor de una determinada América que no se resigna a desaparecer. Con todas las reservas del mundo, los grandes números electorales parecen sugerir lo segundo. Las elecciones presidenciales de 2016 pasarán a la historia como aquellas en la que la candidata perdedora sacó una mayor diferencia de votos populares —casi 3 millones— sobre el candidato a la postre ganador en el colegio electoral. Habría bastado un desplazamiento conjunto de unos 40.000 votos en tres estados del Medio Oeste (Pennsylvania, Wisconsin y Michigan) para que Hillary Clinton se hubiera convertido en la primera mujer en alcanzar la presidencia del país. Lo positivo para el Partido Demócrata es que estados hasta no hace mucho competitivos como Virginia, Colorado, Nuevo México o Nevada parecen decantarse cada vez más de su lado, incluso con una candidata con tan obvias limitaciones como Clinton.

Por el contrario, el Partido Republicano parece tener asegurado el control del Congreso durante años. Ello se debe a su mayoritario dominio de las asambleas estatales, que a su vez diseñan las fronteras de los distritos que determinan la composición de la cámara baja del Congreso, la Cámara de Representantes. Con la ayuda de la informática y la demoscopia, prácticamente se pueden diseñar distritos a medida de sus titulares actuales, de mayoría republicana. En el Senado las cosas son más complejas, porque cada estado está representado por dos senadores con independencia de su población y es perfectamente posible —salvo en el sur— que en un estado sólidamente republicano en las elecciones presidenciales gane un escaño al Senado un candidato demócrata y viceversa. Pero, a pesar de su referida pérdida en el voto popular, Trump se impuso en treinta estados, mientras que Hillary sólo lo hizo en veinte. Además, en las elecciones legislativas de 2018 los demócratas defienden más escaños en el Senado.

Con todo, la clave de la presidencia Trump estriba en la conjunción o dispersión entre los intereses del Partido Republicano clásico, básicamente conservadores, y los que han llevado a la presidencia al empresario neoyorquino. En la actualidad, no son ni mucho menos idénticos. Se supone que el presidente es un maestro en el arte de la negociación y así tituló —*El arte del acuerdo*— uno de sus libros más vendidos, pero la jungla del asfalto y el ladrillo de Manhattan poco o nada tiene que ver con el proceso legislativo que con tantas dificultades, egos y objetivos en conflicto se desarrolla en Washington.

Dos agendas diferentes

Por tanto, aunque parece probable que los republicanos consigan aprobar en estos años una buena parte de su agenda legislativa clásica —reducción de impuestos, desmantelamiento de la reforma sanitaria impulsada por Barack Obama, desreglamentación financiera, desaceleración de la lucha contra el cambio climático, etc.—, no se ve tan claro que accedan a la agenda populista de su inopinado líder, por ejemplo en materia de proteccionismo comercial, masivas inversiones en infraestructuras o erección del famoso muro en la frontera con México.

En definitiva, será más fácil contentar a la base republicana tradicional que a los rebeldes con causa a los que Trump arrastró a las urnas, primero en la temporada de primarias y luego en las generales de noviembre. Un periodista de *The Washington Post* que siguió esa campaña, que casi se convirtió en cruzada, escuchó una y otra vez los mismos comentarios: dice lo que yo digo, pienso, siento y quiero escuchar, no es un político ni forma parte del sistema corrupto, es honrado y dice lo que piensa, incluso si eso le crea problemas, y es duro. Por otra parte, Trump escogió cuidadosamente los sitios de sus mítines, básicamente en antiguas ciudades industriales de rentas medias-bajas y el común denominador de un alto umbral de ira por parte de sus ciudadanos, que el millonario recién descendido de su avión particular azuzó sistemáticamente y a conciencia.

Unos días antes de la Navidad de 2015, en una ciudad de Michigan, Grand Rapids, antaño conocida por sus fábricas de muebles hoy casi todas cerradas, el insospechado candidato al que las encuestas ya concedían el primer lugar en el bando republicano, un lugar de privilegio que ya no abandonaría hasta la convención, remedó de la siguiente forma un concepto de la época del presidente Nixon y el vicepresidente Agnew. «Esto ya no es más una mayoría silenciosa, amigos. Esto es una muy muy agresiva, una muy muy ruidosa mayoría. Muy ruidosa.»

Mensaje o mensajero

Es, en el mejor de los casos, un representante muy atípico del colectivo que parece acaudillar. La antítesis del hombre hecho a sí mismo, porque Trump estudió en las mejores escuelas y recibió de joven un préstamo de su padre por importe de 1 millón de dólares para emprender sus primeros negocios, una cifra que en aquellos tiempos —finales de la década de 1960— era una auténtica fortuna.

Obsesionado por los gérmenes, hizo de tripas corazón en su campaña para estrechar algunas manos, una costumbre que detesta. A pesar de haber cedido su apellido a una marca de vodka, es un abstemio convencido que sólo bebe refrescos directamente de la lata o de la botella. Y, como todo el mundo ya sabe, antes de instalarse en la Casa Blanca, vivía en un apartamento de tres pisos sobrecargado de mármoles y dorados situado en la torre que lleva su nombre en plena Quinta Avenida neoyorquina, en compañía de su tercera esposa, Melania, exmodelo como las dos anteriores, y del hijo adolescente fruto de este enlace. Pero, como dijo a menudo durante la campaña, «yo soy un mensajero, pero os diré algo, el mensaje es el mensaje correcto». Por una vez no mentía, al menos en la primera parte de la frase.

¿Conseguirá el mensajero no sólo predicar, sino también dar trigo? Es evidente que, como apuntó Gideon Rachman en el *Financial Times* y a juicio de muchos analistas, el populismo representado por el presidente Trump ha surgido en un entorno caracterizado por el estancamiento económico, la creciente desigualdad de rentas, la inmigración ilegal —pese a que ha disminuido en los últimos años— y la explosión de las redes sociales como medio de expresión del malestar popular. Pero cuando muchas de sus promesas se demuestren incumplibles —la administración Obama dejó al país cerca del pleno empleo y lo que pretende Trump es mejorar la calidad y la remuneración de los puestos de trabajo en Estados Unidos para los trabajadores de cualificación baja o media, un auténtico milagro—, ¿cómo reaccionarán sus airados y defraudados partidarios?

A mayor abundamiento y como la inmensa mayoría de los

populistas que en el mundo han sido, el presidente número cuarenta y cinco de Estados Unidos de América presenta inequívocos trazos dictatoriales, objetivamente neutralizables en una democracia consolidada como la estadounidense pero susceptibles de provocar más de un incendio. ¿Quién garantiza, por ejemplo, que el presidente no lleve a cabo su promesa de propiciar el nombramiento de un fiscal especial para investigar y en su caso llevar a los tribunales a su rival en las pasadas elecciones, Hillary Clinton, por el famoso tema de los dichosos correos electrónicos en su época de secretaria de Estado? A lo largo de su dilatada trayectoria pública, que no política, Donald Trump ha demostrado tener la piel muy fina ante ofensas reales o figuradas y algunos de sus corifeos, ahora con rango ministerial, eran los que proponían a voz en grito en los mítines de Trump e incluso en la Convención Nacional Republicana el encarcelamiento de la ex primera dama.

Revertir la globalización

David Autor, un economista del Massachusetts Institute of Technology (MIT) citado por la revista *Time*, declaraba que Trump parecía sostener que no es necesario adaptarse a la globalización, que es posible revertir el fenómeno. Curiosamente, esa posición es muy similar a la sostenida por los numerosos manifestantes que pretendieron reventar en noviembre de 1999 la conferencia ministerial de la Organización Mundial del Comercio celebrada en la ciudad estadounidense de Seattle cuando Bill Clinton presidía el país. Da la sensación, en efecto, de que un intento de revertir la globalización con las actuales cadenas multinacionales de producción, las eficiencias en la fijación de precios y la creciente presencia de la robotización es la antesala de nefastas guerras comerciales, cuando no de guerras reales.

En el fondo, no sabemos a ciencia cierta la última motivación de los votantes de Donald Trump, sólo podemos especular sobre las causas que propiciaron que retuviera el apoyo de una mayoría de las mujeres blancas o de que mejorara el porcentaje del voto hispano cosechado cuatro años antes por Mitt Romney. Para la estadística queda que a Trump le votó el 46 por ciento de los estadounidenses que acudieron a las urnas el 8 de noviembre de 2016, un punto y dos décimas menos que el porcentaje obtenido por Romney cuatro años antes en su derrota frente al presidente Obama.

También es significativo que Donald Trump haya sido el único presidente de la historia reciente de ese país en perder popularidad desde el momento de su elección, ya inferior al 50 por ciento, hasta su toma de posesión, y en ser más impopular que su predecesor en el momento del traspaso de poderes. No es una cuestión baladí, porque si los gobernadores, senadores y congresistas republicanos consideran que el presidente no es una ayuda sino un lastre para sus respectivas trayectorias políticas, le darán la espalda sin el menor miramiento.

En definitiva, el futuro está por escribir, pero la única forma que tendría Trump de consolidar el populismo en su país sería aprovechar la bonanza económica que proporcionará la previsible menor carga fiscal de empresas y ciudadanos para embarcarse, por un lado, en un masivo programa de inversiones públicas en infraestructuras y, por el otro, en una especie de socialismo bolivariano que incremente rápidamente las rentas de los colectivos más afectados por la globalización en Estados Unidos. Lo primero sería fiscalmente irresponsable y lo segundo políticamente revolucionario. Pero nada puede excluirse ante un personaje que ha desafiado tantas convenciones tenidas anteriormente como inmutables.

Capítulo 2

LENGUAJE E IMAGEN. DISCURSO Y FORMAS

Estética y relato del populismo

5

El relato del miedo: la construcción del discurso a la contra

Fran Carrillo

En política, la estupidez no es un impedimento.

NAPOLEÓN BONAPARTE

El populismo no es malo, el populista sí

«No supimos verlo. No pudimos adivinarlo. Cuando nos dimos cuenta, ya era casi imposible combatirlo.» Quien así me hablaba a finales de noviembre de 2016 era uno de los miembros del equipo de Hillary Clinton que colaboró en la campaña de la candidata demócrata a las elecciones de Estados Unidos. La frustración consumada, la ilusión contaminada de quienes no hicieron caso a las señales que aventuraban un previsible cambio de rumbo en la forma de hacer y comunicar en las campañas electorales y en la forma de conectar con el electorado, empezando o continuando por la primera potencia. Era el principio del despertar populista, o más bien la confirmación de que el futuro, como apunta el historiador Casals Meseguer, será ya inevitablemente populista. Porque en el ambiente social, la impresión generalizada, en palabras de Chantal Delsol, es «de no saber quién nos gobierna. Todo lo que sucede es incomprensible para los ciudadanos».

Las recientes elecciones en Estados Unidos no serán el último acontecimiento que marcará la política internacional. Una política de contrastes evidentes que han conformado una visión multipolar del mundo: donde antes había una secuencia de actuación que operaba bajo el paraguas de un sistema establecido, eso empieza a saltar por los aires fruto de un contexto especial que ya ha sido analizado en otros capítulos de este libro pero que conviene recordar: el uso y abuso de la incertidumbre como resorte de cambio en el equilibrio de poderes. Incertidumbre que, sumada al factor miedo, azuzado convenientemente desde diferentes plataformas, identificando al enemigo que lo provoca y situando en el lado contrario al salvador que lo anulará, ha generado un terremoto de consecuencias aún más inciertas. Porque el populismo, si es transversal en su definición, como ahora veremos, también lo es en sus acciones. Nadie sabe cuál será su siguiente movimiento. Todo en él es impredecible. Lo importante, continuando con Delsol, es ganar las elecciones, y aquí «triunfan los mensajes diluidos y el atrápalo todo».

El populismo, si atendemos a su esencia etimológica, no tiene el componente peyorativo que todos le adjudican, usado más para descalificar que para etiquetar. Todos los políticos quieren granjearse el apoyo popular, que es básicamente lo que significa dicha acepción, que define un concepto demasiado manoseado intelectualmente y poco explicado a la luz de las diferentes actuaciones. Tanto la RAE como la Fundéu coinciden en que populismo y populista se están convirtiendo en voces que califican más que definen. Para el diccionario de esta última, el uso que se hace del término alude «a una forma de hacer política caracterizada, al margen de la ideología que la sustente, por el intento de atraerse emocional y vehemente el favor popular, ofreciendo soluciones simples y poco fundadas a problemas reales y complejos». La primera parte de la definición, como sostenía más arriba, la compraría cualquier político. Es lo que busca. La segunda parte sólo está al alcance de quienes han sabido comprender el contexto, identificar bien las necesidades, segmentar los mensajes de forma adecuada y situarlos con posterioridad en el espacio o plataforma conveniente.

Como aún no se han analizado en profundidad los efectos y las consecuencias del fenómeno, nos atenemos a las valoraciones mediáticas y prejuiciosas que del término extraen los llamados creadores de opinión. Para una parte de estos, el populismo representa el retroceso a épocas oscuras y arcaicas, y posicionan a sus defensores como enemigos de todo avance y progreso. Defensores que ondearán la bandera de la regeneración política, la limpieza de las instituciones y la reconstrucción de identidades colectivas sumergidas bajo el control de la élite. No hay significado sin significante, como sostiene el filósofo José Luis Pardo. Conceptos como populismo, capitalismo y comunismo se inventaron para que alguien después los llenara de contenido.

Frente al populismo, su versión contrapuesta: el alarmismo, una forma de atemorizar a las masas cuyos portadores usan en ocasiones los mismos resortes que aquello que condenan o de cuya deriva totalitaria y peligrosa avisan. ¿Los populistas han llegado para ampliar las bases democráticas y volver reales y cercanos a los representantes, según defiende Ernesto Laclau en *La razón populista*, o para degradar la democracia, tal y como sostienen autores como Arias Maldonado o el propio Pardo? En este debate de polarización se concluye una sociedad fragmentada, que asiste a un escenario que no comprende y que determina su presente más inmediato.

Con el populismo lo que sí se ha consolidado es el triunfo de la *sharepolítica*. Comunicar en *streaming* o generando *trending topics*. Buscando impactos con totales que influyan mediante el consumo rápido. El vómito del exabrupto en sesión continua. La campaña de Trump, como la del *brexit* o la de Podemos en España, deviene en *show business* constante, donde el púgil deslenguado convierte su ring del despropósito en la fuente de todas sus virtudes. Horas y horas de televisión que facilitan el conocimiento del ciudadano hacia el candidato rebelde que quiere cambiar las cosas o el empresario de éxito que viene a decirnos «en mi vida privada lo he conseguido, ahora quiero conseguirlo con el país. Dejadme hacerlo». Y esa novedad anti es atractiva. Es hasta morbosa.

El tiempo que los medios dedican a estos nuevos actores políticos es determinante para que puedan forzar y retorcer el lenguaje y «obligar» al resto de los partidos y contrincantes a usar sus términos y marcos conceptuales de referencia: Trump, durante la campaña de las primarias republicanas y posteriormente a la presidencia, estaba tanto en cadenas en principio amables con los republicanos (FOX), como en las manifiestamente adversas (CNN o Univisión). Multiplicaba el tiempo respecto a sus competidores. Y eso, para alguien que domina como pocos el marketing televisivo, alguien que ha creado el nuevo *show* catódico con el que entretener a las masas, esa oportunidad era imposible no aprovecharla.

¿Y cuáles eran los mensajes que en televisión aparecían con fuerza e impacto y generaban conversación posterior, y no sólo en Estados Unidos? En primer lugar, el mensaje dirigido con connotaciones negativas para provocar una reacción inmediata. Trump utilizó en campaña aquello de ¡Estás despedido! con el que finalizaba uno de sus programas televisivos más vistos por la audiencia estadounidense. En Francia se usa el ¡Estás perdido! para apelar a los instintos de autoprotección del ciudadano frente a la amenaza terrorista, uno de cuyos principales canales de entrada al país es por vía migratoria. Posteriormente, analistas o asesores de confianza aparecen en diferentes espacios estableciendo una relación causa-efecto entre la situación actual depauperada de la clase media y trabajadora y la del sistema elitista de los que mandan (partidos tradicionales, casta, troika, oligarquía, Ibex-35, los de Downing Street, etc.). Por último, en cada comparecencia, entrevista o total televisivo, se apela a un patriotismo, vulgo nacionalismo, que recuerda la necesidad de unirse contra esa élite que «trabaja contra vosotros». Recuerde el lector la sentencia de Trump el día de su juramento como presidente: «Disfrutad de este momento, porque es vuestro momento», dirigiéndose a aquellos estadounidenses (más de 60 millones) que confiaron en que acabaría con la impunidad de los poderes de Washington. Supo en campaña exponer con más vehemencia y beligerancia los problemas reales a los que se enfrentaban el país y cada uno de los individuos. Subido a un avión y agarrado a un micrófono, usó su inteligencia para el marketing con el fin de ganar unas elecciones contra pronóstico. Identificó los estados más castigados por la gestión de la administración

Obama y allí fue, pertrechado tras un equipo de redes (luego veremos su influencia en la difusión del mensaje populista) encargado de vender la imagen de clasismo snob de Hillary frente al «yo soy uno de los vuestros».

Los medios de comunicación, decía, están siendo decisivos en la estrategia populista de alcanzar el poder. Mcluhan en estado puro. Si están, se les recuerda, se les conoce y, por tanto, se les puede votar. El *share* marca la diferencia en la política actual. El populista lo sabe, Trump lo sabía. Su biógrafa, Gwenda Blair, definió así la causa de su éxito:

> Durante diez años, para los espectadores estadounidenses Trump fue el jefe, el director general de un conglomerado de empresas, la persona que podía contratar y también despedir, el hombre que tenía soluciones para los problemas, el que todo lo sabía, un tipo autoritario y patriarcal.

La fama ayuda, la firmeza legitima, la movilización de las pasiones más bajas determina. Un cóctel que hace de la televisión, una vez más, la mejor herramienta de seducción política y fidelización del votante.

No pienses en el *establishment*. El *antiframe* que catapulta al populista

Trump no es antisistema. Es anti este sistema. Pero supo vender un relato de rechazo a todo aquello que propició en los últimos años el descenso en el bienestar de la clase media estadounidense. En un contexto de crisis, un candidato sin ideología fija, camaleónico y transversal, de verbo agitado y sin nada que perder, es más fácil que saque partido de esa catarsis. En medio mundo, el escenario (crisis, cansancio de la política tradicional, desahuciados del sistema) es parecido en causas y resultados. Los relatos construidos siguen, sin embargo, muy alejados de representar una corriente social mayoritaria.

Como bien subrayó el periodista Enric Hernández en una de

sus tribunas de *El Mundo*, la comparación de los populismos actuales no hay que hacerla, sin embargo, con los movimientos extremistas que derivaron en totalitarismos en la segunda década del siglo XX, sino con la situación de Estados Unidos de principios del XIX, cuando los colonos se enfrentaron, en su idea de expansión hacia el oeste, con las diferentes tribus de indios, cuyas reservas patrimonializaban esos feudos y que no iban a retirarse de sus tierras por mucho sueño americano que vendieran aquellos. Entonces llegó Andrew Jackson, en aquel momento candidato del Partido Demócrata, y con un lenguaje directo y alineado con los colonos que luchaban contra las molestas reservas indias, sedujo a esa América profunda que hoy ha votado a Trump, apelando a las mismas emociones y despertando las mismas susceptibilidades que ahora. Jackson fue el primer político populista de la contemporaneidad: abusaba de las dicotomías conceptuales a las que haremos referencia en epígrafes posteriores y situaba en un plano de decisión binario la responsabilidad del elector.

Desde entonces y hasta nuestros días, todo relato populista se ha caracterizado por el uso de enmarcados, que dibujan una realidad hiperbolizada, poco atenta a la realidad y que generan percepciones utilitaristas para el aprovechamiento posterior de su causa. Éstos son los más conocidos:

1) El futuro no existe, conserva lo mejor del pasado. Poniendo en el espejo de tu cerebro aquellas conquistas sociales que como colectivo no volverán mientras el *establishment* siga mandando.
2) Tienes derecho a recuperar lo que la élite te ha robado. *Ellos son tu enemigo, no lo olvides. A ese* establishment *hay que darle una lección, porque nos ha fallado, nos ha abandonado*. El ojo por ojo político no admite más contemplaciones ni retórica buenista. Queremos alguien que diga lo que pensamos, que sienta lo que sentimos. Y nos da igual si es deslenguado (de hecho, cuanto más lo sea mejor) o que no sea un modelo que seguir en cuanto a escala de valores. El populista juega con la verdad de

© Franck Pennant /AFP/Getty Images

unas expectativas bajas y una sinceridad perceptiva errónea.

3) El poder del ciudadano es más grande que el poder del sistema. Y es que no hay héroe sin antihéroe. El héroe representa la justicia frente al conformismo. Este discurso te dice que los políticos tradicionales son quienes te han quitado tu trabajo, tu modo de vida, tus referentes morales, para convertirte en un mero consumista de un sistema diseñado para que ellos dicten a conveniencia qué hacer y qué no. Un discurso de hormonas que triunfa por la capacidad de la política sensitiva en llegar, penetrar y ser recordada con más contundencia que el discurso de neuronas.

Y bajo estos parámetros mentales, operan los mensajes populistas. No queremos que pienses, queremos que vibres con cada frase escuchada, que te retuerzas de indignación con sólo oírla, vienen a decir. Su peligro no está en el fondo del discurso, sino en su apariencia de veracidad. Pero, además de esto, ¿qué tienen en común el discurso de Marine Le Pen, Donald Trump, los partidarios del *brexit* con el UKIP al frente o Podemos? En primer lugar, la instauración en la agenda pública de una retórica de contraste en la que todos los actores políticos y sociales han incurrido sin resistencia. La creación de un neolenguaje propio, tomado de antecedentes históricos (casta, en la Italia de los noventa, troika, gente en el discurso político revolucionario latinoamericano, etc.), que sirve para conectar con el desencanto general del ciudadano, hastiado del inmovilismo de una clase dirigente inmune a la deriva económica y social del momento.

En segundo lugar, el estudio del contexto, que desagrega las necesidades de cada segmento social para definir un mensaje diferenciador que penetre en ese segmento y haga acopio de voluntades. Pueblo lo somos todos, trabajadores que han perdido su puesto de trabajo por la deslocalización son muchos. Obreros de las fábricas de aluminio que han sido despedidos, cuyo puesto lo han ocupado máquinas o inmigrantes, son menos. Y así continúa la secuencia hasta personalizar, con nombre y apellidos, al hombre o mujer que simbolizan a los perdedores de la crisis. Es aquí donde el lenguaje adquiere cotas de dureza importantes: «Vuestro trabajo se lo han dado a inmigrantes que no pagan impuestos, no hablan nuestro idioma y además generan violencia social» se pudo escuchar en uno de los mítines de Marine Le Pen (quien ha presentado su reciente campaña electoral bajo el eslogan *Au nom du peuple* [En nombre del pueblo] presente en todos sus mítines). No muy alejado de lo que hemos oído decir a Trump en Ohio, Pensilvania o Michigan, estados depauperados industrialmente, cuyos ciudadanos culparon a la administración Obama del deterioro de su nivel de vida.

El *Financial Times* publicaba en plena campaña que en 2016 un hogar medio estadounidense ingresaba un 2,5 por ciento menos que a finales de los noventa. Y que en las zonas medias del país, los granjeros y agricultores han visto como su economía retrocedía y su calidad de vida adyacente se depreciaba un 2 por ciento en la última legislatura de Obama, mientras que en las ciudades aumentaba un 7 por ciento. La pérdida de poder adquisitivo y el reflejo de culpabilidad hacia las élites de Washington que la propiciaron sirvieron de caldo de cultivo para que el populismo, con la faz que deseara presentarse, tuviera oportunidades de medrar y ganar. Esta situación ayudaba a cualquiera que vendiera un discurso anti este sistema, a posicionarse favorablemente como héroe que acabaría con él. Con la dureza y particularidades que se requería, Trump supo entenderlo. Construyó de manera efectiva sus marcos de referencia visuales y lingüísticas, como luego veremos, para granjearse el apoyo de esa América de moral confusa y orgullosamente desinformada a la que no le importa no creer a los medios «porque son todos unos mentirosos». Esa América permeable a comprar y defender mensajes dramáticos sobre una situación concreta. Supo dirigirse a los millones de ciudadanos cabreados con los políticos de Washington con un lema simple de consumir: «Os han abandonado», suministrando dosis de rencor y odio que, bien canalizados, sirvieron de trampolín a la causa del magnate, quien sigue usando una suerte de mentira oficial como mantra de contagio notable entre amplias capas de la población. La web de datos *Politifacts* sacó a la luz en los primeros días de gobierno Trump que apenas el 16 por ciento de sus afirmaciones podían considerarse ciertas o parcialmente ciertas.

Y es que la mentira ya no resta a la clase política como antes. En el reciente estudio «Procesando la desinformación política:

comprendiendo el fenómeno Trump», publicado por la Royal Society se demuestra cómo los ciudadanos ya no castigan la información poco veraz con la misma virulencia de antaño. En la investigación participaron casi dos mil personas, que tenían que validar la credibilidad de una información según la fuente de la que procedía. Ciudadanos demócratas, republicanos votantes de Trump y republicanos que votaron otras opciones. Lo curioso del experimento es que, cuando se trataba de afirmaciones de Trump, la atribución de veracidad aumentaba, aunque en realidad fueran falsas, lo que determina que no importaba el punto de vista, sino el juicio y sentimientos de afinidad previos. Así, el estudio concluía que los votantes no valoran la veracidad como *conditio sine qua non* para apoyar a un candidato, sino que harán campaña por aquel que mejor conecte con sus prejuicios previos sobre lo que es correcto y lo que no. Más adelante ahondaremos en esa paradoja emocional del votante.

Es un hecho que las nuevas formaciones emergentes están aprovechando a la perfección el desgaste de un sistema que muestra agotamiento, cuya raíz está en esa crisis de representación de los partidos tradicionales, que, junto con la crisis económica, facilita la eclosión de los movimientos antisistema. Alguien llamó a esa orfandad en la que muchos ciudadanos se situaban por ausencia de referentes políticos «mercado de nostalgias». Sin más valores que la recuperación de un *statu quo* anterior, sin más proyecto común que el rechazo a una forma de vida impuesta, sin más batalla que oponerse a toda novedad no asumida. Volver a 1990, 1970 o 1930 ya no es sólo una ocupación de los historiadores. Los políticos populistas que llegaron, acaban de llegar y seguirán aterrizando en el poder manejan en el inconsciente colectivo ese regreso al pasado como forma de recuperar identidades y felicidades perdidas. Recuerde el lector cómo Trump, en campaña, cuando él espetaba a sus seguidores «El sueño americano ha terminado», los presentes le respondían con un «Devuélvenoslo». Y qué mejor recuperación que retornar al baúl de la historia, seleccionar momentos semejantes de conflicto personal y desazón colectiva y traerlos al presente. Porque la gente vota lo que recuerda, y recuerda instantes o sensaciones que, o bien le contaron, o bien ha vivido en primera persona. Azuzar recuerdos y sentimientos es la base de todo populista, que hace de la política sensorial de la que habla Arias Maldonado un postureo emocional constante.

Y es que nuestro cerebro político es un cerebro emocional. Y por tanto, el lenguaje abstracto propio del populista necesita de imágenes y gestos simbólicos para definirse y en algunos casos, perpetuarse en el inconsciente popular. Se potencia la adaptación de la razón a un escenario de significantes vacíos en el que, quien mejor sepa rellenar de fondo ese envoltorio, mejor penetrará en la epidermis colectiva de desencanto, generando esa sociedad fantasma necesitada de nuevos elementos afectivos de movilización.

Todavía hay quien cree que nuestra ideología o toma de postura hacia un partido es una decisión racional. Nuestra opinión sobre los límites del gobierno, sobre si el Estado debe tener un papel principal en la educación de nuestros hijos o si debemos intervenir en la política interna de otros países obedece a criterios fundamentados en el impulso, la respuesta a una imagen recibida o la continuidad de una tradición familiar en la defensa

© Spencer Platt/Getty Images

de unos valores. La información que cada día consumimos no la hacemos para equilibrar nuestra razón a nuestros vaivenes emocionales, sino para confirmar el prejuicio que ya teníamos sobre este o aquel tema en cuestión. Según como se posicione aquel cuyos valores rechazo u odio, así adoptaré mi decisión pretérita que luego reafirmaré. Nos movemos, no por lo que reflexionamos, sino por la capacidad de mover y activar nuestros sentidos y afectos en torno a una causa. Es el triunfo de la *dermo-cracia*, el poder de los afectos, que penetran con eficacia en la epidermis sensitiva del ciudadano.

Ese relato *dermocrático* se sustenta en un mapa visual de oportunidades que apela al tradicional catálogo de exhibición pornográfica de emociones, de esa cultura de la víscera que tanto gusta al demagogo. Sus mensajes se sostienen a base de cabrear al personal, de penetrar en su epidermis y erizarla contra algo o alguien, sin importar el porqué o el cómo. El populismo, por tanto, no se construye a largo plazo, sino en pequeños pasos, con dosis calculada de retórica simple, falaz, dura y sensitiva, invirtiendo los factores de éxito: ahora preferimos lo deseable a lo razonable, lo auténtico a lo posible. Ambos tipos de democracia, la liberal frente a la emocional, luchan cada día por conquistar la confianza del votante-ciudadano.

Eso se puede observar en casi todas las campañas políticas desarrolladas hasta la fecha. En la mayoría hay elementos de populismo fetén. Sobre todo en los eslóganes y spots electorales. Desde el *Daisy Spot* con el que Lyndon Johnson infundió miedo a Estados Unidos (y al mundo), hasta ese «*Morning again in America*» con el que Reagan fue reelegido, o el extremadamente reiterado «Yes we can» de Obama, toda construcción de mantras políticos poseen un denominador común: son apelaciones a nuestros monstruos o reclamaciones de esperanzas adeudadas. Todo pasa por generar sensaciones que luego hay que explicar. Ya habrá tiempo para hacer política, porque nadie discute en las calles y cafeterías sobre los programas de los candidatos, sino sobre si éste es bueno *porque dará trabajo a la gente* o aquélla es mejor *porque pondrá fin a la inmigración ilegal* (ya avisaba Todorov que el miedo al otro, a los «bárbaros», será el primer gran conflicto del siglo XXI). Y esas percepciones, reales o no, no las genera la política, sino su traducción al lenguaje impactante, de excitación estudiada de los sentidos.

Relato de contraste: pensar a la contra

El populismo, en sí mismo y por lo que estamos comentando, no es *stricto sensu* político, pero se sirve de la política para laminar las virtudes de la democracia representativa. Para ello es determinante la forma en la que primero contactan con la gente y luego conectan con ella. Como estrategia aplican lo que yo denomino el *discurso boomerang*, esto es, primero se estudia el contexto, preguntando a esos segmentos sociales perdedores de la crisis, olvidados por el sistema o desencantados con el inmovilismo y conformismo de la política tradicional qué quieren, qué buscan, qué les ha defraudado, quiénes son los culpables de su situación, por qué están enfadados, qué necesitan para sentirse realizados en la sociedad. Acto seguido, *omertá* informativa previa retirada al laboratorio a conformar el argumentario que dará forma a la retahíla de mensajes que en el futuro, ya en plena campaña, saldrán a la luz, con la estética adecuada y el barniz preciso. Cuando los receptores del mensaje se identifican con quienes lo lanzan, pocos caen en la cuenta de que son sus propios mensajes tamizados bajo el paraguas dicotómico que ahora veremos. Así, constituyen una secuencia invisible de persuasión en la que expresiones como «dicen lo que pensamos» o «en el fondo yo opino igual», acaban por convertirse en realidades confusas e inacabadas, producto de ánimos coyunturales que abrazan soluciones desesperadas.

Su relato base se asienta, a partir de ese discurso bumerán, en tres dicotomías fundamentales: pueblo/gente, enemigo/héroe, pasado/futuro. El pueblo es el sujeto colectivo moral, el gran asidero conceptual al que agarrarse. Frente a él, el antipueblo, un enemigo concreto, mejor cohesionado y culpable de las desgracias que nos suceden. Por supuesto, casi nunca veremos a un político de este tipo concretar cómo piensa acabar con la deuda, generar más empleos o hacer que se paguen menos impuestos, más allá de ciertos eslóganes de marketing bien trabajados. Aquí reside el quid de la cuestión: el populismo sobrevive si la abstracción de lo que propone pervive. En ella reside su fuerza, su variedad transversal sobre la que enmarca su estrategia. Cuando algunas de sus ideas se concretan o el escenario inestable cambia, su posicionamiento corre peligro. Por eso necesita siempre tener enemigos a los que atacar (medios de comunicación, inmigrantes, partidos tradicionales, todo a la vez) para, a continuación, presentar al líder que lo salvará, el héroe que representa a esos perdedores de la crisis a los que convence de que aún tienen el poder de derrotar al sistema. Al acentuar aquello que se odia, o que ha perjudicado una forma de vida que parecía no estar en cuestión, la gente acaba adhiriéndose de forma automática a quien lucha contra ello, sin importar sus formas y maneras.

Y aquí entra la tercera dicotomía por la que el populismo gana la batalla del mensaje a los políticos del *establishment*. Frente a los partidos tradicionales, cuyo relato se excedía en apelaciones a soñar el futuro, a construir el mañana, a dibujar emociones superficiales que sólo prometían lo abstracto, los políticos antisistema, o anti este sistema, se han preocupado de reforzar adhesiones pasadas. Para qué vamos a pensar en el futuro cuando nos han quitado conquistas personales y sociales del pasado, vienen a decir los damnificados por las políticas del *establishment*. Primero recuperemos éstas y ya pensaremos qué haremos en los próximos veinte años. Los votos a los partidos tradicionales representan la continua pérdida de un estatus de vida que ya no volverá, salvo que despiertes y te conviertas en activista a la contra, que es como se define ahora la política emocional de gestos y voluntades en el nuevo siglo.

En realidad, es una forma nueva de potenciar el egoísmo individual a través de la segmentación por colectivos, que desde los años setenta empieza a inundar todos los estratos sociales (comunidad negra, judía, blanca, feministas, *hipsters*, latinos, etc.). Esa necesidad imperiosa de acentuar el egoísmo individual con base en fundamentos de identidad colectiva se convierte en el factor decisivo que subyace en la reacción de la opinión pública, más permeable a abrazar fenómenos de contraste. Apelar a la pérdida de estatus de vida decente por la labor de indecentes políticos y económicos, a la presencia de comunidades de inmigrantes que esquilman los recursos públicos mediante las ayudas sociales, está dando resultados, como estamos viendo en diferentes latitudes. Pero siempre con una pátina de supuesta transparencia democrática detrás. Porque, como resume Krauze, todo populista usa demagógicamente la democracia «para acabar con ella».

Muchos autores y analistas han denominado a esa forma de proceder y comunicar como posverdad (el abuso de las emociones en el quehacer discursivo político), otros cambian el prefijo para darle forma pretérita y lo llaman preverdad (apelando al relato antiguo de siempre, propagandístico y manipulador). Más que posverdad, por encima de la preverdad, es la mentira líquida de siempre, maquiavélica en esencia y pragmática en sustancia. Ser rudo en el estilo y directo en las formas para seducir a cuantos más mejor. «No defienden tus derechos porque te odian.» «No eres parte de su mundo, por eso no se preocupan por ti.» Mantras de fácil consumo que en la era de la información vomitada y no pensada adquieren un éxito notable. No se trata de pensar la idea sino de rentabilizar los impactos que el exabrupto provoca y aprovechar el tsunami sentimental de reacciones que lleva aparejado. «No quiero convencer, quiero ganar un debate», solía espetar Pablo Iglesias en plena campaña de 2015 a la presidencia del gobierno. Para ello, la ideología cuenta

© Miguel Rajmil - EFE © Hulton Archive/Getty

menos que el posicionamiento. El viento que sopla a la contra en contextos de crisis o hartazgo con lo institucional siempre dará más réditos que la aburrida continuidad de lo establecido.

Sin embargo, filósofos como Gianni Vattimo niegan la mayor y separan la posverdad de la mentira. La posverdad no se limita a un mero engaño, algo que corrobora su colega Harry Frankfurt, que en un conocido ensayo (*On bullshit*, que traducido sería algo así como «Sobre las milongas») publicado a finales de los ochenta, alertaba del abuso de esa posverdad emocional, la cual no significa lo mismo que mentir. Y puntualiza: al mentiroso le interesa la existencia de la verdad, para poder oponerse con legitimidad y transmitir la visión contraria. Los contextos de posverdad van más allá aún. Se desarrollan cuando a la sociedad deja de importarle si lo que se le cuenta es verdad o no. Consumen la información con velocidad y sin reflexión, aprisa y sin pausa. No procesan, vomitan lo que ven pasado por su tamiz ideológico o de prejuicios. Y para ello el germen populista, con su líder al frente, necesita a un villano, como define Vattimo a los medios de comunicación, culpables de crear ciberguetos, clasificando a los usuarios según el consumo de aquellos medios que reafirman su estado de opinión. En la selva del ruido mediático, de confusión de mensajes, el populista se mueve con precisión, pues aprovecha la infoxicación para colocar aquello que le interesa y va a ser consumido. La verdad no importa, sólo quiero leer aquello que me da la razón.

En la serie de ficción (o no) *House of Cards*, Frank Underwoord, personaje interpretado por Kevin Spacey, convoca una rueda de prensa en la Casa Blanca poco después de ser nombrado presidente y espeta a los periodistas:

> Durante demasiado tiempo en Washington les hemos estado mintiendo. Decimos que estamos aquí para servirles cuando en realidad nos servimos a nosotros mismos. ¿Y por qué? Porque estamos motivados por nuestro propio deseo de ser reelegidos, nuestra necesidad de permanecer en el poder eclipsa nuestra tarea de gobernar. Pero eso acabará esta noche. Esta noche le diré la verdad. Y la verdad es ésta. El sueño americano les ha fallado.

¿Realidad llevada a la ficción o ficción inspirada en la realidad aumentada? Recordemos que el escenario en el que Trump se convierte en presidente de Estados Unidos ya fue pronosticado. Primero los guionistas de *Regreso al futuro II* hicieron un trasunto del personaje, que, subido al poder del dinero que le granjeaba su casino, gobernaba con puño de hierro una ciudad sumida en el caos, la violencia y la desesperación. En tono más humorístico, años después, *Los Simpson* ridiculizaban su acceso al Despacho Oval. Siempre creímos que la ficción tenía su lugar en ese rincón de la memoria del que nunca escapa. Hasta que escapa.

En suma, cuando los partidos tradicionales no saben conjugar el lenguaje de continuidad con las reformas que el ciudadano castigado por la crisis necesita para apaciguar su desafecto creciente, el campo se abona para propuestas rupturistas, más eficaces porque alientan los instintos básicos menos educados: odio, enfado, rechazo... Trump, como Farage en el Reino Unido, como Grillo en Italia, Putin en Rusia o Le Pen en Francia, son más vehementes exponiendo los problemas y más contundentes anunciando las soluciones y consecuencias en caso de obtener la victoria. La gente que lo apoya lo hace movida por un discurso de certezas, preferible en tiempos de zozobra que una retórica de incertidumbre, por muy ilusionante que ésta fuere. El populismo pone fin a esa oratoria de celofán, a ese marketing político de grandes discursos y retórica cuidada, que deja paso al simbolismo de las emociones, al *realitysmo*, en palabras de Arcadi Espada, que hace de la política un *show* catódico periódico. En tiempos de guerra, no siempre gana la literatura.

El dramatismo populista

La amenaza de la crisis sirvió de resorte catalizador del desencanto. A menos crisis o disminución de sus efectos, y por tanto el regreso a un *statu quo* anterior, el lenguaje populista penetrará de forma menos efectiva entre la población. El dramatismo populista, que no régimen populista (esa diferencia la explica bien el profesor Fernández Luiña en su informe *Mitos y realidades de los movimientos populistas*, publicado por el Instituto Juan de Mariana en 2017), consiste en modificar la naturaleza del sistema político. La pregunta es: ¿lo ha hecho? Si atendemos a lo que los diferentes estudios y sondeos nos dicen, la respuesta parece evidente. Pero lo importante no es la llegada, sino la posible permanencia y construcción de un sistema que excede incluso los resortes de persuasión establecidos. La ciudadanía no debería preocuparse por la estrategia populista, porque ésta no constituye una amenaza para nuestro sistema de derechos y libertades, apunta Fernández Luiña, ya que no altera una estructura definida, solidificada y que tiene mecanismos que garantizan su permanencia. Pero un régimen populista, ya implantado, ya concretado y con tiempo para ir erosionando ese sistema de libertades y derechos, sí es peligroso para el ciudadano libre y para la democracia liberal, cuyos problemas potenciales irían más allá de solucionar cómo salir de una crisis eventual para plantearse como combatir una crisis estructural.

Laclau, cuando explica aquello de *la cadena de demandas*, fruto de toda crisis que altera un modo de vida estable y de garantías, pisa el acelerador que sembrará el terreno para el crecimiento de movimientos y perfiles populistas. Para alcanzar el poder, el populismo, de toda clase y condición, altera los estándares de la crisis, exagerando sus deficiencias y modificando a su antojo las debilidades del sistema, o directamente inventa la crisis para vender mejor su relato insostenible contra el *establishment* y las élites que la provocaron. El autor argentino era consciente de que toda razón populista que pasara por construir una realidad imposible (por nueva, por diferente) sería mejor que seguir luchando en los términos ya escritos. La lucha ahora no es retórica, sino afectiva, para llegar a las diferentes reivindicaciones a partir de un tronco común que las unifique. Lo que no se abraza desde la razón consciente es posible que se compre desde el deseo, ese intangible emocional ya reseñado. Siempre y cuando las explicaciones sean ambiguas y el sentido de lo que se propone cambiante para que así el proyecto pueda realizarse. Lo explícito es, por el contrario, la pérdida progresiva de ese afecto buscado.

Las exigencias colectivas parten a menudo de un arrebato iracundo emocional, de un sujeto que no sabe la solución pero le reconforta escuchar a alguien que sí las tiene y con el que se puede identificar de forma rápida. Para ello, la construcción antagónica (del enemigo) que defiende Laclau es fundamental para que la sociedad, permeable a ser engañada, se posicione en esa dualidad de elección. En nuestro tiempo, el Estado del Bienestar supone el aburrimiento del consenso, algo que para el populismo es de todo punto rechazable por racional. Sin la figura del otro, todo es más aburrido, a ojos del populista y, por tanto, se exige construir una realidad más libidinosa, mejor políticamente correcta. En esta línea, el concepto de pueblo aparece en escena como forma de hacer que una parte se constituya en el todo del propósito populista, para que los intereses de algunos pasen por ser la necesidad de todos. Cuando Pablo Iglesias hablaba en campaña de asaltar los cielos en realidad se estaba refiriendo a asaltar el inconsciente —emocional por defecto— del pueblo, aunque el pueblo sólo sea una mínima parte del conjunto. Esa hegemonía de la que siempre habla Errejón es, en realidad, otro concepto vacío esperando a ser explicado, pero no desde la óptica de dominio o dominación, tal y como lo planteaba Gramsci, sino desde mayorías no pensantes y sí movilizables en cuanto activables emocionalmente.

De nuevo, reitero, el núcleo que hay que explotar es esa incertidumbre colectiva, y, contra eso, no hay cifras de realidad que puedan superar esa sensación. El terrorismo global o la permeabilidad de las fronteras que mezcla la huida desesperada en busca de un futuro mejor con la entrada en territorio infiel de quienes se infiltran entre sus semejantes para causar dolor y no pedir ayuda son visiones constantes de un hecho más propicio para un relato de guerra y combate que de comprensión y diálogo. La incertidumbre es el concepto que mejor saben manejar y alimentar quienes van a la contra, porque de ella depende su crecimiento y supervivencia. Incertidumbre que, como hemos venido sosteniendo, mutará en miedo a lo desconocido (futuro) o a lo conocido (desafíos del presente: terrorismo, inmigración, pérdida de estatus económico). Trump ha hecho concreto el miedo a China, a México, a los poderes de Washington, al futuro. Le Pen, en Francia, ha conseguido que muchos vean en la inmigración la causa del desequilibrio económico y social que vive el país, al igual que Orbán en Hungría o Wilders en Holanda.

El miedo al miedo, esa anticipación de un peligro que aún no ha sucedido, en metafísica definición de Marina, es lo que permite a los populismos, de toda índole y condición, dominar el escenario social, político y mediático actual. Constituye uno de los efectos más claros de esa secuencia de inseguridad que escala las políticas nacionales actuales en las principales democracias del mundo. Y siempre con la connivencia de quienes se dejan seducir, los ciudadanos, que han interiorizado que no tienen nada que perder porque sólo deben temer a que todo siga igual. Ya no se vota a favor de alguien, sino contra lo que representan. La inteligencia de los Putin, Erdogan, Orbán, Le Pen, Trump o Iglesias en nuestro país reside en su enorme habilidad para activar descontentos segmentados, es decir, para lanzar un mensaje que nutra diferentes capas de la sociedad que tengan como denominador común el hastío y cansancio hacia una forma de vida. La desgracia siempre ha sido rentable. Dramatizarla exige, además, la connivencia sentimental del votante y el apoyo auxiliar de los medios y plataformas de comunicación. Se conforma una especie de votante populista que sigue el patrón explicativo neurológico de Bokovec, que define la preocupación (y la reacción posible ulterior) como una estrategia de huida cognitiva de respuesta al miedo.

A esta preocupación por las consecuencias de aceptar el neolenguaje populista se suma Jan-Werner Müller, politólogo alemán de la Universidad de Princeton, quien considera, como Fernández Luiña, que como sociedad, y debido a las circunstancias señaladas, no estamos siendo conscientes del peligro que encierra el populismo, cuya mayor «virtud» es la negación del pluralismo inherente a la democracia. Así, todo populista que alcanza el poder acaba por transformar a su país en un Estado «más autoritario», con menos capacidad de relación diplomática, y, por tanto, más proclive a mantener esos estándares de relato a la contra. El papa Francisco advertía hace pocas fechas de lo peligroso de lanzarnos en brazos de un presunto salvador «que nos devuelva la identidad y nos defienda a base de muros».

Müller analiza en sus tesis sobre estos movimientos el riesgo de que los partidos tradicionales, culpables en parte del crecimiento a corto plazo de los antisistema, acaben aceptando parte o la totalidad de su relato político. Criticar a las élites no es sinónimo de ser populista. Presentarte como el único que representa al pueblo y lo salvará, sí, sostiene el politólogo. Ya se ven similitudes entre el discurso de Theresa May y el UKIP o entre la CDU alemana de Merkel y Alternativa por Alemania, el partido de ultraderecha que amenaza con arrebatar a la canciller votos y feudos en los próximos comicios. En España, todos han aceptado el lenguaje de Podemos, incorporado al debate público: la casta, los ricos o el sistema forman parte del argumentario colectivo, algo impensable hace pocas fechas. Somos hijos de ese conformismo partitocrático que ha sido incapaz de adaptarse a un nuevo contexto de menos retórica y más titular, de menos reflexión y más conexión con necesidades reales. El ecosistema favorito del populista se produce sobre todo en la generación más frustrada, la de los jóvenes, cuyo discurso es más proclive a que penetre con facilidad el relato de desapego.

A este respecto, Simon Sinek, uno de los más reconocidos teóricos contemporáneos sobre el fenómeno *millennial*, desgranaba en una charla en televisión no hace mucho que toda esa generación de jóvenes considera que por el mero hecho de nacer en esta época de la historia tienen derecho a todo y que todo lo que pidan les será concedido. Ahora vuelcan ese desencanto castigando a la generación que les precede como incumplidores de esos supuestos sueños. Los *millennials* están frustrados, porque han pasado de creer que cualquier deseo era inmediatamente realizable a interiorizar que ahora el futuro no existe, que es una quimera. Y aquí hay un caldo de cultivo grande para pescar. Porque los nuevos populismos se reflejan más en recuperar un pasado que apenas percibieron que en prometerles un paraíso que posiblemente nunca alcanzarán. En el incierto presente, como vemos, juega el populista sus cartas de persuasión. Aquí tiene el lector el enlace a esa entrevista a Sinek a la que me refería: <https://www.youtube.com/watch?v=JZqDUpaGZrk>.

Tecnopopulismo: las redes sociales, más sociales que nunca

Poco después de que Donald Trump jurara como el presidente número cuarenta y cinco de Estados Unidos, Martin Hilbert, profesor de tecnología en California y asesor en redes de la Biblioteca del Congreso de Estados Unidos, soltó la frase que muchos expertos y analistas venían aventurando en los últimos años: «Obama y Trump ganaron las elecciones por el uso y manipulación del Big Data. Usaron el Big Data para manipular cerebros». Lo que dice es verosímil y es plausible. En política, lo verosímil siempre ha sido más efectivo que la propia verdad. Suena mejor una percepción creíble que una realidad incierta.

Leyendo, preguntando e investigando, di de bruces con una empresa llamada Cambridge Analytica, dedicada a obtener datos del perfil del votante a partir de parámetros de publicaciones encubiertas, dirigidas a suministrar información, veraz o no, del candidato. Los usuarios que tienen un perfil coincidente en las redes sociales reciben periódicamente inputs o *dark post* (publicaciones encubiertas) que mejoran o pervierten la imagen del político y de su campaña en cuestión, con objeto de facilitarle una elección de compra o descarte. En palabras del director de esta firma, Alexander Nix, «usamos [durante la última campaña presidencial estadounidense] un *targeting* psicológico que incrementó en más de un 60 por ciento el número de clics en los anuncios de Facebook. Eso posibilitó que el impacto en las personas después de haber visto ese anuncio publicitario aumentará en un 1.400 por ciento». No me causó sorpresa este dato. Por aquí van ahora los tiros de la comunicación política aproximativa que busca minimizar los riesgos de los mensajes de los candidatos.

Así, la clave del éxito de esta empresa fue la discriminación que hace de la audiencia, a la que bombardea con publicidad personalizada. Más allá de conocer edad, profesión y sexo de las personas, se trata de averiguar qué les gusta o disgusta y por qué y para qué se activan, qué compran, cuáles son sus aficiones y adicciones. Casi 200 millones de perfiles de personalidad de estadounidenses fueron manejados y puestos a disposición de Steve Bannon, actual consejero de Trump, quien formó parte de Cambridge Analityca. A partir de ahí, el mensaje a construir era más sencillo, se aterrizaba mejor. Porque había una huella, en realidad una huella digital, la que marcaban los *likes* de Facebbok, Instagram o Twitter. El populismo tecnificado. Tecnopopulismo.

Porque, recalco, dar al elector lo que quiere escuchar, sin importar la veracidad de lo que se emite, es la esencia principal del populista. Y aquí ha encontrado su herramienta tecnológica de cabecera para llevar a cabo sus planes. Sin que el ciudadano perciba que realmente lo están manipulando. Ya que hablábamos antes de *frames*, escojamos uno determinado sobre la política de seguridad que usaron los responsables de Cambridge Analityca. El derecho a llevar armas, protegido por la segunda enmienda, llegaba, mediante el uso de esta herramienta, de forma diferente según se identificara al ciudadano con un perfil responsable (disciplina, autoridad) o con un perfil paternalista (de consejo y mayor permisibilidad). A los primeros un puño sobre un eslogan que rezaba: «La segunda enmienda es algo más que un derecho: es una política de seguridad». En el caso del paternalista, la imagen recibida era la de un padre y un hijo acompañados de un rifle en una especie de marisma con patos. Y el lema era: «De padres a hijos, así fue el nacimiento de nuestra nación». Marcaban los marcos, definían el posicionamiento del votante y le daban lo que querían ver y escuchar. Control del contexto para crear los mensajes correctos.

Un estudio reciente del Pew Research mostraba que ocho de cada diez estadounidenses tenían a Facebook como red social de consumo periódico, siendo la plataforma a través de la cual recibirán más información, mensajes e imágenes de todo tipo. En segundo lugar estaba Instagram y en tercero Pinterest. Twitter vendría después, siendo el canal favorito para usar y recibir información para el 24 por ciento de los estadounidenses. Asistimos a un escenario en el que la tecnopolítica es decisiva. El consultor político Gutiérrez-Rubí, quien más y mejor ha escrito hasta la fecha sobre este fenómeno de renovación política, defiende que «la potencia tecnológica, más allá de hacer fácil la participación y la deliberación a gran escala, hace posible que los militantes, simpatizantes o votantes se reconviertan en activistas». Y es que la interacción con las redes sociales libera un compuesto químico en el cerebro llamado dopamina. WhatsApp, Telegram y otras herramientas de contacto y conexión directa entre los activistas políticos generan un ejército de *dopaminados* que creen que tienen el control de las emociones del resto de los ciudadanos. Por ahí encontramos claves que, más allá de posverdades, nos inducen a pensar por qué ganan unos líderes políticos y no otros.

En la actualidad, las redes sociales por sí mismas no determinan unas elecciones, pero ayudan a canalizar la información que se posee y a procesar conversaciones mediante el buen uso de los datos extraídos del votante. Se dice que el Partido Popular ganó su última campaña en 2016, que lo confirmó en el gobierno, por el excelente partido que sacó a Facebook, que la fotopolítica de Obama y Pete Souza fue decisiva para consagrar su imagen de líder cercano, empático y con *punch*. Y que Podemos ha hecho de Twitter una red desde la que impone los asuntos públicos que tratar y la agenda que conversar. Todo ello es cierto, y hay que entender que es una vía que impulsa un mensaje concebido para causar efecto y no reflexión, impacto y no duda. El tecnopopulismo es silencioso, visual, constante y más difícil de identificar que el populista cara a cara o que lanza soflamas televisivas. Ahí reside el abonado campo para el combate dialéctico por quienes han de frenar las embestidas de posverdad demagógica.

Conclusión

Si hay un relato que define al fenómeno antisistema que ha provocado que la opinión pública y los medios de comunicación occidentales contemplen con miedo y estupefacción el futuro más próximo, es el que contrasta dos paisajes, dos escenarios, de origen y fundamentos muy distintos y soluciones muy alejadas el uno del otro. El populismo lo único que no transversaliza son las

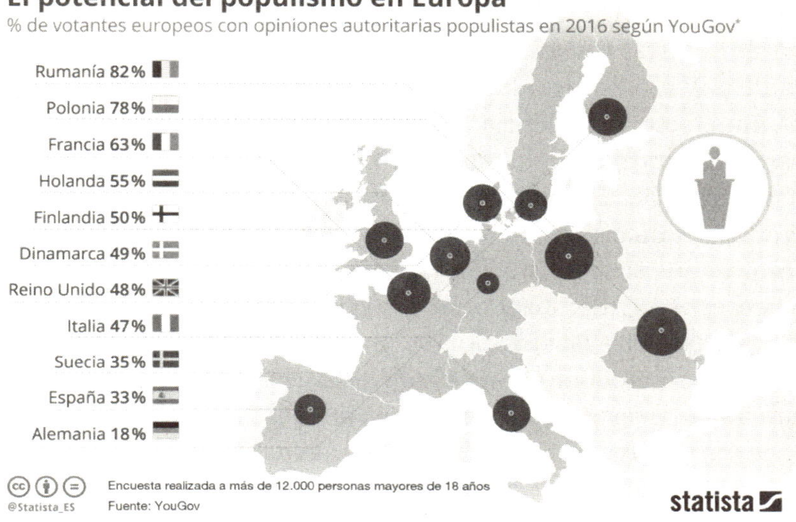

decisiones del votante-ciudadano-consumidor. Ahí practica el todo o nada, tú o yo, nosotros o ellos, y que la balanza se incline por el lado más emocional. Como estrategia, el populismo necesita alimentar lo irracional, no quiere apelar a la razón, no quiere que la gente piense, sino que vibre, que se movilice, que actúe contra la hegemonía establecida. Como sostiene Ovejero, «no busca la precisión: es la metáfora, el truco, la poesía ambigua».

Por eso mengua su relevancia a medida que va concretando su programa político. Para mantener enganchado al electorado, necesita que el clima de incertidumbre no baje, que el miedo continúe estable, que la crisis siga amenazante y que los partidos consolidados del sistema sigan aportando su dosis de corrupción o inmovilismo. Cuando la tormenta social y económica disminuya, el populista y su estrategia necesitarán de nuevos horizontes con los que convencer al ciudadano. De ahí que sea importante ponderar que la razón, como equilibradora de pulsiones, ejerza de contrapeso a tanto exceso sentimental. Los partidos tradicionales, si no quieren verse sumergidos en el tsunami populista de mentira y demagogia, deben usar la moderación como mecanismo político que legitime la búsqueda de espacios de encuentro amplios, que permita seducir a esos sectores descontentos que no saben por qué han abrazado el mesianismo de ciertos líderes, pero sí saben por qué lo que hay ya no los seduce como antes, si es que alguna vez los ha seducido.

En efecto, la ausencia de base afectiva de los gobiernos tecnocráticos ayuda a la consolidación de un relato estrictamente emocional. Preocupados por gestionar los problemas cotidianos, muchos políticos del mal llamado sistema olvidan el encaje emotivo que todo individuo necesita para sentirse comprendido, representado, movilizado. Los hechos persuasivos, cercanos a un debate sobre una realidad concreta, empiezan a resquebrajarse por el imponente empuje de la falsaria emoción que genera quien la pervierte por una percepción equívoca.

A raíz de todo lo comentado, surge la cuestión: ¿Qué debemos recuperar, desde el punto de vista del discurso, para que el futuro no sea populista? En primer lugar, sería preciso elaborar un mapa de causas que han provocado los desafectos para después posicionar como tratamiento la venta persuasiva de lo racional frente a la inconsistencia de la demagogia, que promete cantos de sirena en modo alguno realizables. Segundo, presentar a la opinión pública —y por todos los canales posibles— las consecuencias de unas propuestas y otras, incidiendo en que una mala decisión anterior no puede ser compensada con una peor decisión en el futuro. Si el populismo quiere volver al pasado, la respuesta es contar qué sucedió en ese pasado con las mismas propuestas e idénticos o similares contextos. La historia admite la libre interacción de los hechos con las opiniones. Su manipulación para buscar efectos particulares y perversos ya es patrimonio de quienes quieren entrar en ella de cualquier manera, sin importar los medios. Y tercero, desmontar sus falacias obligando a que demuestren la viabilidad de lo que van a hacer antes de conseguir resortes de poder que faciliten su continuidad o perpetuación.

Por último, una recomendación final: al populismo no se lo derrota menospreciando a quienes han votado esas políticas o las propuestas de sus portavoces. Porque causa el efecto contrario. No se lo elimina electoralmente con manifestaciones esnobs de enrabietados que de repente deciden que lo ocurrido no les gusta y que se debe reiniciar la partida. Porque logran aumentar más el apoyo a esas propuestas. Frente a esa policía del pensamiento, conformada en las tribunas académicas y mediáticas, los seguidores de Trump, Pablo Iglesias, Marine Le Pen y demás líderes populistas seguirán defendiendo con más ahínco los postulados «sinceros» de aquéllos. Al populismo se lo derrota aceptando que ya forma parte del juego político, que ha calado la figura del *outsider* antisistema o anti este sistema en muchos sectores de la población y que la indiferencia o el menosprecio no hacen sino alentar el deseo de lucha de los que quieren que permanezca (y crezca) en el inconsciente colectivo. El futuro será populista sólo si no aceptamos que el presente ya está empezando a serlo.

6

La estética populista y el lenguaje visual. Cómo visten y revisten sus ideas los movimientos antisistema

Patrycia Centeno

Sentir el pensamiento. Pensar el sentimiento.

Miguel de Unamuno

«Yo soy un populista. Desde que empecé mi carrera he tratado de apoyar al pueblo, en particular a las personas de clase trabajadora. No utilicen el término populista como sinónimo de xenofobia o, lo que es mucho peor, cinismo», suplicó Barack Obama a mandatarios y periodistas durante la rueda de prensa de la Cumbre de Líderes de América del Norte celebrada en Canadá en junio de 2016.[14] Aún con el diccionario sobre la mesa, aquella ponderación, pertinente y certera, por parte del presidente estadounidense, llegaba ya tarde. Las palabras, como las modas, están vivas y se neutralizan, purifican o corrompen según la realidad que la sociedad decide otorgarles a cada momento. Y aunque reconozco y advierto que yo también me sentiría más cómoda, precisa y provechosa describiendo y condenando una estética oclócrata (no la que proviene del pueblo, sino de la muchedumbre), reconozco la victoria del sentido peyorativo que se le viene aplicando (¿interesadamente?) desde hace tiempo a este concepto y me referiré, también por el cariz y respeto a este libro, a «la estética populista».

14. Merece la pena ver el vídeo con la reflexión completa sobre el concepto «populista» por parte del entonces presidente estadounidense: <https://www.youtube.com/watch?v=QSOWEC1qZRE>.

Colgar la etiqueta

Así como en el siglo XX sí se dispuso de una clara seña estética para identificar al demócrata (conservador con traje burgués y progresista con traje de trabajo) del dictador (uniforme militar), colgar hoy la etiqueta de «populista» a un líder podría antojarse una tarea también sencilla. Pero no, es ardua y delicada. Quizá la dificultad a la que nos enfrentamos se deba a la aparente falta de consenso en el concepto «populismo». A pesar de la generalización implícita, las etiquetas sirven para identificar, clasificar y valorar. Hasta la fecha, la de «populista» poco define o aclara. Según la fuente o el experto que se consulte, bajo el rótulo de «populista» podemos acumular todo tipo de ideales, estilos y, por consiguiente, estéticas: los gobiernos latinoamericanos que no se alinearon con Estados Unidos o con el FMI, los que utilizan las redes sociales para agitar al electorado, los euroescépticos, los xenófobos, los neonazis y los antisistema en general. Incluso si conversan con algún anticapitalista, puede que les razone cómo «la casta» (demócratas liberales que sólo protegen los intereses de la élite convenciendo al pueblo de que cualquier cambio en el sistema sería dañino) es más populista que nadie. Y aunque el término incluya a todo político de cualquier ideología que apele a la emoción del ciudadano y ofrezca soluciones simples a problemas complejos (es decir, cualquier candidato actual en campaña electoral), la etiqueta de «populista» se emplea a menudo para desacreditar y desmerecer al rival o las ideas, decisiones, formas y estéticas que a uno le disgustan o que no le son propias. Y aquí, encontramos también tantos populistas como gustos y colores.

Si bien, sucede con demasiada frecuencia que para algunos vagos analistas y tertulianos la estética populista sólo se conforma por todos aquellos códigos estilísticos que no se ciñen al traje diplomático occidental al que hasta ahora estábamos acostumbrados. Pero resultaría elitista, simplista, superfluo y torpe catalogar de populista una vestimenta dejándonos llevar por el origen «ordinario» o «extraordinario» de las prendas (como lo fue catalogar de «casta» a cualquiera que gastara un traje clásico... ¿Nadie pensó en Salvador Allende o Tierno Galván...?). Simplemente porque la misma pieza de ropa puede sugerir una lectura u otra según la condición ideológica (tradicionalista o reformista) hacia la que se decante nuestra mirada; el contexto temporal y geográfico en el que se inscriba el atuendo; y la simpatía o antipatía que nos suscite el portador de dicho modelo. Deberíamos reparar en que este pueril etiquetado nos llevará prontamente al error: si existen populistas enfundados en prendas de táctel y camisetas pancarta (Nicolás Maduro, Diego Cañamero...), también los hay que gastan trajes con opulencia evidente ya en lo visual (Silvio Berlusconi, Cristina Fernández...) y desidia desmedidas (Donald Trump, Alexis Tsipras...).

En el siglo pasado, la democratización de la moda, la globalización y una supuesta creencia de que la lucha de clases había sido superada llevaron a la mimetización en la indumentaria. Políticamente, esta tendencia se establece en la década de 1980 con el eurocomunismo y la socialdemocracia. En nombre de la paz y la estabilidad y, por qué no decirlo, para cazar el voto entre «los partidos de centro», las ideologías renunciaron a sus diferencias estéticas. «Aunque podría ser conveniente, ya no resulta tan fácil distinguir a los afectos de un partido político de los de otro como lo fue durante un tiempo en la Inglaterra del siglo XVIII, cuando los *whigs* —partido liberal— llevaban lunares postizos solo en la mejilla derecha y los *tories* en la izquierda», apuntó la premio Pulitzer Alison Lurie en su libro *El lenguaje de la moda* sobre esta cuestión. Si bien los estereotipos indumentarios relativos a las distintas posibilidades ideológicas que permitían reconocer a cada uno de los grupos (la mayoría referidos al color, el tejido o el peinado) permanecían en el lenguaje visual, los partidos políticos tanto de izquierdas como de derechas se acomodaron en arquetipos llanos tanto en el vestido como en la palabra. Poco a poco, al no servirse del traje diplomático por convicción sino por convención (desidia), la degradación del vestuario político anunció antes que ningún otro elemento la crisis ideológica (económica, social, estética...) de la Gran Recesión del siglo XXI.

«Siempre ha existido el revolucionario trajeado y el conservador descamisado; sin embargo, hay períodos en la historia en que los grandes procesos colectivos acaban por hacer que quien tiene vocación de monje lleve precisamente el hábito de monje (como en el período entre 1200-1400 de nuestra era) y que quien tiene vocación mundana lleve el traje de humanista», recuerda Francesco Alberoni en *Psicología del vestir*. Y, por supuesto, en esta última crisis sufrida, la sociedad exigió que los representantes públicos volvieran a identificarse (mojarse). Ante la desafección política y la uniformidad estilística con la que uno podía reprender fácilmente a los responsables de la crisis —«los hombres de negro» (la troika), dirigentes y banqueros—, la cantinela de los indignados que acusaba a la clase política de ser «todos iguales» encontraba sólidos argumentos visuales (si visten igual es porque piensan igual). De esta imperiosa necesidad por acallar el «No nos representan» —tampoco estéticamente—, empezaron a proliferar cada vez con mayor ahínco y protagonismo cabezas de cartel como Beppe Grillo —en Italia— o Sánchez Gordillo —en la Andalucía rural— con ropas alejadas del atuendo común diplomático (jeans, camisetas, sudaderas, deportivas, *piercings*, tatuajes, coletas, rastas...). Una tendencia mundana, populista o no, instaurada ya desde hacía años en países latinoamericanos. «Por primera vez, los gobernantes se parecen a sus gobernados. Si vos vas a Bolivia y mirás la cara de Evo, la cara de Evo es la cara de los bolcheviques», señaló Cristina Kirchner en el documental *Al sur de la frontera* (2009) de Oliver Stone.

La aparición de estos líderes con una estética de protesta, rebelde, anticapitalista o antisistema[15] que deciden formar parte de instituciones tradicionales no deja de ser una rareza y, por lo tanto, es incluso lógico que se atisbe como una amenaza para el sistema político, por defecto, conservador. Los *beatniks*, los *teddy boys*, los *zoot suiters* de la posguerra, los *mods*, los *rockers* de los cincuenta o los *skinheads* y los hippies de los sesenta, también los punks de los ochenta o los *grunges* de los noventa, pese a sus reivindicaciones y denuncias, se manifestaron «sólo»

15. Históricamente, al igual que ocurre ideológicamente, los movimientos y estéticas contestatarios que pretendieron o fueron definidos como «antimoda» o «no moda» acaban sugiriendo siempre una moda alternativa.

en el plano social y cultural. Llegados a este punto, es necesario apuntar que antes de que la burguesía se apropiara en el siglo XIX de la indumentaria de los *sans culottes* (pantalón largo, carmañola,[16] corbata y zapato de cordón) y la convirtiera en el uniforme diplomático occidental por excelencia, incluso el traje revolucionario fue duramente ridiculizado y condenado. Pero una vez se convenció a la población rural, y de forma diferente a los trabajadores urbanos, para que escogieran el traje como prenda de vestir, todos los demás atuendos se redujeron a «objetos carnavalescos o folclóricos o a indicadores entre otros casos de marginalidad y de desviación social». Así, acerca del famoso jersey que vistió Evo Morales en su primer encuentro con el rey Juan Carlos y el presidente Zapatero durante su visita a España, Mario Vargas Llosa escribió:

> Su atuendo y apariencia, que parecían programados por un genial asesor de imagen, no altiplánico sino neoyorquino, han hecho las delicias de la prensa y elevado el entusiasmo de la izquierda boba a extremos orgásmicos. Pronostico que el peinado estilo «fraile campanero» del nuevo mandatario boliviano, sus chompas rayadas con todos los colores del arco iris, las casacas de cuero raídas, los vaqueros arrugados y los zapatones de minero se convertirán pronto en el nuevo signo de distinción vestuaria de la progresía occidental. Excelente noticia para los criadores de auquénidos bolivianos y peruanos, y para los fabricantes de chompas de alpaca, llama o vicuña de los países andinos, que así verán incrementarse sus exportaciones.[17]

En cambio, para José Saramago, estas y las demás críticas sobre el atavío del presidente boliviano sólo eran una prueba más de «la soberbia estúpida de los pueblos civilizados». La misma disparidad de opiniones y polémica despertó el atuendo

16. Tipo de chaqueta, muy similar a lo que hoy sería un *blazer*, que adoptaron los revolucionarios franceses.

17. «Raza, botas y nacionalismo», *El País*, 15 de enero de 2016, <http://elpais.com/diario/2006/01/15/opinion/1137279606_850215.html>.

de Gabriel García Márquez[18] en 1982 al recoger precisamente el premio Nobel de Literatura enfundado en un liquiliqui blanco, un vestido de lino típico del Caribe, en lugar de con el frac protocolario. Mientras unos descubrieron en el traje folclórico del colombiano una reivindicación de sus raíces identitarias, otros sólo vieron un «pijama». Pero en general, como explica Lurie, «la expresión del origen nacional y étnico a través del vestido es con frecuencia un asunto de orgullo personal, y una forma contundente de afirmación política». Nelson Mandela popularizó las madivas, camisas hechas con tejidos y estampados africanos. Con ellas abrazaba (piel con piel) e internacionalizaba la cultura de su pueblo. Sin embargo, a casi nadie se le ocurriría señalar al líder del *antiapartheid* como un populista (o no, insisto, con el significado que hoy se le pretende conceder a este término). De este modo, se entenderá que el uso de ropas populares en sí —del pueblo— no tiene por qué anunciar una condición nacionalista demagógica. El grado de interés y compromiso con la defensa de una cultura o etnia es proporcional al nivel de exotismo de la indumentaria en cuestión. Así, mientras un estilismo completo suele indicar que la persona está totalmente implicada en subrayar su contracultura, el individuo vestido de modo convencional y que sólo acepta pequeños accesorios demuestra claramente una sensibilidad inferior.

Chaquetero

También se puede advertir el grado de implicación y sinceridad entre representante e ideales (y no únicamente con la ropa au-

18. Se puede considerar al escritor el máximo responsable de que muchos dirigentes latinoamericanos empezaran a vestir ropas más folclóricas. García Márquez convenció a Fidel Castro para que adoptara y reivindicara la guayabera cubana. Fue con esta prenda con la que se pudo ver por primera vez durante su mandato al comandante con un *look* de civil, y no con su sempiterna guerrera verde oliva, con ocasión de una cumbre iberoamericana celebrada en Colombia en 1994.

tóctona, sino con cualquier estilo) al observar si el atuendo se debe a una elección fiel —a lo largo de su trayectoria, e incluso antes de su participación en la vida pública, se le ha distinguido por este tipo de vestimenta— o si, por el contrario, se trata de una moda interesada, estratégica y puntual —sólo para hacerse la foto (postureo),[19] alcanzar o asumir el poder— propia, entonces sí, de populistas. Por lo tanto, a no ser que se trate de una estética claramente amenazadora como la fascista en algunos integrantes de Amanecer Dorado, no es el anuncio de unos valores plasmados sobre el cuerpo de un individuo lo que deberían alarmarnos. La pluralidad estética (riqueza ideológica y cultural), y no el uniformismo (diplomático, consumista o militar en el que impera una sola idea), es una prueba de calidad democrática. Lo que debe ponernos sobre aviso es la renuncia a esa estética según sople el viento (engaño).[20]

La mayoría de los estudiosos sobre el fenómeno que nos ocupa insisten en que el nacimiento o resurgimiento de movimientos populistas es una consecuencia de la mala gestión y praxis de los viejos partidos. En este sentido, la falta de pulcritud y zarrapastrismo que hoy se ha instaurado en nuestras instituciones no es más que una herencia exagerada de la degeneración estética (trajes de confección mal cortados, americanas que no daban la talla, camisas deshilvanadas, nudos de corbatas imposibles, zapatos sucios y rotos y todo tipo de ropas clásicas o modernas ultrajadas por la ignorancia del que no conoce el significado de las prendas que viste) que se ha permitido la mayor parte de la clase política nacional e internacional en estos últimos treinta años.

Pues no es novedad alguna vender la mediocridad indumentaria como reclamo de austeridad y sacrificio que el pueblo, y más durante la crisis vivida, debe saber apreciar y aplaudir. Esta decadencia y desinterés por las formas (reflejo del fondo) que nos contamina de manera tan generalizada no se dio ni en época

19. Definiremos y trataremos el neologismo «postureo» unas páginas más adelante.

20. Analizaremos más ampliamente el embuste no verbal unas páginas más adelante.

de guerra (o por lo menos, no voluntariamente). ¿Por qué Donald Trump ha olvidado, repentinamente, el protocolo que conlleva un traje? ¿Por qué se deja retratar con la paleta trasera de su corbata sujeta con celo? ¿Es posible que la desazón en la apariencia sume votos? Estéticamente, un populista también es aquel que se entrega a la pereza del abandono de su apariencia sin presentar la mejor versión de sí mismo ni de sus representados, ya sea con un estilo humilde, revolucionario, clásico o conservador. Porque ni siquiera una moral asceta (sencilla, pero consciente) como la de Jesucristo o Gandhi tendría por qué definir al populista; más bien es la ignorancia e inconsciencia indumentaria (simplista) la que en este aspecto podría delatar al impostor. «El poder no cambia a las personas, sólo revela lo que en realidad son», defiende José Mujica. Y por lo menos estéticamente, el expresidente uruguayo puede mantener la cabeza bien alta cuando verbaliza esta premisa. Exceptuando un único terno negro que se mandó hacer durante la campaña electoral, pocas o ninguna agresión ha sufrido su humilde presencia. En cambio, aunque desde que llegó a la presidencia Rafael Correa echó pestes sobre la corbata y en sus reuniones internacionales se sirve de una camisa blanca sin cuello con significativos bordados inspirados en la antigua cultura Jama Coaque, durante su etapa como ministro de finanzas no se le escuchó jamás una sola queja sobre el lazo. De hecho, se lo conocía «como el rebelde con corbata». Es precisamente este accesorio de la coquetería masculina el que ha servido durante un par de años para señalar al populista. Sin embargo, los yihadistas del lazo, que vinculaban alegremente al descorbatado con la demagogia, han acabado apuntándose a la moda para «resultar más cercanos».[21]

En cambio, ni la insistencia de Juncker, sobreponiendo su propia corbata sobre el cuello de Alexis Tsipras ante las cámaras, ni la encerrona de Renzi, cuando le regaló una en plena rue-

21. «Cómo triunfan los candidatos del PP: "Los chicos sin corbata y las chicas sin bolso"», *vozpópuli*, 1 de junio de 2016, <http://www.vozpopuli.com/buscon/Jorge_Moragas-Elecciones_26J-Partido_Popular_PP-PP-candidatos-correos-campana_0_921807816.html>.

da de prensa, consiguieron que el griego acatara la soga al cuello que Europa anhelaba imponerle al «rebelde» para atarlo en corto. No obstante, reparando en la metamorfosis estilística que el líder de Syriza había sufrido desde que se postuló como candidato a las elecciones (renuncia a la melena, los jeans, las camisetas, el color...), uno podía percibir rápidamente que la insurrección del tipo o bien no era tan fiera como nos querían vender desde Bruselas o bien era menos franca de lo que la izquierda se esforzaba en hacer creer a sus simpatizantes. Ya un año antes de convertirse en primer ministro, Alexis Tsipras descartó volver a ponerse un jersey de cuello Zhivago en su vida pública cuando sus detractores le recordaron que «hacía falta mucho más que un cuello alto para llegar a ser Andreas Papandreou». Lejos de buscar un *look* alternativo y propio con el que representar la lucha de un pueblo castigado duramente por la crisis, Tsipras acabó acomodándose en un traje negro, una camisa blanca y luciendo un pañuelo en el bolsillo de pecho. Y aquí, una vez más, el preciso análisis del crítico de arte John Berger sobre la mutación estética vuelve a exponer la gravedad de tomar prestado un vestido que no es el propio:

> Se convenció a la población rural, y de forma diferente a los trabajadores urbanos, para que escogieran el traje como prenda de vestir [...]. Las clases trabajadoras, aunque en esto los campesinos son más sencillos, más ingenuos que los trabajadores, llegaron a aceptar como suyos ciertos valores de la clase que gobernaba, en este caso, el de la elegancia en el vestir.[22]

Normal, entonces, que la camiseta de algodón de manga corta de Yanis Varoufakis para anunciar la victoria del «no» en el referéndum heleno de julio de 2015 se antojara como la última salida de tono que el primer ministro heleno, ya vestido con los patrones y diseños impuestos por la troika, iba a tolerar de su díscolo ministro de finanzas.

Contagiado por el movimiento estudiantil y obrero contesta-

22. Berger, John, *Mirar*, Barcelona, Gustavo Gili, 2011.

tario de los años setenta, el expresidente español Felipe González se mostraba públicamente durante sus primeros años como líder de la oposición con una apariencia claramente definida: trajes de pana, coderas, camisas de cuadros, patillas... No obstante, una vez aterrizado en el poder, el socialista andaluz abandonó tal estética (sólo recurriría a ella en mítines y otros actos distendidos) para resignarse diariamente al uniforme clásico: traje, camisa y corbata. Si bien este estilismo podría achacarse al acatamiento de las reglas del juego, las responsabilidades asumidas y al hecho de que el cargo exija, supuestamente, un atavío más formal para ser representado; también es necesario señalar un proceso típico —tan humano— de alienación. ¿Ocurrió entonces que un socialdemócrata como Felipe González pudo abandonar su ideario por dejar de vestir como un proletario? Seguramente no. O tal vez, igual que pudo cambiar en la manera de proceder de Lenin cuando le recomendaron que combinara sus elegantes sastres de diplomático occidental con una gorra obrera para empatizar con los trabajadores.

Pero, psicológicamente, la renuncia del atavío por parte de un individuo para adoptar otro extraño no evade de un trastorno en la personalidad (soy otro) y de todo lo que eso conlleva (revelador se muestra el paso del traje mao al traje occidental en los miembros del Politburó del comunismo capitalista chino actual). De ahí, el alboroto el día en el que el secretario general de Podemos, Pablo Iglesias, se presentó a la gala de los Goya ataviado con un esmoquin. Porque, a diferencia del germen revolucionario que caracteriza al traje burgués, el chaqué, el frac y el *tuxedo* son vestimentas aristócratas que históricamente la izquierda siempre se ha negado a vestir por considerarlas símbolos oligárquicos y clasistas. Salvador Allende, y todos sus ministros, acabaron con la costumbre de vestir chaqué en la investidura; Mandela y Lula se negaron a someterse a la etiqueta exigida por Isabel II; Krushev y Gorvachov se reunieron con sus homólogos estadounidenses pero, pese a dar el cante en la foto de familia, jamás posaron en una cena de gala con *black tie*; incluso Gordon Brown acudió al funeral de Margaret Thatcher con sastre, mientras los demás invitados acataban el código estilístico de la ceremonia... Ejemplos los hay a miles. En España, Santiago Carrillo canceló su asistencia a una celebración en Zarzuela con el rey Juan Carlos porque la invitación no permitía ir con traje de calle. «Ni en tiempos de clandestinidad, cuando tuve que viajar en primera en un transatlántico fingiendo ser un diplomático, he aceptado utilizar esas prendas. Yo pensaba que si me disfrazaba con un esmoquin o un frac ya no podría volver jamás a Vallecas», explicó el comunista español.

Populismo *made in...*

El populismo más nocivo viene cargado de xenofobia y proteccionismo. No se trata de combatir los inconvenientes medioambientales o la precariedad y explotación laboral de la globalización con apuestas sensatas y comprometidas con un comercio más justo, sostenible y de proximidad como proponen dignamente algunas formaciones, por supuesto que no. El populista condena la globalización para el pueblo, pero él la calza y viste sin apocamiento alguno.

El día de Navidad de 1989, Ceausescu, sanguinario dictador rumano, todavía con un terno y un elegante sobretodo negro, y Elena, envuelta en un grueso abrigo de cuero beige y pieles de color marrón alrededor del cuello, escucharon la lista de motivos por los que se los condenaba a muerte. Además de crímenes contra la humanidad y una lista infinita de atrocidades, el fiscal acusó a la pareja de haber organizado fiestas en su residencia de vacaciones en las que se extendían «comidas y trajes lujosos venidos del extranjero, peor que en tiempos del exrey de Rumanía, mientras, fuera de palacio, la gente recibía una ración de doscientos gramos de alimentos al día». Porque aunque Ceausescu obligó a su pueblo a resistirse a la moda y cosmética occidental, le fue imposible convencer a su esposa de que en sus guardarropías tuviera cabida pieza alguna no traída expresamente desde París.

Pese a que 345 artículos de la línea de ropa de Ivanka Trump llevaban la etiqueta colgada de «*made in* China», Donald Trump se pasó la campaña electoral denunciando públicamente a compañías como Ford o Apple por manufacturar productos fuera de Estados Unidos. Es más, mientras orquestaba una especie de caza de brujas contra tal traición patriótica por parte de una gran lista de empresas, él mismo iba enteramente vestido con trajes, camisas y corbatas de la marca Donald J. Trump confeccionadas en el gigante asiático, Bangladesh, India, Vietnam, Pakistán o México. «Es muy difícil tener ropa hecha en este país», alegó el magnate cuando le llovieron las críticas. Pero en vez de poner remedio a la incongruencia adquiriendo un sastre estadounidense, decidió importar un par de Brionis.[23]

Con un excelente dominio de la imagen como herramienta de comunicación política, Hugo Chávez logró que en el ideario nacional e internacional se lo representara ya para siempre con una humilde camisa roja socialista. Cuesta ya recordar que en 2011, el líder bolivariano llegó a destinar una partida de 329.000 dólares de los presupuestos en ropa y calzado y otra de 151.000 dólares para tratamientos y productos de belleza. Alarmado por la excentricidad de su armario presidencial, Chávez confesaba sentirse avergonzado pero defendía que los numerosos sastres de Brioni y Lanvin, las corbatas de Hermès, los zapatos de cuero inglés, los gemelos de Montblanc, los relojes de Cartier, Rolex o Victorinox eran necesarios para cumplir con la labor de representación: «Alguien, no sé en qué momento, me pone unos trajes y a mí no me queda más remedio que ponérmelos».

Este dispendio de ostentación marquista —ofensivo para la inteligencia y que pone de manifiesto un deseo indebido de alcanzar e impresionar las sensibilidades no educadas mediante la opulencia, trastorno muy habitual entre los nuevos ricos— fue mucho más evidente en la trayectoria de Cristina Fernández de Kirchner. Siguiendo la estela de Evita Perón, a quien no le importaba recorrer los barrios marginales ataviada con espectaculares vestidos de Dior, abrigos de visón y carísimas joyas mientras les prometía a las masas «ustedes, un día, también tendrán ropas como éstas», CFK cuando escuchaba cualquier duda o crí-

23. Firma italiana.

tica sobre su estilismo planteaba la misma cuestión: «¿Tendría que disfrazarme de pobre para ser una buena dirigente?». Sin embargo, la adicción de la argentina por las firmas del viejo continente no impidieron que sus políticas de fuertes restricciones a los productos importados provocaran una estampida del país de una larga lista de marcas de la que ella era precisamente clienta habitual: Kenzo, Emporio Armani, Polo Ralph Lauren, Louis Vuitton, Yves Saint Laurent, Calvin Klein, Escada, Ermenegildo Zegna, Cartier...[24]

Ahora bien, en la estética populista, tanto la ostentación como el zarrapastrismo incurren a menudo en el mismo error: la falta de conciencia. Un año después del derrumbe de una fábrica textil en Bangladesh en el que murieron más de mil trabajadores confeccionando ropa para grandes cadenas textiles de *low cost*, Pablo Iglesias se jactaba de comprar su ropa en Alcampo (marca que, junto a las etiquetas de Inditex, Mango, Primark, El Corte Inglés, también apareció entre los escombros). Tanto los defensores como los detractores del líder de Podemos centraron la polémica en el uso populista (desmerecer o aplaudir un estilismo simplemente por el precio de las prendas) de esa marca en concreto, pero no en si el sistema de producción de la *fast fashion* casaba con el discurso ecosocialista y anticapitalista que cualquier formación de izquierdas procura defender en sus discursos verbales.

Lobos con piel de cordero

Si el cartel de peligro que Nigel Farage se colgó al cuello en forma de estridentes corbatas para advertirle al mundo sobre su falta de seriedad e inmadurez estilística, moral y mental no fuese suficiente, su grosero lenguaje verbal y no verbal tampoco dejaba lugar a dudas. Pero igual que los dictadores de finales del

24. «Otra marca de lujo en crisis: Kenzo anunció que se va del país», *Clarín*, 2 de octubre de 2012, <http://www.clarin.com/empresas-y-negocios/trabas-importaciones-kenzo-anuncio-argentina_0_SyM78zy2DXl.html>.

siglo XX percibieron que al dejar de gastar el uniforme militar y enfundarse un traje diplomático podían disimular el despotismo y fanatismo de sus regímenes, conforme se va definiendo y asimilando socialmente el estilismo, aspecto, conductas y actitud que caracterizan al populista, los más astutos (y, por tanto, los más peligrosos) aprenden a mutar y tratan de camuflarse en la escena pública con mayor o menor soltura.

Durante la campaña electoral austriaca, los medios de comunicación destacaban «la cara simpática y amable» del ultraderechista Norbert Hofer. Al contrario que el jefe de filas del FPÖ, Heinz-Christian Strache, al que se le podía advertir claramente una actitud populista (hablaba a gritos, de forma tosca y malhumorada), Hofer parecía no perder nunca los nervios. A sus cuarenta y cinco años, con estilismos formales e informales impolutos y una sonrisa relajada, personificaba perfectamente al «lobo con piel de cordero». Si bien la frialdad y contención de su lenguaje corporal se le podía atribuir a la cultura austriaca, muy lejana a la calidez que caracteriza a la latina, con un análisis más preciso aparecían microgestos de agresividad en la expresividad de su rostro así como sus manos delataban señales autoritarias, inconscientes y, por lo tanto, imposibles de enmascarar. Ya en 2013, cuando tomó posesión de su acta de diputado, había aparecido en la Cámara con una flor de aciano en el ojal de la solapa de su chaqueta, un símbolo que utilizaron los nazis en Austria para identificarse cuando entre 1933 y 1938 su partido estaba prohibido en este país. Pese a ser un euroescéptico declarado, Hofer aseguró entonces que había utilizado esa flor azul como símbolo de la Unión Europea.

Sin programa y propuestas coherentes, Marine Le Pen se convenció, aunque le costara la relación con su progenitor y la desconfianza del sector más radical del Frente Nacional, de que para alcanzar el Elíseo tocaba disfrazarse y borrar cualquier huella xenófoba y de raíces antisemitas. Empezó primero con un cambio progresivo y sutil en su imagen personal. Lejos de representar el estilo chic de cualquier parisina, Le Pen pretende ahora encarnar a una fiel, inofensiva e incansable ama de casa pueblerina con trajes de chaqueta que la envejecen, melenas desaliñadas atadas con cutres coleteros, camisas de colores chillones, bisutería de los chinos y bolsos de mercadillo. Insiste mucho en dejar claro que compra en *outlets* —a diferencia de su sobrina Marion, que aún apuesta por un *look* con toques marciales y no le importa que la retraten con el caballo, el látigo y las botas— y hace tiempo que tampoco gasta las ropas de amazona.

Sin embargo, la mutación más cínica de la estética del FN vino al presentar su nuevo logo, lema y sede. Sin rastro de las siglas del partido, una rosa azul (ocupar el espacio de los socialdemócratas) en sustitución de la bandera tricolor francesa, su nombre de pila junto a la palabra presidenta y una nueva consigna: «En nombre del pueblo». Pero lo más surrealista para los conocedores de la ideología de la formación fue la decoración del local.[25] De las paredes en un blanco inmaculado colgaba una versión en azul de la lengua de los Rolling Stones y retratos de figuras como Brigitte Bardot (por increíble que resulte, gran defensora de Marine Le Pen), Clint Eastwood (por increíble que resulte, simpatizante de Donald Trump) y Albert Einstein (obviamente, sin ninguna vinculación conocida con el FN). Además, la más famosa obra de Banksy —pese a que el artista callejero británico es un gran activista por los derechos de los inmigrantes— había sido profanada: el manifestante lanzaba ahora rosas azules en vez de flores campestres.

Postureo como forma de vida

Con todo, si hay un concepto que resuma perfectamente o mejor combine con la estética populista, ése es el «postureo». Desde comienzos del año 2012, este término empezó a ser utilizado en internet, concretamente en Twitter, para definir el acto de aparentar una idiosincrasia que no es la propia. Aun tratándose de

25. «Marine Le Pen inaugure son QG de campagne dans la même rue que l'Élysée», *Le Figaro*, 16 de noviembre de 2016, <http://www.lefigaro.fr/politique/le-scan/2016/11/16/25001-20161116ARTFIG00194-marine-le-pen-inaugure-son-qg-de-campagne-dans-la-meme-rue-que-l-elysee.php>.

un neologismo, el «postureo» como la adopción de ciertos hábitos, poses y actitudes más por apariencia que por convicción es previo a las redes sociales, sólo que éstas lo han evidenciado y exagerado. Descrita la versión moderna de la expresión «lo tuyo es puro teatro», hasta los candidatos reconocen que las campañas electorales son básicamente «postureo». Por ejemplo, incluso los defensores de que Carolina Bescansa (Podemos) acudiera con su bebé de seis meses a la sesión constitutiva de las Cortes y lo amamantara en su escaño —aun cuando en el Congreso hay un servicio de guardería— se refirieron a la estampa como «un postureo necesario». Según defendió la dirección de la formación morada, se trataba de «un gesto simbólico por la reivindicación de todas las mujeres que tienen que poder conciliar vida familiar y personal y vida laboral y hoy día no pueden, que son muchas en nuestro país, millones de mujeres que se enfrentan solas a múltiples obstáculos».

Normalmente, al posturear se persigue sugerir elevados grados de éxito, felicidad o bondad que esperan un reconocimiento social y electoral. Abrazar a niños, besar a ancianas, catar algún producto autóctono de la tierra, ordeñar una vaca, subirse a un tractor, ponerse o quitarse la corbata, cantar en un mitin, bailar en un plató de televisión, enseñar las telarañas de la nevera de casa, demostrar las dotes culinarias, salir a correr con una presentadora, soltar una lagrimita, intentar apagar un incendio forestal con una manguera, negar el saludo al adversario con el que se pretende formar gobierno, hablar con un tronco, obsesionarse con el tamaño de las banderas o desnudarse son sólo algunas de las fórmulas escenográficas convenientemente orquestadas por el equipo de campaña para que el candidato le resulte mucho más agradable o atractivo al elector.

Sin embargo, en algo coinciden los psicólogos: el postureo, como cualquier otro engaño que señala una carencia de autoestima —al pretender ser lo que no se es y al no aceptarse a uno mismo ni la realidad en la que vive—, puede llegar a convertirse en un juego de lo más peligroso tanto para los que lo practican como para los que lo rodean. En este sentido, la megalomanía que acompaña el postureo político toma su adaptación más perversa cuando logra agitar a las masas a través de emociones negativas. Gracias al archivo de Heinrich Hoffmann, fotógrafo personal de Adolf Hitler, sabemos cómo el Führer ensayaba y mejoraba frente a la cámara cada uno de los gestos con los que iba a acompañar sus discursos. Sus puestas en escena, aunque muy contenidas, se conformaban en gran parte de ademanes autoritarios y dominantes con los que adornar y anclar sus mensajes verbales de amenaza, miedo y odio.

Pero aunque el dramatismo exacerbado de bolcheviques y fascistas era imprescindible en aquella época al no disponer de las tecnologías de propagación y repercusión actuales, sorprende que la exageración y magnificación del lenguaje corporal siga

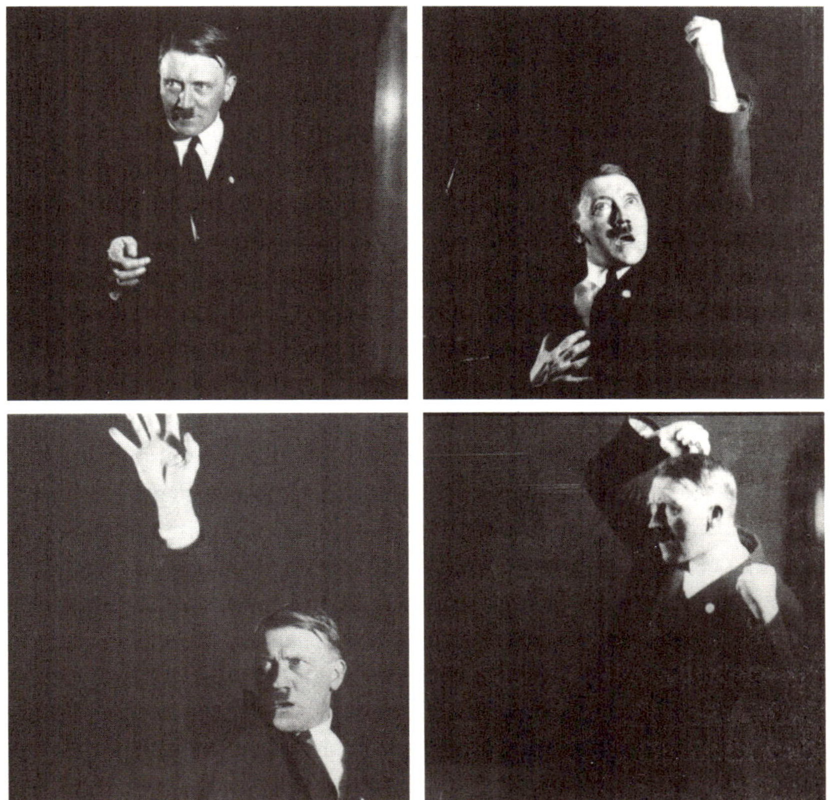

© Heinrich Hoffmann/Getty Images

siendo algo muy común entre la mayoría de los populistas de hoy día. Más cuando la televisión, al sobredimensionar cualquier mínimo gesto, castiga los aspavientos (sobreactuación).

Lejos de sofisticar o suavizar la postura, los gestos autoritarios —desde el saludo nazi hasta apuntar (ordenar/condenar) con un dedo a una persona—, los gestos dominantes —típicos del macho alfa, como ponerse en jarras para ocupar (conquistar) más espacio del necesario o colocarse detrás de una persona para intimidarla— y los gestos agresivos (mandíbula apretada enseñando los dientes o dar un golpe sobre la mesa) siguen delatando a una gran parte de populistas del siglo XXI, sin ni siquiera demasiadas variaciones en cuanto a su procedencia ideológica, cultural o geográfica. Esta mínima evolución de la expresividad no verbal en el populismo se explica porque aún es válida. Es decir, si la fórmula no resultara exitosa ya habrían renunciado a ella. Pero también porque, al tratarse de un lenguaje inconsciente, les es mucho más sencillo proyectar un mensaje ortodoxo de pesimismo ya existente en sus mentes que otro optimista —aunque la empatía a través de la ilusión y la esperanza, seguramente, podría antojarse mucho más fructífera—. De este modo, pese al intento por disimular algunos de los ademanes más agresivos cuando no son convenientes para sus fines demagógicos y manipuladores, los microgestos de frustración (los puños se contraen, se aprietan los labios o se alzan los párpados y cejas) por la emoción reprimida afloran constantemente para desmentirlos. Porque no hay ninguna apariencia más difícil de lograr que la neutralidad, serenidad o falta de emotividad cuando por dentro ocurre lo contrario. Ni siquiera la sonrisa, que se presenta como el guiño facial más recurrente para ocultar cualquier impresión, ampara tan fácilmente cuando en el rostro se dibuja la diplomática (labios tensos), la histriónica (boca excesivamente abierta), la triste (hacia abajo) o la vengativa (retorcida). La sonrisa en los primates no es más que una señal de sumisión. Sirve para comunicar al otro que no somos una amenaza y que nos acepte. No es casual entonces que a los líderes con un carácter más soberbio les cueste mucho sonreír sinceramente en público —la sonrisa natural no precisa la boca, sólo produce arrugas características junto a los ojos— porque temen perder supremacía y resultar vulnerables.

Miénteme

Existe una voluntad generalizada de vender la apariencia y las emociones como las máximas responsables del engaño que representan conceptos como el populismo y el postureo. La pretensión de menospreciar las imágenes y los sentimientos no es nueva. La herencia filosófica y religiosa occidental ha contribuido a ello. Sin embargo, es más fácil que la perversión y la mentira se logren a través del habla que a través del lenguaje no verbal (inconsciente y, por ende, menos controlable). Prestar atención a las palabras reduce, paradójicamente, nuestra capacidad de detectar mentiras. Se ha demostrado que los humanos, como el resto de los primates, detectamos mejor las mentiras usando las partes inconscientes de la mente (la intuición).[26] El lenguaje hablado es un atributo humano muy válido, pero la mayoría de las veces distrae más que aclara. A estas alturas, la palabra de un político no vale nada. Desde hace años, nuestros representantes han pervertido sin mesura la palabra hasta que ésta ha acabado perdiendo todo atisbo de significación, credibilidad y honor. Las promesas, por experiencias pasadas se sabe también que, aunque estén grabadas a fuego en el programa electoral, suelen quedarse en eso: en promesas por cumplir. Así que, a veces, por un momento, resulta inmensamente revelador poner en modo «mute» al político y tan sólo observar si su presencia, puesta en escena y gestualidad refrendan lo que defiende su discurso hablado. Sin duda, es el método más eficaz y recomendable para desenmascarar las innumerables incongruencias del más afinado demagogo.

«Pese a la dureza y crueldad que me pareció ver en su rostro, tuve la impresión de que podía confiarse en ese hombre si daba

26. Si se quiere ahondar en el poder del engaño y la mentira, es esencial consultar los estudios del psicólogo Paul Ekman.

su palabra de honor», le escribió Neville Chamberlain a su hermana tras reunirse con Hitler. Era septiembre de 1938 y acababa de producirse uno de los engaños más infames y mortíferos de la historia. Cinco días después, defendiendo su política en el Parlamento británico frente a quienes dudaban de la buena fe del líder nazi, Chamberlain explicó que, tras su encuentro personal, podía asegurar que el alemán «decía lo que realmente pensaba» y que los acuerdos de Múnich significaban «la paz para nuestros días». Por muy creíbles que fueran las supuestas dotes interpretativas que se le asignan al Führer, éste contaba con una gran ventaja para que su mentira resultara exitosa: el primer ministro británico deseaba ser engañado. Chamberlain necesitaba creer a Hitler porque lo contrario significaba reconocer que su política de apaciguamiento había sido un fracaso.

Este deseo de las personas de, en determinadas circunstancias y contextos, ser engañados empodera también hoy al populista. Según el psicólogo Paul Ekman, existen dos formas fundamentales de mentir: ocultar y falsear. El mentiroso que oculta retiene cierta información, sin decir en realidad nada que falte a la verdad. El que falsea da un paso adicional: no sólo retiene información verdadera, sino que presenta información falsa como si fuera cierta. Tal vez esta diferenciación en el grado de embuste o cinismo que retrate la incongruencia ideoestética[27] que caracteriza a todo demagogo sirva también para determinar el grado de populismo estético de una formación o representante público: populismo moderado («inofensivo» por puntual y/o fácilmente reconocible) y populismo radical (absolutamente nocivo por permanente y/o menos identificable por posturas y vestimentas ortodoxas para el sistema democrático liberal).

Además de potenciar la comprensión lectora de la comunicación no verbal en la que el resto de las especies animales confían para asegurarse la supervivencia (advertir el peligro de ser devorados), como cualquier otro mal, la única receta para detectar el embuste en el que se basa el populismo es el acceso y re-

27. Término acuñado en el ensayo *Política y moda, la imagen del poder* para referirse a la correspondencia entre ideología y estética.

fuerzo de la educación y la cultura (también emocional y estética) de toda la sociedad. De hecho, no debe sorprender que los primeros estudios científicos sobre la detección de la mentira con el lenguaje no verbal lo emprendieran judíos estadounidenses para desenmascarar las falacias del nazismo.

Y es que, pese a lo que pueda parecer, las apariencias no engañan. Sólo existen interpretaciones fallidas a consecuencia de un desconocimiento de los códigos no verbales al realizar la observación, como tantas veces sucede con el habla. Nos guste o no, somos seres emocionales. El futuro de la comunicación política y de la supervivencia del mundo depende en gran medida de la empatía y la inteligencia emocional, la gestión y el equilibrio de los sentimientos. Seguir confrontando la emoción a la razón o tratar de presentarlas como divisibles conduce a la deshumanización. Como aconsejó Miguel de Unamuno: «Hay que sentir el pensamiento y pensar el sentimiento».

Capítulo 3

EL FACTOR ECONÓMICO

¿Son creíbles y aplicables sus propuestas?

7

La globalización: el principal enemigo del populismo de izquierdas y de derechas

Juan Ramón Rallo

La distribución desigual de la riqueza del mundo se debe a la distribución desigual del capitalismo.

JOHAN NORBERG

El populismo, en la canónica definición de Albertazzi y McDonell (2008), es: «Una ideología que enfrenta a un pueblo virtuoso y homogéneo contra un conjunto de élites y "otros" colectivos peligrosos a los que acusa de arrebatar los derechos, los valores, la prosperidad o la voz que le corresponden a ese pueblo soberano».

En este sentido, tal como explica el politólogo Eduardo Fernández Luiña (2016) en un reciente estudio para el Instituto Juan de Mariana, todo movimiento populista necesita arrancar con una ventana de oportunidad que viene constituida por una crisis real —aumento del desempleo, terrorismo, quiebras empresariales, corrupción generalizada, etc.— o por una crisis artificial —el estallido de una extrema e insoportable desigualdad—. Esa crisis es instrumentada a través de un relato maniqueo y polarizante por parte de un frente político que se reclama antielitista y representante de los auténticos intereses del pueblo, al frente del cual se coloca un líder carismático, admirable, confiable e ilusionante, que de alguna manera canaliza los anhelos de la población melancólica en su lucha contra la casta.

Pero el rasgo definitivo de los movimientos genuinamente populistas va más allá de su propaganda polarizadora y caudillista, y consiste en la aspiración de construir un nuevo régimen político que subordine los derechos y libertades de los ciudadanos a la voluntad del pueblo, representada en la figura del líder carismático y en el resto de los cuadros del movimiento. Es decir, el populismo no se contenta con manipular a los votantes para conquistar el gobierno —práctica que comparten todos los políticos—, sino que aspira a reconstruir las instituciones para ampliar el poder del Estado y consolidarse en el mando con la excusa de combatir esa crisis real o artificial que ha justificado su nacimiento.

A la postre, las libertades individuales —entendidas como restricciones a los ámbitos legítimos de actuación del Estado— constituyen un obstáculo para la resolución de esa crisis social que ha dado alas al populismo: si el Estado no puede confiscar la riqueza a los ciudadanos, si no puede prohibirles comerciar con extranjeros, si no puede deportar a los inmigrantes, si no puede controlar los mensajes subversivos de los medios de comunicación, si no puede nacionalizar las industrias estratégicas, si no puede subir masivamente impuestos, si no puede devaluar la divisa, si no puede espiar e intervenir nuestras comunicaciones privadas, si no puede controlar la religión de sus ciudadanos, si no puede, en suma, planificar nuestras vidas y subordinarlas al nuevo régimen verdaderamente expresivo de los deseos de «la gente», entonces el populismo se convierte en un movimiento maniatado e impotente frente a la problemática social que denuncia y que pretende que lo encarame al gobierno.

El régimen populista, por tanto, debe ir concentrando y centralizando el poder a través de la erosión de las libertades individuales. En nuestras democracias liberales modernas, esa erosión se canaliza a través de una reforma constitucional que sea «habilitante» para el Estado: es decir, que lejos de reducir su campo de actuación, lo amplíe con las más variopintas excusas, normalmente agrupadas en torno a cortinas de humo como «derechos de tercera generación» o «regeneraciones democráticas» (todos ellos auténticos pretextos para que el Estado amplíe su rango de actuación aun en conculcación de los derechos y las libertades básicas de las personas).

Frenar el avance del populismo —no sólo en su vertiente comunicativa, sino en su estrategia de infiltración y asalto institucional— es crucial para evitar el deterioro del ya precario sistema de libertades actual. Y al populismo se lo ha de combatir esencialmente en el terreno cultural e intelectual: exponiendo ante el público sus mentiras sistemáticas y su liberticida jerarquía moral.

La reciente oleada de populismo en Occidente tiene una causa común bastante obvia: la crisis económica que arrancó en 2008. No por casualidad, las crisis económicas son períodos en los que se hunde la producción agregada de un país, y con el hundimiento de la actividad también tiene lugar una contracción generalizada de los ingresos (rentas salariales y del capital) que perciben sus ciudadanos. En las crisis, por consiguiente, hay una enorme cantidad de damnificados, y esos damnificados constituyen el caldo de cultivo ideal para el surgimiento de un movimiento político populista que los aglutine y «represente». La estrategia política del populismo, como ya dijimos, pasa por lograr que las «víctimas de la crisis» desarrollen una conciencia unitaria de grupo mediante la construcción de un relato maniqueo en el que su pauperización se presente como el resultado de la conspiración de algún antagonista bien identificado.

Pero, claro está, ese relato no es el mismo para todos los movimientos populistas. Cada movimiento populista propala su propio relato autojustificativo, y la principal diferencia entre todos ellos la encontramos en la figura del *antagonista*. El populismo necesita identificar a un verdugo al que se le pueda imputar la responsabilidad de todos los males derivados de la crisis. Y, según cuál sea el antagonista seleccionado, podemos distinguir entre dos grandes tipos de populismos: el populismo de izquierdas y el populismo de derechas. Para el populismo de izquierdas —populismo clasista—, el antagonista son los ricos: son ellos los que han medrado a costa de empobrecer a los trabajadores; para el populismo de derechas —populismo nacionalista—, el antagonista son los extranjeros: son ellos los que se infiltran en nuestro país (inmigración o importaciones) para arruinar a las compañías patrias (condenando al desempleo a sus trabajadores y a la ruina a sus empresarios).

La identidad del enemigo cambia en ambos casos, pero la estructura de la narración es la misma: un colectivo homogéneo de víctimas enfrentado a unos verdugos perfectamente determinados que les quitan aquello que les corresponde por derecho. Es ahí donde entra la presunta función social del partido populista emergente y la urgente necesidad de encumbrarlo al poder: sólo desde el irrestricto poder estatal se puede catalizar «el cambio» en favor del grupo pauperizado y en contra del contubernio antagonista. Los populistas de izquierdas prometen trasladarles los costes de la crisis a los acaudalados —impuestos sobre las rentas altas y los grandes patrimonios—, mientras que los populistas de derechas se comprometen a hacer lo propio con los extranjeros —deportación de inmigrantes o rearme arancelario para proteger a la industria nacional de la competencia «desleal» exterior.

Evidentemente, en la medida en que el objetivo de las fobias de ambos tipos de populismos no es el mismo (el populismo de derechas carga contra los extranjeros; el populismo de izquierdas contra rentas altas, ahorradores y empresarios), tampoco las políticas planteadas serán idénticas: el populismo de derechas propone más impuestos y más regulaciones contra los extranjeros; el populismo de izquierdas propone más impuestos y regulaciones sobre rentas altas, ahorradores y empresarios. De hecho, es totalmente coherente que el populista de izquierdas sienta un profundo desprecio hacia el populista de derechas y viceversa. Sin embargo, a la hora de la verdad, ambos movimientos populistas terminan aliándose contra un gran enemigo común: la globalización. Para el populista de izquierdas, la globalización es la responsable de que la fortuna de los ricos esté aumentando a costa de explotar a los pobres del Tercer Mundo; para el populista de derechas, la globalización es la responsable de que los ricos apátridas se trasladen al Tercer Mundo o contraten dentro de sus países a inmigrantes baratos, dejando sin empleo a los obreros nacionales. Por ejemplo, Bernie Sanders, candidato en las primarias del Partido Demócrata por la presidencia de Estados Unidos en 2016 y que se ubicaba incluso a la izquierda de Hillary Clinton, cargó en diversas ocasiones a lo largo de su vida contra la inmigración: «Si la pobreza se está incrementando y si los salarios están bajando, no entiendo para qué necesitamos que millones de trabajadores extranjeros entren en nuestro país, algo que sólo contribuirá a reducir todavía más los salarios de los trabajadores estadounidenses». Sanders era un populista de izquierdas que adoptaba mensajes y retóricas propios de los populistas de derechas.

Si el populismo constituye una amenaza para las libertades y para la prosperidad de todos los ciudadanos, si la única forma eficaz de contrarrestarlos es desenmascarando sus mentiras y si el chivo expiatorio común del populismo de izquierdas y de derechas es la globalización, entonces resultará fundamental defender el proceso globalizador frente a todos aquellos que aspiran a conquistar el poder erradicándolo. A ello vamos a dedicar el resto de este capítulo: a exponer por qué tanto el populismo de izquierdas como el populismo de derechas mienten acerca de la globalización.

Como ya hemos indicado, el populismo de izquierdas sostiene que la globalización únicamente sirve para que aparezca una oligarquía global que se lucre a costa de depauperar al Tercer Mundo: los ricos occidentales trasladan sus empresas a países subdesarrollados (la famosa «deslocalización») para forrarse explotando a sus indefensos ciudadanos. El mantra es que «los ricos se vuelven cada vez más ricos y los pobres cada vez más pobres». Por su parte, el populismo de derechas afirma que los ciudadanos del Tercer Mundo están compitiendo deslealmente con Occidente, condenando a los pequeños empresarios y a los trabajadores del Primer Mundo a remuneraciones decrecientes. El mantra es «Occidente (o Estados Unidos, España, Francia, Reino Unido...) debe ir primero». A continuación, vamos a examinar si alguna de estas dos afirmaciones es real o, en cambio, sólo constituyen excusas para alimentar el resentimiento populista hacia enemigos ficticios.

¿Está la globalización empobreciendo al Tercer Mundo?

Aunque el mantra de que «los ricos son cada vez más ricos y los pobres cada vez más pobres» está tremendamente extendido, lo cierto es que los ricos son cada vez más ricos... y los pobres también son cada vez más ricos (o menos pobres). En el último informe del Banco Mundial (2016), Taking on Inequality —dentro de su serie Poverty and Shared Prosperity—, podemos encontrar la radiografía más actualizada acerca de la pobreza global.

Para empezar: nunca en la historia han vivido más personas fuera de la extrema pobreza (definida ésta como unos ingresos inferiores a 1,9 dólares diarios) ni tampoco el porcentaje de ciu-

Evolución del índice de recuento de la pobreza mundial y el número de pobres en el mundo, 1990-2013

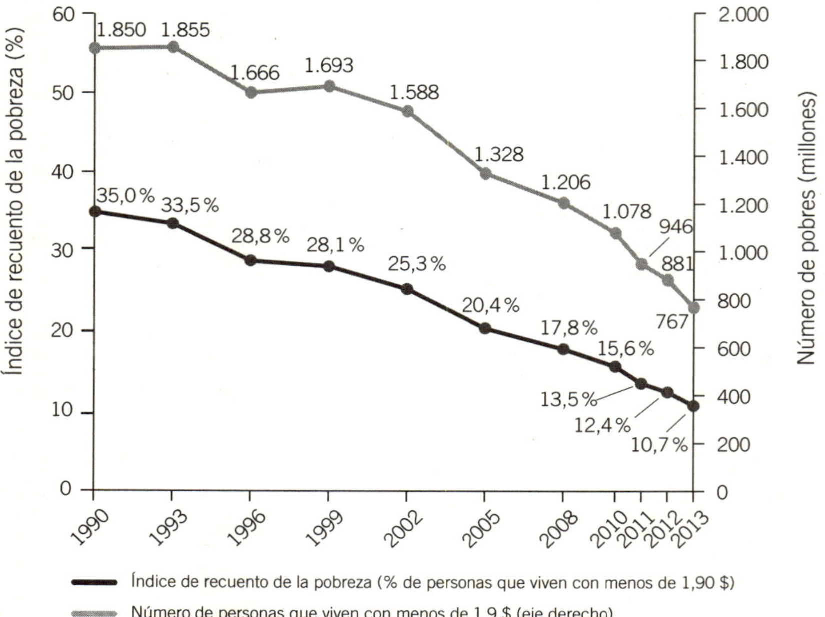

Fuente: estimaciones más recientes basadas en datos de 2013 utilizando PovcalNet (herramienta de análisis online), Banco Mundial, Washington, DC, <http://iresearch.worldbank.org/PovcalNet/>.
Nota: La pobreza se mide mediante el uso de la brecha de pobreza de 1,90 $ por día de EE.UU, según PPA.

dadanos castigados por la extrema pobreza ha sido más pequeño. En apenas un cuarto de siglo, y desde que empezaran a reducirse las barreras políticas al comercio internacional, las cifras absolutas de miseria han caído a menos de la mitad (desde 1.850 millones de pobres extremos en 1990 a 767 en 2013) y las cifras relativas a menos de un tercio (de comprender al 35 por ciento de la población mundial en 1990 al 10,7 por ciento en 2013).

Conviene resaltar que las cifras absolutas minimizan el impacto de la reducción de la pobreza: es verdad que el número total de pobres extremos sólo ha caído en unos 1.100 millones de personas desde 1990, pero es que desde entonces la población mundial ha aumentado en 2.000 millones. O dicho de otra forma: si en 2013 tuviéramos la misma tasa de pobreza extrema que en 1990 (el 35 por ciento), hoy el número de pobres extremos sería de 2.500 millones en el conjunto del planeta, pero lo es de 770, de modo que la reducción efectiva de la miseria ha beneficiado a casi 1.800 millones de personas en los últimos veinticinco años.

Cogiendo algo más de perspectiva histórica, los resultados todavía son más espectaculares. En los últimos dos siglos —merced a la Revolución industrial occidental del siglo XIX y a su ul-

Población mundial que vive en situación de extrema pobreza, 1820-2015

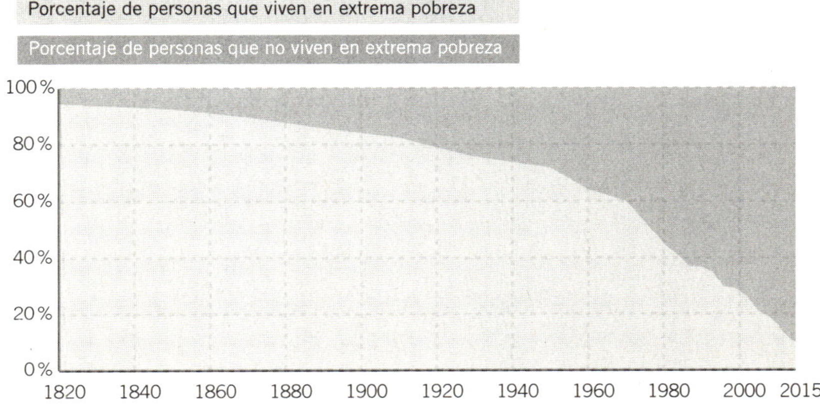

Fuente: World poverty in absolute numbers (Max Roser basándose en datos del Banco Mundial y de Bourguignon y Morrisson [2002]).
<OurWorldInData-org/a-history-of-global-living-conditions-in-5-charts/> · CC BY-SA.

terior globalización a finales del siglo xx— hemos pasado de que más del 90 por ciento de la población mundial viviera en una situación de extrema pobreza a que lo haga menos del 10 por ciento en la actualidad.

Para muchos, sin embargo, tan espectacular reducción de la miseria no es relevante, por cuanto probablemente no mida de manera adecuada el bienestar real de los más pobres. Pues bien, podemos recurrir a dos indicadores que necesariamente resultarán incontrovertidos: educación y sanidad.

En cuanto a logros educativos, el analfabetismo afecta hoy a un menor porcentaje de la población mundial que en ningún otro momento de nuestra historia: sólo el 15 por ciento de la población mundial es analfabeta, menos de la mitad que en 1950, menos de una quinta parte que en 1900 y apenas un sexto que a comienzos del siglo xix.

Pero los éxitos globales en educación no sólo se refieren a la ininterrumpida erradicación del analfabetismo: actualmente, casi el 50 por ciento de la población mundial disfruta de un nivel educativo al menos equivalente al de secundaria. En la añorada década de 1970, apenas se superaba el 20 por ciento.

Población mundial alfabetizada y analfabeta, 1800 a 2014

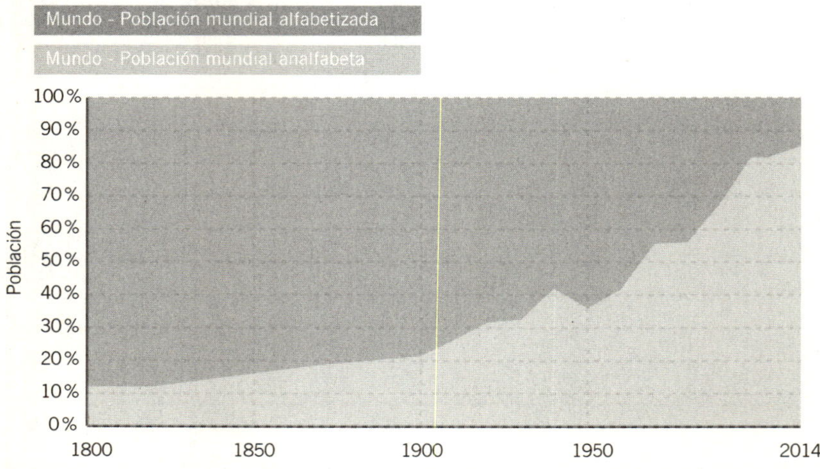

Fuente: Literate World Population (Our World in Data basado en datos de la OCDE y la UNESCO). <OurWorldInData-org/a-history-of-global-living-conditions-in-5-charts/> · CC BY-SA.

Proyección de la población mundial por nivel de educación, 1970-2100

Esta visualización muestra la proyección de Medium realizada por el Instituto Internacional para Análisis de Sistemas Aplicados (IIASA, por sus siglas en inglés). Los investigadores creadores de esta proyección la describen como el «escenario a mitad de camino que puede ser considerado también como el más factible».

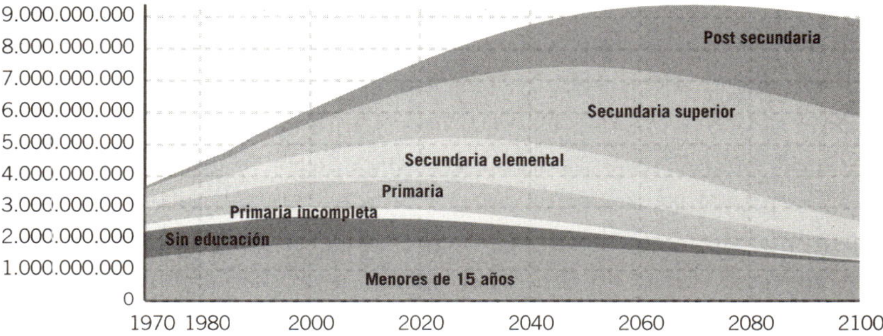

Fuente: IIASA (Global Projection – Medium SSP2).
<OurWorldInData-org/global-rise-of-education> · CC BY-SA.

A su vez, nuestra salud también está mejorando a marchas agigantadas. La esperanza de vida se ha incrementado muy sustancialmente en todos los continentes —incluida África— a lo largo del siglo XX. Y lo ha hecho de manera ininterrumpida en el siglo XXI. Jamás los seres humanos hemos vivido tanto como ahora.

Esperanza de vida a nivel mundial y por regiones del planeta desde 1770

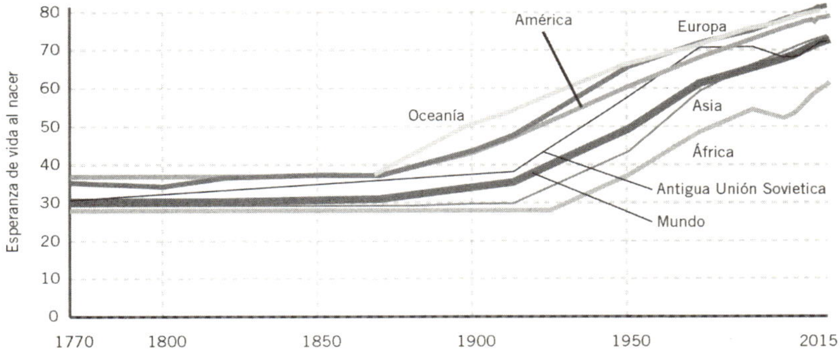

Fuente: Esperanza de vida – James Riley para los datos correspondientes a 1990 y años anteriores; la OMS y el Banco Mundial para los datos posteriores (por Max Roser).
<OurWorldInData-org/life-expectancy/> · CC BY-SA.

Buena parte de este alargamiento de la esperanza de vida se debe a la espectacular reducción de la mortalidad infantil. En la actualidad, el 96 por ciento de los niños en el conjunto del planeta superan la edad de cinco años; en los setenta, sólo el 85 por ciento; y a comienzos del siglo XX, el 64 por ciento. Pocos hitos más importantes para el bienestar del ser humano que no tener que experimentar la recurrente tragedia de ver morir a sus hijos.

La renta per cápita, la educación y la sanidad del conjunto del planeta, incluidos los países pobres, se hallan en el mejor momento de la historia. Pero, de nuevo, es probable que ni siquiera estas cifras sirvan para acallar al populismo de izquierdas, ya que, aun cuando ricos y pobres vivamos mejor, se repite incesantemente que las desigualdades mundiales se están ensanchando: puede que los pobres no sean cada vez más pobres, pero los ricos se enriquecen proporcionalmente mucho más que los pobres.

Sin embargo, ésta es una visión, de nuevo, completamente torcida de la realidad: desde 1990, la desigualdad mundial ha

Tasa mundial de mortalidad infantil

Porcentaje de población mundial que muere y sobrevive durante los primeros 5 años de vida.

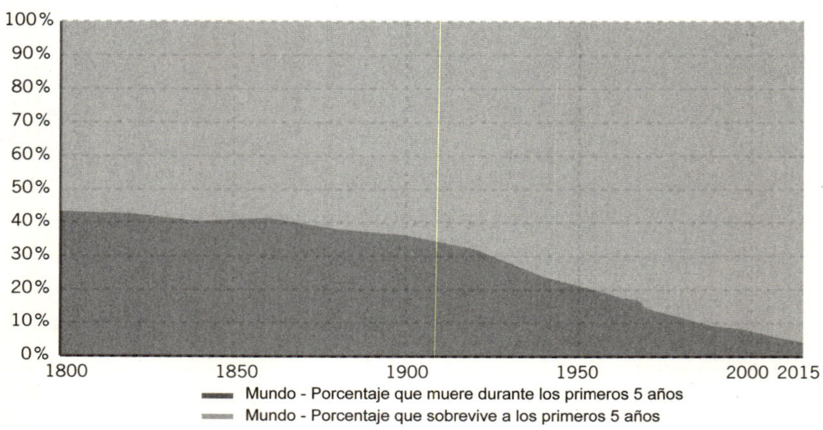

Fuente: Tasa mundial de mortalidad infantil (desde 1800) según Gapminder y el Banco Mundial. <OurWorldInData-org/child-mortality/> · CC BY-SA.

Desigualdad mundial de ingresos, 1820-2010

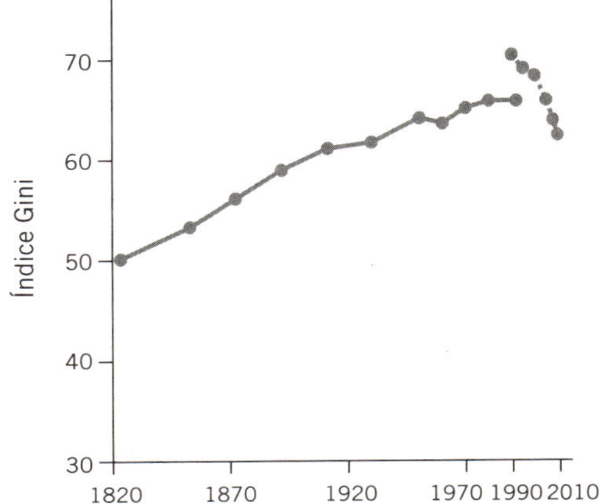

Fuente: Basado en el gráfico 1 (p. 27) de *The Globalization of Inequality*, de François Bourguignon (Princeton University Press, 2015). Utilizado con su permiso.
Nota: La discontinuidad en la serie representa el cambio en el año base de los tipos de cambio de paridad de poder adquisitivo (PPA) de 1990 a 2005. El gráfico utiliza PIB per cápita en combinación con datos estadísticos de distribución de encuestas domiciliarias. El gráfico 4.5 utiliza renta per cápita directamente de encuestas domiciliarias, expresadas en los tipos de cambio PPA de 2011.

caído, y con fuerza, por primera vez desde la Revolución industrial.

El principal motor de esta reducción de la desigualdad global es que las diferencias de renta entre países se han reducido gracias al fuerte crecimiento económico que han experimentado las sociedades menos desarrolladas: en 1988, esas diferencias explicaban el 80 por ciento de toda la desigualdad global, mientras que hoy lo hacen del 65 por ciento.

Nótese que es perfectamente posible que las desigualdades dentro de los países aumenten y que, simultáneamente, las desigualdades globales caigan por efecto de los menores diferenciales de renta entre países. Por ejemplo, si el país A está compuesto por dos individuos con unas rentas de 10.000 y 20.000 y el país B por otros dos individuos con rentas de 100 y 200, las desigualdades globales se reducen si el país A pasa a tener unas rentas de 10.000 y 20.000 y el país B unas rentas de 1.000 y 5.000: y ello es así porque las desigualdades entre ambos países menguan mucho más de lo que crecen las desigualdades dentro de cada país. Por eso, en parte de Occidente no queremos enterarnos de que el mundo es hoy un lugar mucho menos desigualitario que hace dos décadas: como la desigualdad de nuestro entorno más inmediato parece haber aumentado durante los últimos años (más adelante tendremos ocasión de matizar esta afirmación), tendemos a imaginar que eso mismo ha tenido que suceder en el conjunto del planeta.

A su vez, que la desigualdad global caiga como consecuencia de la menor desigualdad entre países tampoco significa que sólo los más acaudalados del Tercer Mundo se estén beneficiando del crecimiento económico y que, en consecuencia, la menor desigualdad global se explique por la minoración de los diferenciales entre los ricos de los países pobres y los pobres y clases medias de los países ricos. Es enormemente interesante constatar cómo, especialmente en los países en vías de desarrollo, quienes más se están beneficiando del crecimiento económico son

Desigualdad mundial, 1988-2013

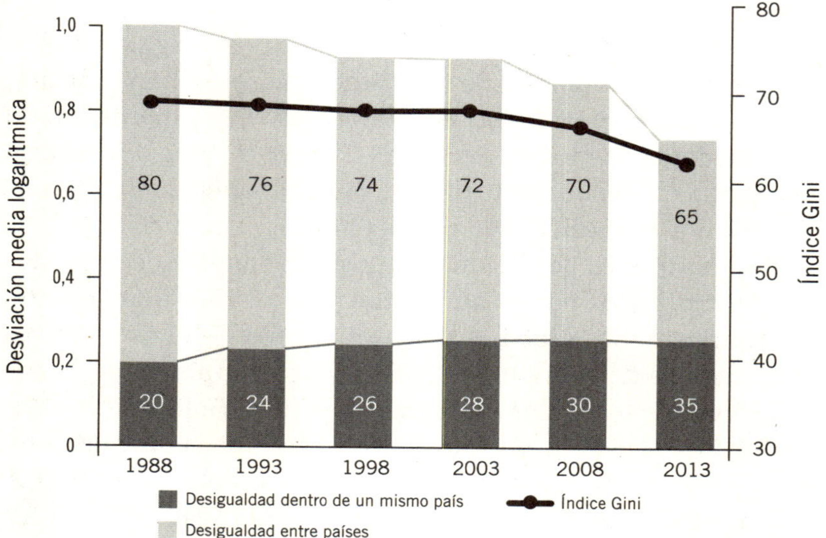

Fuente: Lakner y Milanović 2016a; Milanović 2016; cálculos basados en PovcalNet (herramienta de análisis online), Banco Mundial, Washington, DC, <http:/iresearch.worldbank.org/PovcalNet/>.

Prosperidad compartida, 83 países, 2008-2013

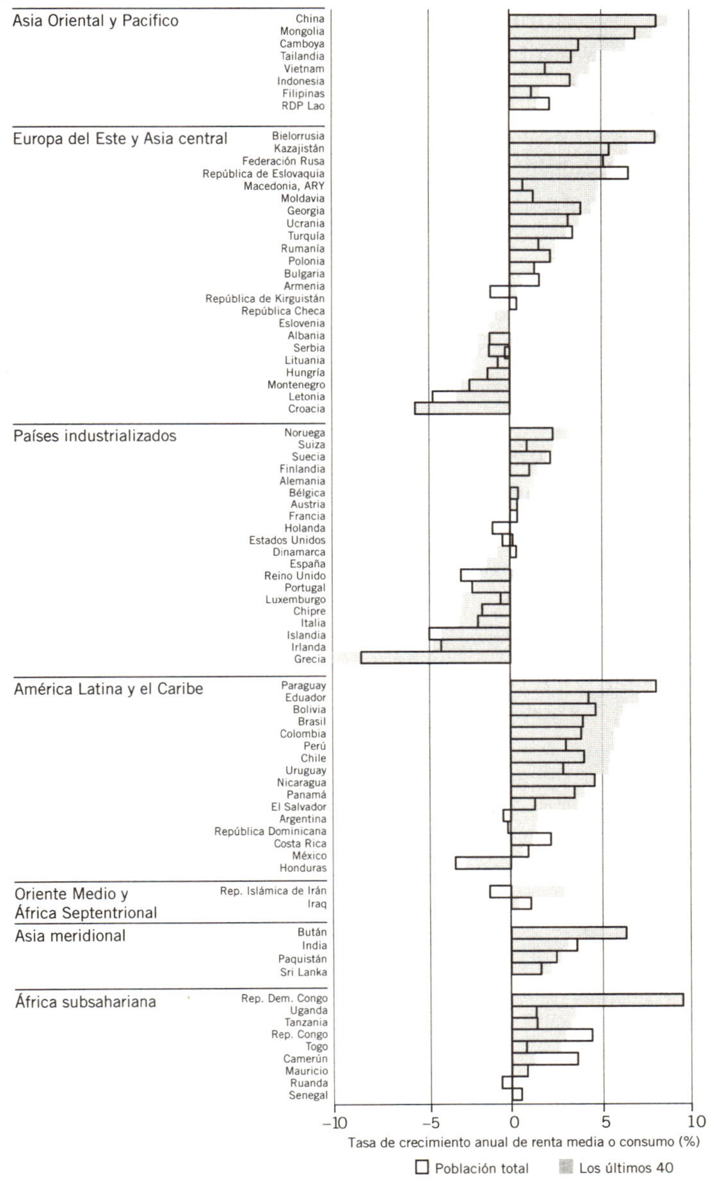

Fuente: Base de Datos Mundial sobre Prosperidad Compartida (GSDP, por sus siglas en inglés), Banco Mundial, Washington, D.C., <http://worldbanck.org/topic/poverty/brief/globla-database-of-shared-prosperity>.
Nota: Los datos muestran el crecimiento anual de ingresos o consumo medio de un hogar. Véase tabla 3A. 1, anexo 3A.

los más pobres. En el anterior gráfico, las columnas blancas representan el crecimiento medio de la renta (o del consumo) del conjunto de la población en el período 2008-2013; por su parte, las franjas azules nos indican la evolución del crecimiento medio de la renta (o del consumo) del 40 por ciento más pobre de esa misma sociedad. Resulta sencillo observar que en la práctica totalidad de Asia Oriental, de Asia del Sur, de Latinoamérica y en muchos países de Europa del Este, Asia Central y el África subsahariana, la renta (o el consumo) de los más pobres crece por encima de la media.

Llegados a este punto, permítanme ilustrar los enormes beneficios que la globalización ha supuesto para el Tercer Mundo con un ejemplo muy específico: Camboya. El populismo de izquierdas ha pretendido utilizar el caso de Camboya para denunciar las peores prácticas de la globalización, a saber, cómo las grandes compañías textiles del Primer Mundo se forraban explotando a los más pobres abonándoles salarios de auténtica miseria. Y, sin embargo, el caso de Camboya es uno de los más claros casos de éxito de la globalización.

Primero, la renta per cápita del país se ha triplicado entre 1995 y 2013, pasando desde de 1.091 dólares (en paridad de poder adquisitivo) a 2.944:

Producto interior bruto (PIB) per cápita (PPA en US$ de 2011)

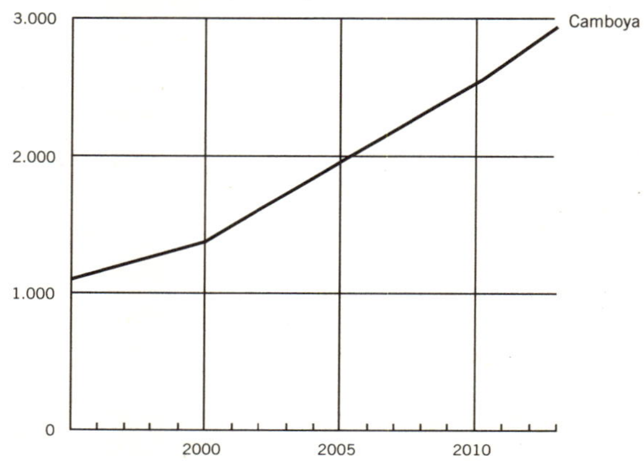

Fuente: informe sobre desarrollo humano 2015, programa de las Naciones Unidas para el desarrollo.

Segundo, si está pensando que la renta per cápita ha aumentado porque los ricos camboyanos se han vuelto más ricos y los pobres, más pobres, se equivoca: la desigualdad en Camboya también se ha hundido hasta unos niveles similares a los de Alemania.

Coeficiente de GINI

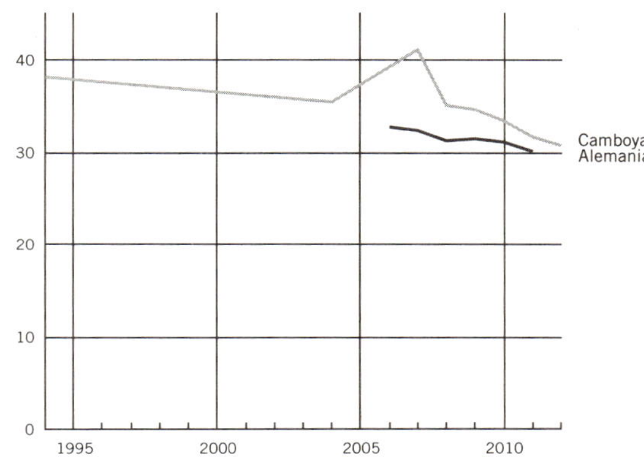

Fuente: Banco Mundial.

Tercero, justamente porque el crecimiento económico del país ha beneficiado a todos los estratos sociales, la tasa de pobreza extrema también se ha desplomado desde el 32,8 por ciento de la población al 8,8 por ciento:

Brecha de pobreza (2 dólares al día)

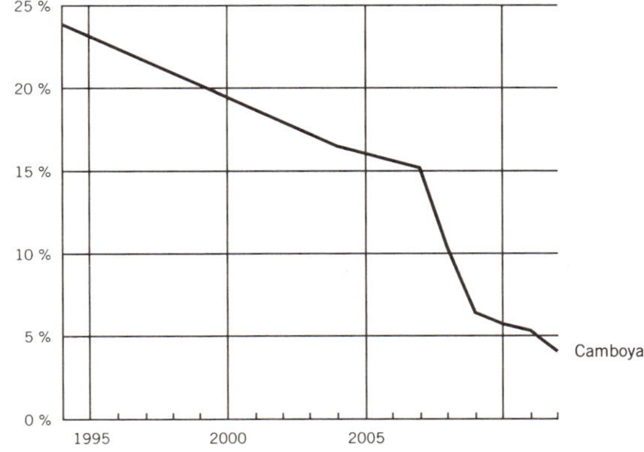

Fuente: Banco Mundial.

Cuarto, la esperanza de vida al nacer ha aumentado desde 53,6 años a 68,4:

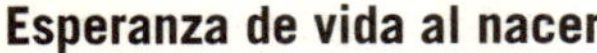

Esperanza de vida al nacer

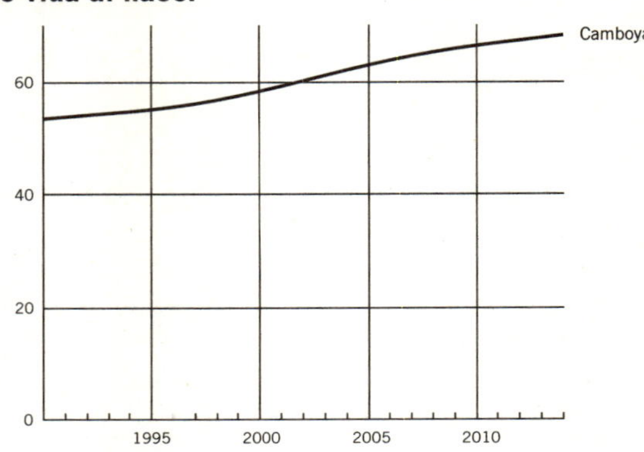

Fuente: informe sobre desarrollo humano 2015, programa de las Naciones Unidas para el desarrollo.

Quinto, este aumento de la esperanza de vida se debe, sobre todo, al desplome de la mortalidad infantil, que ha pasado de castigar al 11,7 por ciento del total de niños menores de cinco años al 3,8 por ciento:

Tasa de mortalidad infantil (por cada 1.000 niños nacidos)

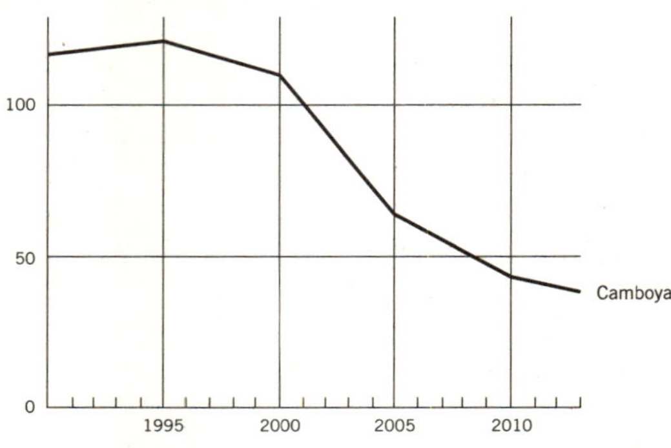

Fuente: informe sobre desarrollo humano 2015, programa de las Naciones Unidas para el desarrollo.

Sexto, el trabajo infantil ha colapsado rápidamente en apenas una década, pasando del 52,3 por ciento de todos los niños entre 7 y 14 años al 11,5 por ciento:

Niños en el trabajo (% de niños de entre 7 y 14 años)

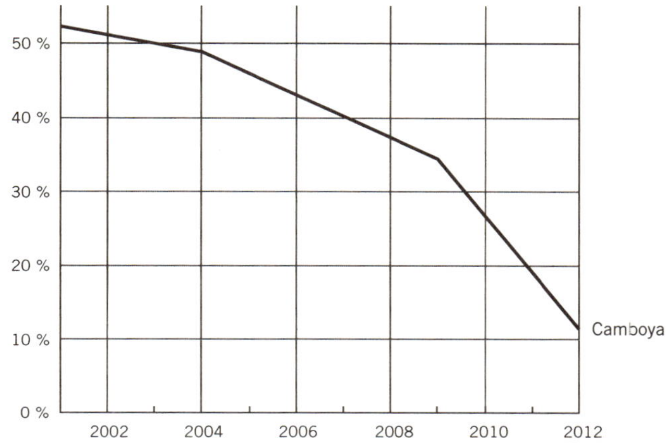

Fuente: Banco Mundial.

Séptimo, la reducción del trabajo infantil ha ido paralela a la caída del número de niños sin escolarizar, el cual se ha hundido desde 358.000 a 28.500, lo que ha permitido elevar la tasa de escolarización desde el 82,8 al 98,3 por ciento. Totalmente esperable: los niños salen de donde no deben estar (las fábricas) y acuden a donde sí deben estar (formándose).

Niños sin escolarizar (primaria)

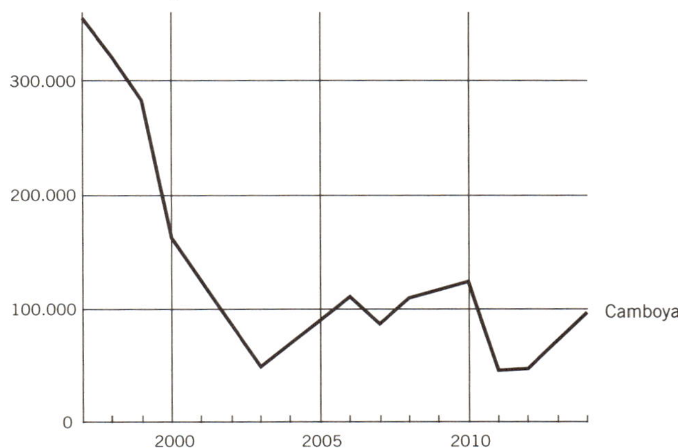

Fuente: Banco Mundial.

Tasa de escolarización (primaria-neto)

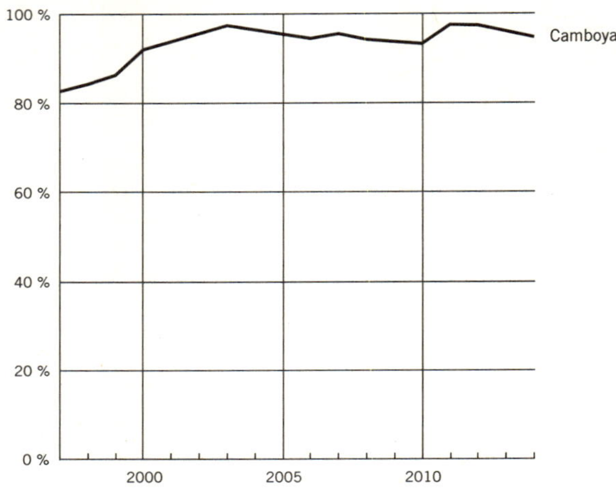

Fuente: Banco Mundial.

Y octavo, no sólo más niños están estudiando, sino que además estudian durante más años: los años esperados de escolarización aumentan de 6,7 a 10,9.

Años esperados de escolarización

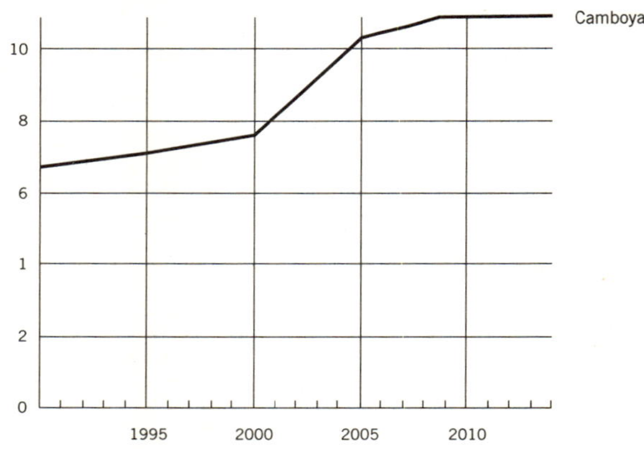

Fuente: informe sobre desarrollo humano 2015, programa de las Naciones Unidas para el desarrollo.

En definitiva, es evidente que Camboya está muy lejos de ser un país desarrollado donde la mayoría de la población disfrute de estándares de vida envidiables. Pero también debería ser evidente el impresionante progreso que ha experimentado en las últimas décadas gracias a haberse insertado en el comercio mundial.

Cuando el populismo de izquierdas quiere cargarse la globalización, lo que en última instancia está destruyendo son las oportunidades para prosperar del Tercer Mundo: oportunidades que explican casos tan excepcionales como el de Camboya.

¿Está la globalización empobreciendo a las «clases populares» del Primer Mundo?

A tenor de los datos anteriores, acaso se replique que, si bien el Tercer Mundo se está desarrollando enormemente gracias a la globalización —incluso beneficiando a los más pobres entre los más pobres—, todo ello se produce a costa de incrementar la pobreza y la desigualdad en el Primer Mundo. Es aquí donde entra la narrativa del populismo de derechas: «El Tercer Mundo medra a nuestra costa y eso es inadmisible porque nuestros intereses nacionales deben prevalecer sobre los suyos».

Sin ir más lejos, el coordinador federal de Izquierda Unida y miembro de referencia de Unidos Podemos, Alberto Garzón (2016), publicó a finales de 2016 un artículo titulado «La extrema derecha es hija de la globalización». La tesis básica del texto era que el proceso globalizador vivido durante las últimas tres décadas había redundando en beneficio, por un lado, de la mayor parte de la población del Tercer Mundo y, por otro, de los «superricos» del Primer Mundo: en cambio, las clases populares de Occidente han visto cómo sus ingresos se han estancado y eso ha alimentado su rencor hacia la globalización, alimentando a su vez electoralmente a la extrema derecha nacionalista.

Para ilustrarlo, Garzón recurría al famoso gráfico del «elefante de los ingresos», elaborado por el economista serbio Branko Milanović (2013). Como puede observarse en este gráfico con forma de elefante, durante los últimos treinta años la renta per cápita de todas aquellas personas que se ubican en los percentiles 5 a 65 de la distribución global de los ingresos (es decir, las personas más pobres del planeta) se ha incrementado entre un 60 y un 70 por ciento; a su vez, la renta per cápita de las personas ubicadas a partir del percentil 95 de la distribución global de los ingresos (es decir, los «superricos», según Garzón) se ha incrementado entre un 20 y un 60 por ciento. En cambio, la renta per cápita de los ciudadanos en los percentiles 80 a 90 (las «clases populares» de Occidente) se ha estancado radicalmente.

Según Garzón, el fallo de «la izquierda anticapitalista» ante la mundialización económica de las últimas décadas ha sido no haber sabido capitalizar el descontento de los perdedores de la globalización —las clases populares de Occidente— contra el sistema capitalista: un espacio electoral que ha sido ocupado por la extrema derecha cuando debería haberlo sido por la izquierda anticapitalista. Pero el discurso antiglobalizador del populismo de extrema derecha es tan falaz como el del populismo de extrema izquierda.

Crecimiento de la renta per cápita real de los distintos percentiles de la distribución global de la renta entre 1988 y 2008 (dólares PPA 2005)

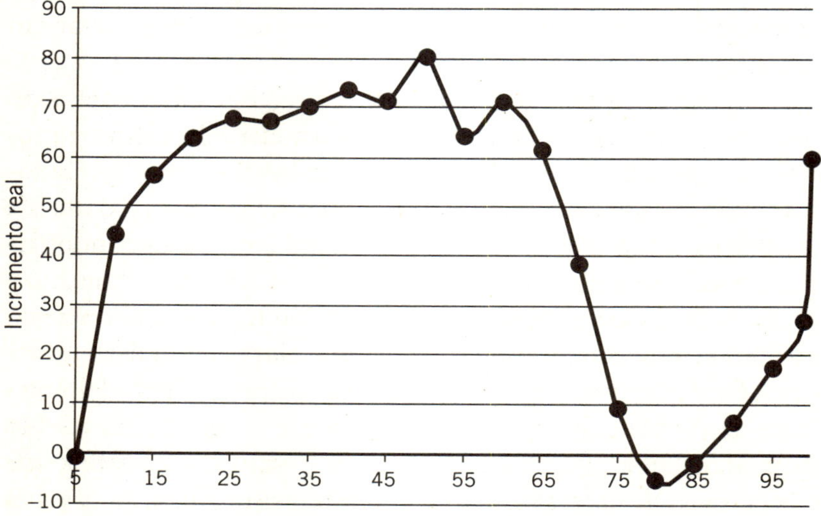

Fuente: Milanović (2013).

De entrada, démonos cuenta de que el gráfico de Milanović ilustra que, según decíamos, el Tercer Mundo sí se ha beneficiado enormemente de la globalización: los ciudadanos ubicados en los percentiles de ingresos mundiales desde 5 a 70 han visto cómo sus rentas aumentaban entre un 50 y un 80 por ciento durante los últimos treinta años. A su vez, también es claramente visible que los ciudadanos ubicados a partir del percentil 95 han salido notablemente beneficiados con la globalización, dado que sus rentas han aumentado entre un 20 y un 60 por ciento: sin embargo, y en este sentido, es totalmente incorrecto incluir tan sólo a los «superricos» en estos tramos de la distribución global de los ingresos.

El top 5 por ciento de la población adulta mundial en 2008 eran 250 millones de personas (hoy serían 275 millones). Muchas personas para tan poca oligarquía. De hecho, la renta per cápita media de los percentiles 95 a 99 era en 2008 de 26.850 dólares internacionales (equivalentes a algo menos de 20.000 euros de la época en España). Es descabellado sostener que todos aquellos ciudadanos con ingresos anuales iguales o superiores a 20.000 euros integran la plutocracia global beneficiada por la globalización: si eso fuera así, la mayor parte de los ciudadanos de Occidente formarían parte de esa *laxa* categoría de superricos.

Pero acaso lo más llamativo del gráfico de Milanović sea el estancamiento de las rentas de aquellos ciudadanos ubicados entre los percentiles 80 a 90 de la distribución mundial de los ingresos. ¿Acaso las clases populares de Occidente no se ubican dentro de este tramo, ilustrando así que la globalización los ha empobrecido durante los últimos treinta años? No.

El economista Adam Corlett (2016) se ha dedicado a desagregar los datos utilizados por Milanović para elaborar su famoso gráfico de elefante y el resultado contradice de lleno el discurso del populismo de derechas: la razón por la que la renta de los percentiles 80 a 90 se estanca entre 1988 y 2008 es *únicamente* por el desmoronamiento de las economías socialistas y la crisis económica japonesa. Si excluimos a Japón y a las economías satélites de la URSS de la distribución mundial de la renta, lo que observamos es que los ingresos de los ciudadanos occidentales han crecido entre un 45 y un 70 por ciento durante las últimas décadas para *todos* los tramos de renta (el gráfico de abajo agrupa los ingresos mundiales por ventiles, esto es, los divide en 20 tramos). Es decir, el conjunto de los ciudadanos occidentales se han enriquecido durante la era de la globalización.

Por consiguiente, no sólo sucede que la inmensa mayoría de los ciudadanos occidentales no se ubica entre los percentiles 80 a 90 de la distribución global de los ingresos (según Milanović, la renta per cápita media de esos percentiles apenas alcanzaba el equivalente a 5.700 euros de la época), sino que además no todos los ciudadanos que se hallan en esos percentiles salieron perdiendo durante esos años: el dato del estancamiento de los ingresos de los percentiles 80 a 90 se debe, tan sólo, a que la renta de ciertos países, exrepúblicas socialistas y Japón, se hunde a partir de 1988 y eso sesga la media hacia abajo.

La cuestión es: ¿qué culpa tiene la globalización en la debacle de las exrepúblicas socialistas o de Japón? Absolutamente ninguna. El PIB de los antiguos países socialistas se hundió extraordinariamente por el propio colapso del socialismo real (y

A las economías occidentales en general les ha ido bien en comparación con otros países (excepto China), 1988-2008

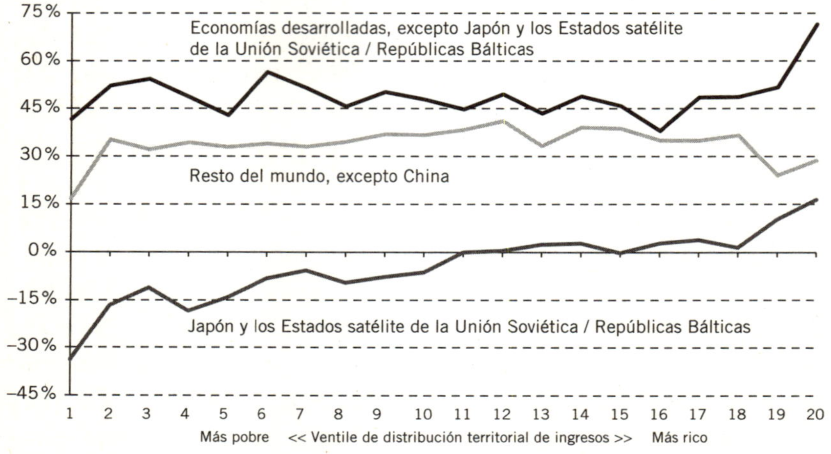

Fuente: RF análisis de Lakner- Milanović, World Panel Income Distribution.

probablemente porque sus estadísticas estaban chuscamente manipuladas al alza durante el período socialista [Åslund 2001], lo que sobredimensionó la magnitud de su caída posterior); el PIB de Japón se estancó por el pinchazo de una burbuja crediticia financiada esencialmente con capitales internos y por la pésima política económica que desarrollaron acto seguido las autoridades del país. Es decir, la causa del estancamiento de un tramo de la distribución global de la renta (percentiles 80 a 90) durante el período 1988-2008 se debe al torpe y exacerbado intervencionismo estatal, que es justamente el que promueven el populismo de izquierdas y el de derechas. Si esas sociedades pueden ser calificadas como los «perdedores de la globalización», no es porque la globalización los haya empobrecido, sino porque la inepcia de sus políticos y el desastre de sus instituciones impidieron que sacaran durante esos años todo el provecho posible a la globalización.

Acaso algunos consideren que apelar *hoy* al gráfico de Milanović es tramposo porque sólo cubre hasta 2008, justo antes de que la crisis económica empezara. Pero si actualizamos el gráfico hasta 2011 (momento en el que la mayor parte del planeta ya había superado el peor tramo de la crisis), lo que observamos es que los resultados son todavía más espectaculares para el Tercer Mundo y que los percentiles 80 a 90 no salen tan mal parados como en el anterior gráfico.

Acaso otros afirmen que si bien la globalización ha beneficiado al Tercer y al Primer Mundo, lo que indudablemente sí ha hecho ha sido exacerbar las desigualdades dentro del Primer Mundo. Pero, de nuevo, esta narrativa es falaz: a pesar de los machacones titulares de prensa, la desigualdad no ha crecido en la mayoría de los países industrializados durante la era de la globalización, ni siquiera durante la crisis económica. En concreto, de los veinte países industrializados analizados por el Banco Mundial (2016), en ocho ha caído la desigualdad desde 2008, en seis se ha mantenido y en otros seis ha aumentado, disminuyendo el índice Gini conjunto de 32 a 31,8. Con respecto a 1993, el índice se mantiene básicamente constante (apenas se incrementa en cuatro décimas).

Crecimiento de la renta per cápita real de los distintos percentiles de la distribución global de la renta entre 1988 y 2011 (dólares PPA 2011)

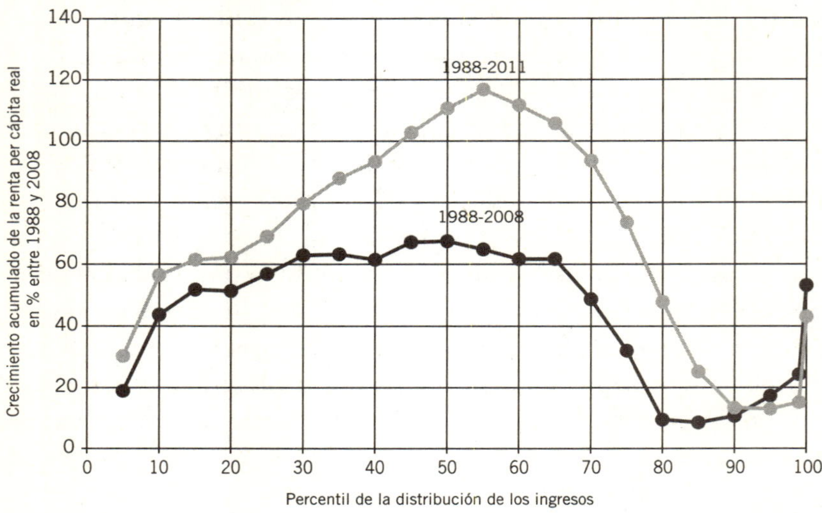

Fuente: Milanović (2016).

En suma, el mundo es hoy un lugar más rico y más igualitario que en los noventa, los ochenta o los setenta. Pero imaginemos que no fuera de ese modo y que, como denuncia el populismo de derechas —en ocasiones con el aplauso de la izquierda anticapitalista—, la globalización esté sacando de la pobreza a 4.000 personas a costa de estancar los estándares de vida de los ciudadanos occidentales. Aun así, constituiría una enorme canallada coaccionar con aranceles y trabas comerciales al Primer Mundo para empobrecer a unos ciudadanos del Tercer Mundo, que apenas están comenzando a levantar cabeza desde una situación de cuasisubsistencia a la que, en parte, los abocó el disruptor imperialismo occidental. Y, en este sentido, uno esperaría que una izquierda dizque internacionalista y preocupada por la pobreza global se aliara con el liberalismo cosmopolita para denunciar públicamente el discurso del odio del populismo de derechas. Uno esperaría que la izquierda proclamara bien alto, en consonancia con lo que grita el liberalismo internacionalista, que ahora mismo la prioridad debe ser la de conseguir que miles

Países en los que el índice Gini está aumentando o disminuyendo, y el Gini promedio

Número

	Tendencia a largo plazo (1993-2008)						Tendencia a corto plazo (2008-2013)					
	Número de países				Gini promedio		Número de países				Gini promedio	
	↑	+/- pp	↓	Total	1993	2008	↑	+/- pp	↓	Total	2008	2013
Asia oriental y Pacífico	5	1	3	9	37,8	39,1	1	1	5	7	39,2	37,3
Europa del Este y Asia central	5	2	6	13	33,9	32,5	6	8	9	23	31,9	31,4
América Latina y el Caribe	8	0	11	19	49,0	47,0	3	2	12	17	49,7	48,0
Oriente Medio y África septentrional	1	1	3	5	39,8	36,4	0	1	1	2	35,3	33,4
Asia meridional	3	0	1	4	31,0	34,5	0	1	2	3	36,7	36,2
África subsahariana	8	2	10	20	47,6	45,1	3	2	4	9	44,1	43,8
Países industrializados	12	4	5	21	31,4	32,6	6	6	8	20	32,0	31,8
Mundo	**42**	**10**	**39**	**91**	**40,1**	**39,3**	**19**	**21**	**41**	**81**	**37,9**	**37,1**

Fuente: Cálculos del Banco Mundial basados en Milanović 2014. PovcalNet (herramienta de análisis online), Banco Mundial, Washington, DC, <http:/iresearch.worldbank.org/PovcalNet/ (véase anexo 4A)>.
Nota: Los incrementos y disminuciones se refieren a los cambios mayores a 1 punto Gini en valor absoluto. El índice Gini promedio no ponderado se calcula con la muestra de 91 países (panel izquierdo) y 81 países (panel derecho).

de millones de personas en todo el planeta se alejen mucho más de la extrema pobreza aun cuando ello conllevara durante algunos años una parálisis del crecimiento del *ya rico* Occidente.

Pero, como ya hemos visto con los casos de Bernie Sanders o Alberto Garzón, en demasiadas ocasiones el populismo de izquierdas escoge abrazar las mentiras nacionalistas y antiglobalizadoras del populismo de derechas por mera sintonía ideológica de corte anticapitalista y por su fanática ambición de capitalizar electoralmente la crisis que ellos mismos han generado artificialmente.

Conclusión

El populismo, el de izquierdas y el de derechas, constituye una frontal amenaza no sólo para nuestras libertades, sino también para nuestra prosperidad. El discurso visceralmente antiglobalización de ambas corrientes populistas busca eliminar el motor del mayor proceso de reducción de la pobreza jamás vivido en la historia de la humanidad. El mundo nunca ha sido un lugar mejor de lo que es ahora y, en gran medida, ello es gracias a la globalización. Lo anterior no significa que debamos caer en la autocomplacencia paralizante y que dejemos de querer prosperar: todavía nos enfrentamos a numerosísimos retos tanto en el Primer Mundo (superar las secuelas de la crisis económica y ampliar las oportunidades de quienes más duramente han sido golpeados por ella) como en el Tercer Mundo (consolidar su desarrollo para que, poco a poco, vayan acercándose a estándares de vida similares a los del Primer Mundo). Pero, desde luego, tampoco deberíamos caer en las falaces retóricas de los populismos de izquierdas y de derechas, para quienes la globalización está engendrando un planeta en el que únicamente un puñado de millonarios (el 1 por ciento) se están enriqueciendo a costa de unas masas cada vez más depauperadas (el 99 por ciento). Ese relato, como hemos comprobado, es un grotesco y desvergonzado embuste.

8

Una vez más: ¡es la economía, estúpido! El populismo de izquierdas en España al descubierto

Daniel Lacalle

Las promesas populistas de eliminar cualquier decisión difícil no son más que retórica vacía, liderazgo irresponsable y mala política.

ENDA KENNY

No nos debe sorprender que el éxito de las propuestas populistas en las elecciones europeas coincida con el fracaso de sus políticas en Venezuela, Argentina o Grecia. El populismo nunca tiene la culpa de sus errores y, al transformarse en opción política en otro país, acude inexorablemente al enemigo exterior como justificación de los desastres a los que siempre lleva a la economía. En realidad, el populismo siempre se escuda en el enemigo exterior para disfrazar sus brutales errores económicos. Porque el objetivo del populismo no es reducir la pobreza, sino beneficiarse de gestionar el asistencialismo.

Utilizar las enormes partidas para ayudas sociales o programas de empleo para crear más comités y observatorios, haciendo de los ciudadanos clientes rehenes, que dependen de dicho asistencialismo y terminan por votarles ante la falta de oportunidades por la destrucción del tejido empresarial y de las opciones de buscar otros empleos.

Y es que el populismo es, en realidad, la venganza de los mediocres. Un grupo que se autoconcede la representación del pueblo y, como tal, aunque su representación electoral sea minoritaria, todo el que no está con él va contra el pueblo. «La gente corriente», repetían los portavoces del fenómeno en España ante los medios el día en que tomaron sus asientos en el Congreso de los Diputados. Da igual que esa «gente corriente» incluya privilegiados del sistema público o grandes fortunas. Ellos son la gente. Usted no.

Pero el mensaje es muy atractivo porque elimina la meritocracia y el esfuerzo de la recompensa. Los votantes del populismo no sólo conocen los viajes a Venezuela, las conexiones con el chavismo o con Irán y la simpatía con los defensores del terrorismo. Es que les parece estupendamente, sobre todo ante dos ideas enfrentadas:

- No podemos estar peor. Una clara falacia sin más condimento que la simple mención que no arregla nada, como se ha demostrado en Grecia, Venezuela, Argentina, etc.
- Van a acabar con la corrupción y dar trabajo a todos.

¿No les parece como mínimo sospechoso que alguien que se intenta presentar en España ante sus votantes como el partido «anticorrupción» acepte, asesore y defienda al décimo régimen más corrupto del mundo según Transparency International?

¿No es extraño que quién ofrece empleo garantizado y altos sueldos para todos haya conseguido, cuando ha asesorado a gobiernos, pobreza, escasez, desempleo y el salario mínimo más bajo del mundo después de Cuba?

¿No les parece curioso que un grupo de intelectuales que nunca ha creado una empresa industrial y empleo sepa exactamente cómo deben invertir los sectores productivos, en qué sectores y con qué márgenes? Pero ofrecen empleo público. ¡Eso sí que es bueno! Y olvidamos que para que exista el sector público hace falta un pequeño detalle: ingresos del sector privado. Y olvidamos que el sector público debe basarse en el concepto servicio, y facilitar el crecimiento y la creación de empleo. Ya lo decía Bastiat, «aquel que pretende vivir del Estado olvida que el Estado vive de todos los demás».

«Si aquí hay miseria, miseria para todos», decía un pescador en Cádiz. Y desafortunadamente, ésa es la igualdad tan deseada por los populistas, igualar a la baja. No se trata de dar las condiciones para que haya más riqueza y se creen más empresas, porque eso es el enemigo. Un individuo o colectivo que no depende del Estado y es libre económica y socialmente es peligroso para el populismo, porque es fuerte y sabe que no lo necesita. ¿Saben esto sus votantes? Sí. Pero el populismo acude a los instintos primarios de la envidia, el rencor y la división. No se trata de que estemos todos mejor, no se trata de unir en un proyecto común, sino de relegar al ostracismo y al escarnio a aquellos que no acepten todo lo que los populistas hacen.

La perversión del lenguaje es esencial para los objetivos populistas. Todo lo que ellos proponen es «social», «verde», por el pueblo y, por lo tanto, con buena intención. Y partiendo de esa buena intención, nadie se puede equivocar. Si sus políticas llevan a la pobreza y el estancamiento, la culpa, obviamente, sólo puede ser de otro, del demonio extranjero, de la burguesía, de los bancos o de alguna conspiración. El populista nunca tiene la culpa de sus errores porque tenía en mente el bienestar común, y por lo tanto la culpabilidad recae en otro. Adicionalmente, cuando destruyen las leyes más básicas del funcionamiento económico, la responsabilidad, por supuesto, es de los mercados.

Cuando se dispara la inflación por políticas monetarias suicidas, la culpa es de los comerciantes que suben los precios. Recientemente, un economista español me decía en Twitter «la decisión de subir los precios es de las empresas porque buscan mantener beneficios». Nunca es culpa del que destruye el valor de la moneda. Cuando se hunde el acceso a los mercados porque se amenaza con hacer impago, la culpa es de los bancos, que no prestan. Un asesor de Varoufakis, en Grecia, me decía no hace mucho también en un programa de televisión que el corralito había sido una imposición del Banco Central Europeo, que se negó a seguir dando liquidez a Grecia cuando anunció que iba a hacer impago de sus deudas. Te presto, no me pagas, pero te tengo que prestar más, y barato.

¿Son los populistas malvados que quieren que su pueblo sufra? No. Un grave error de los analistas es pensar que son locos o malvados. Olvidamos que el objetivo esencial es que el Estado tome el control de los medios de producción. Sabiendo que eso es imposible en un mundo globalizado desde la expropiación —al menos no total—, saben que la mejor manera de llegar a ello es a través de la crisis económica. El Estado pone las trabas al sector privado hasta que este último simplemente no puede funcionar adecuadamente, y el aquél se presenta como salvador. En realidad, es una política que se parece mucho a la del maltratador. «Sin mí no puedes.» Esa persona piensa que está haciendo lo mejor, pero para ello necesita anular la voluntad del individuo. Si necesitamos que todos los medios de producción y financieros sean propiedad y estén al servicio incondicional del Estado, es mucho más fácil entender por qué se imponen políticas que llevan a corto plazo al desastre económico. Por un supuesto «bien superior» que vendrá a largo plazo. El pueblo, por lo tanto, debe plegarse y aceptar las consecuencias, por duras que sean, de llevar a cabo el proceso de absorción de todos los medios de producción. Aunque sea hambre.

Por ello no podemos pensar que son locos. La propaganda es esencial. Allende en Chile ya comentaba que la prensa debía ser un instrumento de la revolución. Cuando se tiene un objetivo claro, incuestionable, de poder absoluto del Estado populista, la propaganda es el medio que justifica todos los errores y permite ir alcanzando nuevas metas hasta el control total. El hecho de que los profesores de historia pasen por estos episodios de colectivismo populista con miedo, incluso con benevolencia, en sus clases, es el caldo de cultivo para que, poco a poco, las generaciones venideras achaquen todos los problemas y maldades al capitalismo, incluso aquellos que han hecho fracasar a los populistas.

Recuerdo una discusión con un líder de Podemos en la cual él comentaba, cuando le explicaba que sus propuestas eran inviables, que «la política y la democracia deciden lo que se debe hacer, luego le toca a los técnicos analizar cómo se puede hacer». Es decir, el líder populista decide y, si no funciona, es un problema de incompetencia de los técnicos. Se trata del caso más claro de fe en el Estado que sobrepasa a la religiosa. Porque la fe religiosa está sustentada en el individuo, en su relación de convivencia con los demás, pero la fe en el Estado populista parte de la premisa de la infalibilidad y todo lo que no lo demuestre o es un ente enemigo o es un error externo.

En España, como si a nadie le importara la realidad, las matemáticas o la estadística, los populistas se lanzan a prometer enormes planes de gasto con nuestro dinero y piensan financiar esa generosidad con el dinero de los demás a través de los dos mantras favoritos del despilfarrador burocrático. Los «impuestos a los ricos» y el «fraude fiscal». Gran novedad. No se le ha ocurrido a nadie.

¡Que paguen los ricos!

Los «impuestos a los ricos» es el timo más recurrente en el discurso del populista. En España hay menos de 4.700 contribuyentes que ganen más de 600.000 euros al año. No precisamente «grandes fortunas», y suponen 2.561 millones de euros de recaudación. Ni duplicando el esfuerzo fiscal —suponiendo que el incremento de ingresos fuera lineal, y no lo es— se consigue financiar una fracción de los espejismos de gasto de los populistas e intervencionistas.

Pero es que en España los especialistas en redistribuir la nada llaman «los ricos» a los que ganan más de 60.000 euros al año. Estamos hablando, incluidos los 4.700 anteriores, de menos de 615.000 contribuyentes que aportan 22.000 millones a las arcas del Estado, más del 32 por ciento del total ingresado por el IRPF. De nuevo, aumentando los tipos marginales en la cantidad propuesta por Unidos Podemos, el principal partido de corte populista en nuestro país, no llegas ni de lejos a las cifras que dicen que van a conseguir.

En España, las 200 mayores fortunas tienen un patrimonio neto de 205.609 millones de euros. Pero la cifra tiene truco. Ni un tercio de ese patrimonio está concentrado en nuestro país y la gran parte pertenece a sociedades que han generado pérdidas en 2015. Además, ese supuesto aumento por patrimonio no se recauda todos los años, sino una sola vez. La recaudación por impuesto de patrimonio no supera los 1.500 millones y el PSOE, por ejemplo, piensa que va a recaudar casi tres veces y media más de lo que se consiguió en el pico de la burbuja, subiendo impuestos. El impuesto de sucesiones es injusto, porque grava cosas que han tributado varias veces anteriormente, desincentiva el ahorro, así como la principal fuente de transmisión de riqueza en la clase media: el legado de transmisión del piso de padres a hijos. Encima, es fiscalmente desastroso. A pesar de la carga fiscal, que en algunos casos llega al 86 por ciento, recauda sólo 2.000 millones, y hace a la economía más frágil al desincentivar la inversión y la compraventa en el país. No recauda y espanta la entrada de capital. Un impuesto para «fastidiar», en definitiva. Las promesas de los impuestos a «los ricos» acaban convirtiéndose en realidades de impuestos a todos.

El que piense que 615.000 personas van a sufragar 60.000 millones de euros de gastos tiene un problema de fe en la magia y de matemáticas. Aún más, si piensan que 4.600 «grandes fortunas» van a sufragar las decenas de miles de millones que prometen los aristócratas del gasto público, sepa el lector que quien lo va a pagar es usted. Yo he vivido en muchos países y jamás me he encontrado estimaciones tan ridículas por futuros impuestos.

Pero la más ridícula es que casi todos los partidos fíen su objetivo de consecución del déficit acordado con Bruselas a la «lucha contra el fraude». Primero, porque es un concepto que debemos considerar como ingreso extraordinario, si se consigue, no como base. En España jamás se ha conseguido una cifra por este concepto superior a 15.600 millones de euros, récord alcanzado el año pasado. Pero debemos entender que esa cifra no es extrapolable a todos los años. Una gran parte es un ingreso de una sola vez. Los propios inspectores de Hacienda han alertado sobre estimaciones optimistas por recaudación de impuestos, y el BCE y la Universidad de Lisboa cifran la media de error en las estimaciones de ingresos fiscales por impuestos en un 1 a un 1,4 por ciento del PIB.

Por tanto, lo que debería alertar a cualquier ciudadano es que el 80 por ciento de los programas económicos basen la reducción del déficit —ni siquiera asumen cuadrar las cuentas, que reducir el déficit es seguir aumentando la deuda— vía conceptos y cantidades estimadas de manera totalmente optimista. El programa de Unidos Podemos es semejante a un catálogo de almacén de muebles: parece gratis pero lo pagas, parece que te lo van a dar todo, pero lo acabas haciendo todo tú, y parece que vas a ahorrar, pero terminas gastando mucho más de lo que esperabas.

El programa económico de un partido populista de izquierdas siempre es igual: prometer un gasto eternamente creciente acudiendo a unos ingresos de ficción o al mantra del inflacionismo. El de Unidos Podemos está copiado casi en su totalidad del de Syriza en Grecia y sus estimaciones de crecimiento asiático. Seguro que crecemos un 3,5 por ciento aplicando las medidas que han hundido aún más la economía griega, por supuesto. Fían toda la financiación del monumental aumento de gasto político —«en línea con el aumento de 2000 a 2007», dicen, como si la época de burbuja fuese algo que emular— a un crecimiento del PIB por «multiplicador del gasto», que se ha demostrado que es casi nulo y hasta negativo en economías endeudadas y abiertas como la española, y a los mencionados unicornios del fraude fiscal y los impuestos a las grandes fortunas. Y lo que esconden es un enorme aumento de cargas indirectas —bajo el subterfugio «verde» y «social», ya que en este país cuela todo— que pagamos todos, y la mayor subida de impuestos y endeudamiento de la historia. Y con ello, sabiendo que las estimaciones de ingresos son pura ficción, España volvería a niveles de déficit como los que nos pusieron al borde de la quiebra, pero con un 30 por ciento más de deuda como mínimo, y justo cuando el BCE haya más que sobrepasado el período de estímulos. Es decir, nos manda a un *shock* de deuda seguro. No hace falta irse a otros países. Aquí, allá donde llevan un año gobernando, suben impuestos a todos, paralizan inversiones y encima incumplen el déficit gastando mucho y mal.

Dos y dos nunca suman veintidós. Nos están tomando el pelo con el aplauso de muchos y la sonrisa del que no va a pagar el expolio. Y luego le echarán la culpa a otro. Los ciudadanos debemos dejar de pensar en los partidos y los políticos como los

Reyes Magos que nos van a dar un regalo quitándoselo a otro. La base de una sociedad próspera es que los ciudadanos y las administraciones aporten y apoyen el crecimiento. Lo demás, fantasía.

Endeudarse y hacer impago

Por supuesto, cuando las cuentas se hacen insostenibles y la deuda se dispara, el populista echa la culpa de todo a su viejo amigo el enemigo exterior, ya sean los bancos, Merkel o el FMI, y proclama en consecuencia la bondad y necesidad del impago. Primero endeudarse y gastar hasta la extenuación y luego no pagar. Maravillosos.

Siempre que los populistas hablan de impago-reestructuración, etc., lo venden como si se pudiese hacer *default* (en términos económicos, no pagar la deuda) y, a la vez, gastar más y, por supuesto, barato. Una idiotez. Según el estudio de doscientos setenta y cinco casos de impago de los profesores Boreinstein, Panizza y Levi-Yeyati, las consecuencias son:

- Un impacto negativo en el crecimiento del país de un 0,6 a un 1,2 por ciento mínimo.
- Un desplome del crédito concedido, al perder la confianza internacional, del 40 por ciento de media.
- Caída del comercio exterior del país del 8 por ciento de media.
- Quiebra generalizada de pymes porque se seca el crédito. La pérdida de acceso a los mercados internacionales es inmediata y no sólo el Estado, sino también las empresas, encuentran costes más caros y plazos más cortos, siempre y cuando hallen financiación.

En el momento que un país comete impago, las huchas de la Seguridad Social y pensiones quiebran. El 90 por ciento de la hucha de la Seguridad Social y de las pensiones españolas o griegas está invertido en deuda soberana. En el momento en el que un país hace impago, quiebran ambas. Y no se puede «desligar» el impago a «sólo los extranjeros» o «todos menos la Seguridad Social y las pensiones».

Primero, los pleitos internacionales contra el país se sucederían. El «*default* técnico» llevaría, como ha ocurrido en todos los países que lo han hecho, a hundir su capacidad crediticia privada y estatal. Los «recortes» que tanto odian serían inmediatos y reales porque el país no tendría acceso a financiar el déficit y los ingresos fiscales caerían una media del 10 por ciento. Eso sí, ahora hablan de «impago selectivo», que es hundir la seguridad jurídica igual, autoconcederse la decisión de quién impaga y quién no y, además, no genera ninguna confianza. Es como decirle a alguien que le vas a pegar medio puñetazo. No tiene sentido y provocaría la mofa del que escucha. Pero incluso si «sólo hacen impago al FMI»...

Fíjese el lector en la lista de países que han hecho impago al FMI: Sierra Leona, Zimbabue, Cuba, Somalia... Todos han visto más sufrimiento y dificultades para familias y empresas tras sus impagos y un período prolongado de entre siete y ocho años hasta empezar a ver la luz tras el *default*.

Pero ¡seremos libres!

Recordemos a Ecuador, donde Correa hizo impago de 3.200 millones de dólares para acabar dependiendo de China a un coste muy superior (7,5 por ciento) a menor plazo (8 años). Y Ecuador tiene petróleo... Bueno, lo tenía, porque ahora ha pasado a manos de China. O Argentina, donde en 2005 Kirchner rechazó al FMI para entregarse a préstamos de Venezuela al doble de interés. O Islandia, un país más pequeño que Bilbao. Siempre recomiendo leer «Qué es lo que realmente ocurre en Islandia, (porque estoy harto de que difundan mentiras)» —«What is actually going on in Iceland (because I'm tired of you people spreading untruths)»—. En dicho artículo, se explica el papel dominante que sigue ejerciendo localmente el Fondo Monetario Internacional, cuyas recomendaciones han sido implantadas completamente y prueban que Islandia es un país intervenido. Otra falsedad es la idea de que Islandia no rescató a los bancos. Les inyectó, sólo a sus nuevos bancos nacionales, alrededor de

0,27 billones de coronas, casi el 20 por ciento del PIB del país. Pero la crítica más furibunda se produce cuando aborda la cuestión de la falsa condonación de las deudas a los ciudadanos locales. Porque no fue cierta. Impago. ¡La culpa es del que me prestó por fiarse! Magnífico. Pues gracias por decir que no es usted fiable y sus propias estimaciones de solvencia eran falsas. Así no le prestan más. Adiós credibilidad y acceso a mercados.

En cualquier caso, lo veamos como lo veamos, lo que no ha existido nunca, y recalco lo de nunca, es el cuento que nos venden los aprendices de brujo totalitarios disfrazados de ángeles sociales: impago y mayor gasto público real. La Arcadia feliz de un país que no cumple sus compromisos pero puede gastar más es un unicornio que se convierte en pesadilla cuando se desploma la recaudación por falta de acceso a mercados, aunque se dedique a imprimir una moneda que nadie quiere, ya que sólo crea hiperinflación y corralitos cada vez que las reservas de divisas se vacían. Y ya es para partirse de risa hablar de impago y aumentar el límite de déficit. ¿Quién va a financiar ese déficit? Por supuesto que existen reestructuraciones de deuda en muchos países y sectores privados. Pero ninguna supone reestructurar y gastar más. Ni mucho menos endeudarse más.

Al final, las soluciones mágicas salen muy caras y a lo que se pretende ayudar es lo que más sufre. Las familias y clases bajas. El impago no tiene nada de social. Es la constatación mundial de que no somos fiables. Y eso se paga. Siempre.

El inflacionismo

Maduro, Kirchner, Allende. No es una casualidad que los economistas que apoyan a los populistas de izquierda sean todos inflacionistas. La fascinación por crear moneda y solventar todos los problemas imprimiendo más es parte de una teoría económica que ignora la productividad, lo que es el dinero y pretende hacer creer a los ciudadanos que la prosperidad se crea imprimiendo papelitos. Si devaluar e inflacionar fueran la panacea, Venezuela y Argentina serían los países líderes del mundo.

¿Qué hacemos? ¡Imprimir!

Cuando Néstor Kirchner asumió el poder, el dólar no llegaba a los 3 pesos. Hoy está cercano a 9,10 (el oficial, el real es casi 13). Sólo unas pocas monedas han perdido más valor que el peso argentino entre 2003 y 2015: las de Guinea, Venezuela, Bielorrusia, Seychelles y Congo. Argentina ocupa el sexto lugar en cuanto a destrucción monetaria, seguido de Etiopía, lo que conduce al empobrecimiento de todos. ¡Y eso que tiene petróleo!

Si existe una excusa a la que muchos acuden cuando sus propuestas fracasan estrepitosamente, ésa es la de culpar de los errores a factores externos. Los mercados o los malvados empresarios o el propio Estado se convierten en la cabeza de turco única y perfecta cuando la impoluta teoría, por el bien de ustedes, no funciona. La supuesta buena voluntad del populista lo justifica todo. El populismo se nutre en sus delirantes propuestas económicas y monetarias de una «nueva» escuela. Y digo nueva con ironía porque es la más antigua de la historia, crear dinero de la nada para financiar «al pueblo». Siendo «el pueblo», por supuesto, el gobierno —sólo si gobiernan ellos, claro—. Lo llaman la Teoría Monetaria Moderna y no es más que exactamente lo mismo que se ha hecho toda la vida desde los Assignat franceses a Kicillof en Argentina o Maduro en Venezuela. Y con el mismo resultado. Exceso de inflación, destrucción de confianza, culpar a «los comerciantes» y quiebra.

Primero, debemos entender qué es el dinero y por qué «crearlo» de manera agresiva destruye más de lo que aparentemente mejora. Se trata de un medio de cambio y pago que debe ser de aceptación generalizada. Si los ciudadanos pierden confianza en su valor como medio por la eterna manipulación, desaparece como medio de cambio, depósito de valor y unidad de cuenta. Y esa confianza no la decide un comité o un gobierno desde la imposición. El dinero en su función de medio de cambio facilita el intercambio, o sea, evita el trueque. Cuando su valor está cuestionado, cuando pierde esa «reserva» que tanto monitorizan los países líderes —que además tienen la mayor balanza financiera precisamente para cimentar su posición—, se destruye la economía, yendo de crisis en crisis, que cada vez son más rápidas y violentas, aumentando la fragilidad desde la estanflación o la enorme inflación. La inflación siempre es un proceso monetario, es el síntoma de un desequilibrio brutal.

El dinero, cuando se crea desde la expansión de crédito artificial, también se destruye —una grave crisis financiera, impagos, caídas de los activos reales—, al basarse en expectativas injustificadas. Que esa creación artificial sea a través de crédito a Estados, a personas o empresas es igual. Si se genera distorsión por asignación ineficiente de capital, el efecto es el mismo. Por eso, la pretensión de aplicar la misma política monetaria pero, en vez de usar el mecanismo de transmisión bancaria, se entregue directamente al Estado para financiar elefantes blancos es lo mismo que una burbuja. Sólo que, como estamos viendo en China, Argentina o Brasil, salta de manera más agresiva. El efecto embudo de años de desequilibrios propiciados desde el poder político luego no se puede «controlar» desde el mismo.

El caso de Argentina es sintomático, con una inflación de 350 por ciento desde 2008 desde la política «inclusiva» de crear dinero para pagar «empleo e inversión pública». Un aumento de la masa monetaria del 30 por ciento medio anual. La principal lección que podemos aprender de este país es que la política de imprimir, inflacionar y recurrir al gasto público acaba por ser la menos social de todas. Lo llaman «modelo social inclusivo» y sólo consigue estancamiento, inflación y aumento de pobreza. Y el aislamiento internacional con la pérdida de confianza inversora.

Entre 2008 y 2014, la inflación oficial fue del 106,7 por ciento, pero la analizada por el Congreso y analistas independientes era del 354,6 por ciento. El empleo público se disparó de 2.387.000 a 4.232.818 entre 2003 y 2014. Casi el 27 por ciento de la fuerza laboral. Más del doble de funcionarios que sector privado en variación neta según OJF e INDEC. Un sector privado ahogado a impuestos, donde llegaron hasta el 62 por ciento de los ingresos de una familia asalariada y donde sufrían la presión fiscal más alta de Latinoamérica, la intervención en precios —que no evitó la elevada inflación—, el control de capitales y la falta de divisas para pagar a sus suministradores. Con la destrucción de lo que era un sector privado atractivo, el desaliento de una población educada y de alto nivel de conocimientos, la posición financiera se deterioró inexorablemente mientras la inflación creada por una política monetaria terrorífica empobrecía a todos.

¡Imprimir!, decían. La base monetaria crecía al 37,1 por ciento interanual en 2015 y una media del 20 por ciento desde la llegada del populismo. Y las exportaciones en millones de dólares, a pesar de ser un país rico en materias primas, eran menores que en Chile, México, Uruguay o Paraguay. Sin embargo, el crecimiento de la economía desde 2008 sólo mostraba estanflación, esto es, estancamiento con altísima inflación. La actividad económica muy por debajo de la inflación año tras año. Y la pobreza, imprimiendo, y con lo que llaman el «modelo social inclusivo», se disparó al 28,7 por ciento. Según la Fundación Mediterránea, el desempleo era más del doble de las cifras oficiales. La tasa de participación laboral se situaba en el 45,2 por ciento. Es decir, muy por debajo de España a pesar de un nivel de «paro oficial» ópticamente bajo.

El caso del Chile de Allende, reverenciado por el populismo internacional actualmente, es igualmente paradigmático. Hay que agradecer a Guillermo Sánchez sus referencias en «El mito del bloqueo invisible a Allende», del 11 de septiembre de 2015. Cito textualmente:

> Los déficits de Allende eran brutales. En porcentaje del PIB fueron 6,69 % en 1970, 15,28 % en 1971, 24,53 % en 1972 y 30,48 % en 1973. Una monstruosidad no vista ni en petroestados sin deuda durante la crisis del precio del petróleo. ¿Por qué hubo tal crecimiento del déficit? Por el aumento desorbitado de salarios y seguridad social. Ése era el plan populista de Allende: subir salarios nominales enormemente mientras se aplicaban controles de precios sobre los bienes. De los gastos corrientes del Estado, los salarios y la Seguridad Social, que ya representaban una parte importante, crecieron de 15,83 % a 19,54 % y de 8,60 % a 11,87 % respectivamente entre 1970 y 1971 como porcentaje del PIB. ¿Cómo se financió ese agujero fiscal? Casi la totalidad con impresión de billetes. La emisión monetaria para financiar el déficit o «financiación interna neta» fue, en porcentaje del PIB, 6,60 % en 1970, 13,61 % en 1971, 22,71 % en 1972 y 30,40 % en 1973.

Por supuesto, la escasez de alimentos y la hiperinflación, que llegó a superar el 600 por ciento, destruyeron a los que supuestamente pretendían proteger. La clase trabajadora vio su renta disponible y poder adquisitivo desplomarse y el hambre se apoderó de Chile. No necesitaron a la CIA para destruir la economía. Lo hicieron solos, imprimiendo sin control.

¿Qué hizo el populismo después de esta experiencia? Repetir. Ahí tenemos los casos de Argentina o Venezuela, aunque en esta ocasión repitieron hasta la saciedad: «Ahora será diferente». Siempre dicen lo mismo. En Europa, el populismo que se quiere implementar a través de Podemos o Syriza ha demostrado tres cosas cuando ha gobernado:

a) Cuando unos dicen que las cosas no pueden ir peor, ellos consiguen empeorarlas a niveles extremos.
b) Siempre echan la culpa de su incompetencia al enemigo exterior para mantener a la población rehén.
c) Una vez asentados en el poder, secuestran las instituciones para perpetuarse sea cual sea la voluntad popular.

En Venezuela se sufre el efecto devastador de ese «no, yo no creo», ese «no somos como Cuba» que encumbró a Chávez diciendo que era socialdemócrata y promercado. Venezuela es hoy un Estado en ruinas, y no porque haya caído el petróleo —no olvidemos que México o Perú crecen a pesar de la caída del crudo—, sino por la deplorable gestión que ha creado pobreza, desabastecimiento e hiperinflación. En 2015, era el país con la inflación más alta del mundo y el Fondo Monetario Internacional estima que la economía venezolana será la que más decrezca a nivel global.

Esta receta, que contó con el aplauso y asesoría de los líderes de Podemos, que consideraban a Venezuela un ejemplo para España, ha resultado ser uno de los fracasos más sonados de las políticas económicas del mundo. Imprimir una moneda sin control para pagar un gasto clientelar desorbitado ha llevado la inflación estimada a alcanzar el 300 por ciento. Pero si usamos el índice de pérdida de poder adquisitivo de Hanke, es del 615 por ciento. La pobreza ya alcanza al 55 por ciento de la población, el desabastecimiento es del 89 por ciento y el salario mínimo es menos de 12 dólares al mes, uno de los más bajos del mundo después de Cuba.

Lo peor de la política monetaria salvaje de devaluar y generar inflación es que además Venezuela ha dilapidado una década de altos precios del petróleo y su enorme riqueza con el intervencionismo más brutal. Se han expropiado más de 1.500 empresas y el 90 por ciento de ellas están en pérdidas, han quebrado o no producen ni un 50 por ciento de lo que hacían antes de la intervención. El chavismo no sólo no ha reducido la dependencia del petróleo, sino que desde su llegada ha hundido los sectores industriales y exportadores y, además, han convertido a la petrolera estatal en una de las más ineficientes del planeta y de las pocas deficitarias, extrayendo más de 12.000 millones de dólares anuales de la misma para subvenciones políticas.

Lo más insultante es que los defensores del régimen chavista hablan de «reducción de la desigualdad» como hazaña. Claro, haciendo pobres a todos se aumenta la igualdad. Igualdad en la miseria. No hay más secuencia lógica que ésta.

Aún más alucinante es culpar «a Estados Unidos», que es el principal socio comercial de Venezuela. Ni siquiera la creciente participación de China en la economía venezolana ha reemplazado al poder de compra de Estados Unidos. Venezuela es además el tercer socio comercial de Estados Unidos en América Latina —después de México y Brasil—, según la Oficina del Representante Comercial estadounidense.

Y es que Venezuela, bajo el chavismo, a pesar de más de una década de precios de crudo altos, ha empeorado en productividad, en diversificación de la economía, en renta salarial real, reservas de divisas y crecimiento comparado con cualquiera de sus socios de la OPEP —incluido Irán— y si analizamos el crecimiento y reducción de pobreza desde la llegada de Chávez y con Maduro, otros países como Chile, Perú o Colombia han conseguido cotas mucho mayores de bienestar para la población.

Venezuela es, además, uno de los quince países más corruptos del mundo según Transparency International 2016. Lo peor de llevar a cabo estas políticas es que dejan una economía tan dañada que es casi imposible revertirlas rápidamente. Los años perdidos no se recuperan con facilidad.

La falacia ganadora: «la creación de dinero no tiene por qué crear inflación»

En el mundo, desde 2009, se ha aumentado la masa monetaria desde los bancos centrales de manera desproporcionada. Más de 600 bajadas de tipos y 19 billones de dólares de estímulos monetarios no sólo han llevado a la inflación subyacente a crecer, es que además se ha creado dinero que ha ido fundamentalmente a financiar Estados deficitarios y sectores endeudados. Eso ha creado inflación, además de en precios, en los activos financieros. La inflación no es sólo el IPC. Se crea inflación allá donde va el dinero. El efecto inflacionista es evidente en los activos financieros, con los bonos soberanos a tipos jamás visto en la serie histórica y los bonos de alto riesgo cotizando con rentabilidades exigidas a mínimos de treinta y ocho años.

Pero el deseo de pensar que hacer dinero de la nada «crea riqueza» y no tiene consecuencias es simplemente un prejuicio seudorreligioso, no una realidad. Cualquier análisis de creación de masa monetaria e inflación muestra que el efecto es evidente y que siempre se salda con una crisis financiera, mayor inflación y mayor desempleo. El «efecto placebo», la ilusión de crecimiento que crea a corto plazo el gas de la risa monetario salta con una crisis mayor en poco tiempo.

Lo que los inflacionistas socialistas de la MMT (Modern Monetary Theory) olvidan —a sabiendas— es la saturación de deuda y el impacto de la continuada creación de dinero en la velocidad del mismo —que mide la actividad económica—. Crear dinero para subvencionar a Estados hipertrofiados o perpetuar la mala asignación de capital de los agentes privados es lo mismo. Una unidad adicional de endeudamiento no genera un crecimiento del PIB nominal suficiente para reducir la acumulación de deuda, aunque se monetice el stock, porque el flujo —aumento de cantidad de dinero que se crea necesario para cubrir gastos crecientes no cubiertos por actividad real— se dispara, creando el siguiente *shock* con mayor virulencia.

El efecto de saturación y la manipulación de la asignación de capital en la economía que favorece a sectores endeudados desploma la actividad económica, al aumentar la represión financiera y la presión fiscal a familias y empresas. Es falso que la inflación se cree porque las empresas quieren «forrarse» cuando el gobierno imprime dinero. Los insumos se disparan, la presión fiscal aumenta, los ciclos expansivos son más cortos y los márgenes son más débiles.

Cuando, por ejemplo, el chavismo dice que la inflación viene porque los empresarios aumentan márgenes, la falacia es evidente. Los márgenes empresariales se han desplomado en Venezuela más de un 90 por ciento desde 2008. Pero, si «el Estado gasta, aumenta la actividad económica y se produce un efecto multiplicador», ¿verdad? No. La falacia del multiplicador del gasto público se ha demostrado en muchos estudios. En el historial de más de 44 países se demuestra que el efecto multiplicador es inexistente en economías abiertas, o altamente endeudadas.

El estudio de Ethan Ilzetzki, Enrique Mendoza y Carlos Vegh «How Big (Small?) are Fiscal Mutlipliers?» analiza la historia del impacto acumulativo del gasto público en más de cuarenta países mostrando que el multiplicador es cero en economías abiertas y negativo en economías abiertas y endeudadas.

El déficit acumulado son mayores impuestos después. Las preferencias de los consumidores, ante la represión financiera, no mejoran porque gaste el Estado. Sólo genera mayor sobrecapacidad. Los nuevos monetaristas olvidan que su recomendación es precisamente lo que ha llevado a Brasil y a China a la sobrecapacidad industrial del 27 y el 38 por ciento. Y no son poblaciones con problemas demográficos. Asumir que la demanda se incentiva desde el gasto cuando hemos superado el umbral de saturación de deuda es simplemente un brindis al sol. Es decir, «como ha fallado, repitamos pero a lo bruto». Ni siquiera sucede si asumimos multiplicadores del gasto que hoy en día están más que desacreditados en estudios del Nobel Angus Deaton, entre otros. El multiplicador del gasto público que usan muchos teóricos no se ha dado en ningún país desde al menos 1996. Son matemáticas.

Regar de dinero «nuevo» al sector público, olvidando déficits y esterilizaciones, monetizando todo lo que se crea o el «QE popular», es la misma locura y tiene los mismos efectos. Supone que el banco central pierda su ya cuestionada independencia y directamente se convierta en una agencia gubernamental que imprima moneda cuando el gobierno quiera, pero ese aumento de masa monetaria no se convierta en parte del mecanismo de transmisión que llegue a todas las partes de la economía, sino que el nuevo dinero sólo sea para el gobierno para financiar un «Banco Público de Inversiones».

El error de los monetaristas socialistas del «QE popular» es que parte de la base, correcta, de que la expansión monetaria como la conocemos hoy no funciona, pero en vez de entender que imprimir moneda es simplemente una transferencia injusta de renta de los ahorradores y eficientes a los endeudados parte de que el QE no es el problema, sino el mecanismo de reparto del «gas de la risa monetario».

El primer problema es evidente. El banco central crearía dinero que se utilizaría para elefantes blancos, proyectos tipo Plan E y ciudad del circo, y, al contar el banco público de inversiones con financiación ilimitada, el riesgo de irresponsabilidad en el gasto es claro. Y es un evidente desplazamiento de incentivos al malgasto.

El segundo problema es que las deudas crecientes del banco público de inversiones utilizadas en proyectos sin rentabilidad, y por lo tanto, sus potenciales pérdidas, se cubren sea como sea con impuestos, ya que el capital de dicho banco lo pone el Estado.

El tercer problema es que la inflación creada por esos proyectos la sufre el ciudadano, que no se beneficia de esa expansión de gasto «ilimitada». Subidas de impuestos, mayor coste de vida y, sobre todo, destrucción de una gran parte del tejido empresarial porque el Estado acapara con aún mayor crédito privilegiado mayores sectores de la economía. Pensar que esa inflación se traslada a mayores sueldos es una falacia que se demuestra en la historia. Siempre se ha visto que los salarios reales caen a mínimos (porque suben mucho menos que la inflación). En suma, subidas de impuestos, mayor coste de vida y, sobre todo, destrucción de una gran parte del tejido empresarial que pasa a ser acaparado por el Estado —que es el verdadero objetivo—. Y se culpa a los comerciantes de las subidas de precios y la escasez.

El cuarto problema de esta política es que, como hemos comentado, se ha hecho muchas veces en el pasado. Es el modelo que hundió a la Revolución francesa con los Assignats, el que se llevó a cabo en la Argentina de Fernández de Kirchner y su ministro Kiciloff disfrazado con términos nuevos, un modelo que sólo ha creado exceso de inflación y estanflación. Es el modelo chino que cada día nos da más sustos y es el error llevado a cabo por Brasil. Pensar que el Estado puede decidir la cantidad de dinero y gastarlo en lo que quiera sin consecuencias sobre el resto.

El problema, al final, siempre es el mismo: los aristócratas del gasto público, que jamás han creado una empresa ni contratado a nadie con sus ahorros y esfuerzo, siempre piensan que interviniendo sobre la creación de dinero y la economía van a salvarlo todo. ¿Lo saben? Les da igual, porque para ellos el Estado es infalible y se le excusa todo, con base en la repetitiva idea de que «es diferente». El socialismo tiene un historial de fracasos tan brutal que sólo un grupo de seudointelectuales puede ignorarlo y decir que ellos lo van a hacer distinto.

Al final, la lógica siempre prevalece. Aumentar la masa monetaria más que el crecimiento histórico del PIB nominal siempre crea unos enormes desequilibrios que saltan en una gran crisis, sea estatal, bancaria o de exceso de inflación. Los que delimitan sector público y sector financiero como antagónicos simplemente mienten. Son brazos de un mismo tronco.

El desarrollo, necesario, se debe hacer, pero no incentivando el sobreendeudamiento, sea privado o público. Y eso es lo que hace el monetarismo socialista, a expensas de nuestros nietos. Se puede hacer sin coste fiscal acudiendo a la lógica. ¿Cómo? Mejorando la renta disponible y poniendo incentivos al sector privado para acometer inversiones con retorno real, como decía Keynes, al que no leen para ahorrar, sólo para gastar. Keynes hablaba de invertir el excedente del ahorro público en proyectos con rentabilidad real que pagasen la deuda contraída a medio plazo, no de perpetuar el endeudamiento de un sector público deficitario crónico.

La Teoría Monetaria Moderna no es ninguna novedad. Es la búsqueda de la burbuja —en este caso estatal— a toda costa financiada a expensas de todos. Luego les echan la culpa a los estadounidenses, a Merkel o a los mercados. Y a correr.

Repetir el error

El historial de desastre económico de los populistas comunistas es simplemente espectacular y aterrador. Desde Allende a Castro, de Maduro a Kirchner, Correa o Morales, y ahora Syriza en Grecia, llegan a economías con importantes desequilibrios bajo el mensaje «no podemos estar peor» y muestran que no sólo puede empeorar, sino que ellos destruyen la economía más rápidamente. Pero esta vez será diferente porque lo va a aplicar un grupo de intelectuales europeos. No. No lo será.

Observe el lector a Grecia. Syriza ha conducido lo que era un país con dificultades a un Estado fallido al borde de la intervención. Cuando los populistas griegos llegaron al poder, el país crecía un 0,8 por ciento, había reducido el déficit a la mitad y hubo superávit comercial. Pues bien, en cinco meses Tsipras y su equipo consiguieron que la producción industrial se desplomase (un 4 por ciento en un mes), el país se fuera a la recesión y la inversión huyese. Syriza fue culpable del corralito al haber testado todos los límites de la negociación de manera irresponsable. El órdago sin cartas no le sirvió de nada.

«*Oxi*», gritaban las masas en Atenas ante las soflamas de Varoufakis y Tsipras prometiendo la Arcadia feliz del gasto, el fin de la austeridad y el asalto a las arcas de Alemania. Veinte días después, los ciudadanos sufrían el corralito causado por la incompetencia de las políticas del gobierno, que convirtió un problema de renegociación de términos de deuda en un crac financiero. Después, tras haber implementado los mayores recortes de la historia y privatizado catorce aeropuertos, los agricultores del país se manifestaban ante el asalto fiscal que el gobierno de Tsipras decidió implementar. El secretario general de la Unión Griega de Agricultores criticaba que con la reforma de Tsipras un agricultor tendrá que pagar casi lo mismo que lo que ingresa en impuestos y cotizaciones. «¿Cómo vamos a sobrevivir si un agricultor factura 5.000 euros al mes y tiene que pagar hasta 4.000 en impuestos y Seguridad Social?»

Lo que ocurrió en Grecia es típico del populismo en sus diferentes vertientes. La promesa de soluciones mágicas se convierte en la realidad de la crisis económica. Prometen «subir los impuestos a los ricos» y, para mantener el elefantiásico Estado depredador griego, se los suben hasta a los agricultores. Y estas medidas no son «exigencias de la troika» como repiten los populistas. La troika sugirió reducir gasto público en áreas innecesarias y reducir presión burocrática y el gobierno de Tsipras lo rechazó. De hecho, aumentó la partida de gastos y personal en áreas tan necesarias para una «emergencia social» como la televisión pública.

La presión fiscal en Grecia no es solamente creciente, sino que tiene el mercado laboral más rígido, y con ello el mayor paro, de Europa. El gobierno de Tsipras, ante el rescate, se ha negado a tomar ninguna medida de las propuestas por la troika que alivie a empresas y familias. Sólo ha llevado a cabo políticas aún más confiscatorias para mantener el privilegio de un sector público ineficiente que pesa más del 49 por ciento del PIB y se ha convertido en confiscatorio. Para culminar con un recorte de las pensiones del 35 por ciento. Como todos los populistas, Syriza pasará a la historia por ser la responsable de empeorar lo que fingía proteger: el Estado del Bienestar y a los desfavorecidos.

Esto demuestra, como los casos anteriores mencionados, que el populista se sirve de la democracia para pervertirla. Con un 20 por ciento de votos, en España, se autodenomina «mayoría social» y pone al 80 por ciento restante en dos escenarios: la cobardía o la enemistad. O son cobardes que no se unen al «pueblo» o son enemigos del mismo. Ello los ayuda a crecer en todo el mundo. Da soluciones aparentemente simples a problemas muy complejos y, sobre todo empodera a muchos individuos al acentuar la envidia, la división y el enfrentamiento. Pero siempre fracasa. Porque el populismo olvida tres cosas. La naturaleza humana busca el progreso y el bienestar común desde la iniciativa individual, al contrario de lo que piensan los intelectuales que se dan a sí mismos el papel de «voz del pueblo». Los seres humanos caen en el error de pensar en el Estado como si fuera Papa Noel en muchas ocasiones, pero la fe inquebrantable en dicho Estado no existe. Se desvanece con la realidad del fracaso, aunque se pervierta el lenguaje. Como decía Abraham Lincoln, puedes engañar a algunos durante cierto tiempo, pero no a todo el mundo todo el tiempo.

Eso no significa que el populismo no pueda ser combatido. Sabiendo que la batalla de la propaganda y la perversión del lenguaje de los populistas hacen que la batalla sea ardua, lenta y repetitiva. Es preciso luchar contra la falsa premisa de la superioridad moral autoconcedida, de la infalibilidad del «bienintencionado», sabiendo que no son dementes ni ignorantes ni conforman una anécdota de la historia.

Repitamos: ¡es la economía, estúpido! El populismo ignora y rechaza los principios básicos de la lógica económica para convencer a los ciudadanos de que dos más dos suman veintidós. Y cuando alcanzan el poder hacen que todo empeore. Depende de la ciudadanía cabal y reflexiva permitir este dislate o no.

Para finalizar, quisiera mostrar mi rechazo radical al intento por parte de algunos medios de equiparar las tendencias populistas ocasionales de cualquier administración estadounidense, actual o pasada, o británica con el movimiento liberticida, dictatorial y opresor que suponen los populismos fascistas y comunistas europeos y latinoamericanos. En el Reino Unido y Estados Unidos hay una sociedad civil y unas instituciones que garantizan la libertad, la democracia y el respeto a la propiedad, la ley y los derechos civiles, sea quien sea el gobernante y sus opiniones personales. Desde hace décadas, ambos países han sido y son ejemplo global de libertad y prosperidad, y lo seguirán siendo. Comparar de cualquier manera a esos países con los totalitaristas intervencionistas y liberticidas no ayuda a combatir el populismo, lo blanquea, bajo la premisa de que todo es lo mismo. Y no lo es. Roosevelt o Churchill, con todos sus aciertos y errores, serían algo populistas o proteccionistas, pero no eran lo mismo que Stalin ni Hitler.

Capítulo 4

QUÉ HA PASADO. QUÉ PASARÁ

La crisis de los sondeos de opinión y análisis especializados

9

El año que encuestamos peligrosamente

Narciso Michavila

Más que los sondeos, lo que está fallando es nuestra sabiduría convencional.

NATE SILVER

Sobresaltos globales

Vamos de sobresalto en sobresalto electoral. En un plazo de pocos meses, la opinión pública mundial se ha visto sorprendida por los resultados del referéndum del *brexit* en el Reino Unido, del Plebiscito de los Acuerdos de Paz en Colombia o de las elecciones presidenciales de Estados Unidos. Se ha extendido la impresión de que el sentido del voto está siendo el contrario al esperado con los esquemas tradicionales y que, además, los resultados no son anticipados por la investigación electoral. Las sorpresas están siendo tales que se ha instalado la convicción de que las encuestas no sólo no acertaron, sino que confundieron a la opinión pública.

Éstos son los tres fiascos más notorios a escala global, a los que se pueden añadir más ejemplos en los que los sondeos electorales se desviaron significativamente del resultado definitivo: las elecciones generales en España o en Corea del Sur, el año anterior las generales del Reino Unido o de Grecia... Incluso en el país inventor y con mayor experiencia en el desarrollo de *exit polls*, Israel, las encuestas realizadas a las salidas de los colegios fallaron en las últimas elecciones generales en marzo de 2015.

Sin embargo, no es la primera vez que las encuestas fallan. De hecho, ninguna democracia puede presumir de un historial de predicción electoral inmaculado. Las encuestas fueron un fiasco en 1948 en Estados Unidos, en 1992 en el Reino Unido, en 1993 en España, en 2002 y 2005 en Alemania, en 2014 en Turquía... Ninguna democracia se salva. Antes, los fracasos quedaban en casa, pues fuera de las fronteras apenas se generaba debate sobre la sorpresa electoral. La gran novedad es que ahora no: los fracasos se han globalizado. Hay una sensación generalizada de que los votantes en cualquier punto del planeta van a terminar votando lo contrario de lo que han dicho en los sondeos.

La globalización electoral, que no se reduce al análisis posterior sobre precisión demoscópica, se está traduciendo en un creciente interés por procesos electorales celebrados en otros países. Para que nos hagamos una idea, el volumen informativo en prensa escrita sobre referéndums se ha cuadruplicado en 2016, superando las ochocientas mil noticias.[28] Por no hablar del seguimiento de las elecciones presidenciales de Estados Unidos, en las que Donald Trump ha roto el récord de Barack Obama en 2008 con más de millón y medio de noticias, el doble que la candidata demócrata, Hillary Clinton.

Información electoral y sondeos van de la mano, no sólo porque buena parte de la información sobre procesos electorales provenga de sondeos, sino porque éstos están alertando en la mayoría de los casos de posibles sobresaltos. El interés mediático por las elecciones presidenciales de Estados Unidos se disparó cuando, a diez días de acudir a las urnas, el *tracking* —los sondeos que diariamente van actualizando su estimación por reemplazamiento de la muestra— del *Washington Post* y la cadena ABC alertaron de que la distancia entre Clinton y Trump se acortaba a dos puntos. La estimación, sin indecisos, era del 48 por ciento de los votos populares para la candidata demócrata y del 46 por ciento para el republicano. El resultado definiti-

28. Análisis propio de la base de datos de noticias Factiva de *The Wall Sreet Journal*.

vo, una vez contabilizados todos los votos, ha sido:[29] Hillary Clinton, 48,2 por ciento, y Donald Trump, 46,1 por ciento.

Al igual que sucediera en el referéndum de la permanencia del Reino Unido en la Unión Europea, fueron los sondeos los que alertaron de lo incierto del resultado. ¿Qué falló realmente en Estados Unidos o en el Reino Unido, la capacidad predictiva de las encuestas o su capacidad explicativa? ¿No será que con la globalización la información de las encuestas nos llega cada vez más simplificada y con retraso?

Otra vertiente de la globalización demoscópica la observamos en el recurso a las encuestas encargadas en lugares diferentes a donde los electores se citan con las urnas. El referéndum de Grecia sobre las condiciones del rescate de julio de 2015 fue paradigmático al hacerse públicas encuestas encargadas por organismos o empresas de fuera del país heleno. En Rusia, en plena campaña electoral de las recientes elecciones parlamentarias, el ministro de Justicia acusó a la principal firma de encuestas, Levada Center, de actuar como un agente extranjero al recibir fondos de Estados Unidos, incluida la Universidad de Wisconsin. La acusación fue un torpedo a la credibilidad del instituto más prestigioso de Rusia. Ya se ve que las posibles interferencias electorales entre las grandes potencias no se limitan al espionaje y filtración interesada de información. Las encuestas —parafraseando al estratega militar Carl von Clausewitz— se han convertido en la continuación de la política por otros medios. Algo ha avanzado la humanidad. Hace exactamente un siglo la lucha por el poder se libraba en las trincheras de Europa; ahora, se libra en las urnas.

Si 2016 ha sido un año de sorpresas electorales, a pesar de la escasez de citas, podemos prepararnos para un 2017 en el que hay elecciones parlamentarias en Holanda, Alemania y Noruega, presidenciales y parlamentarias en Francia, municipales en el Reino Unido, parlamentarias en Holanda, Alemania y Norue-

29. Hasta que la Federal Election Commission (<www.fec.gov>) no recoja los datos oficiales de cada Estado, la mejor recopilación es la de David Wasserman en *The Cook Political Report* (<http://cookpolitical.com/story/10174>).

ga... Sin descartar, en absoluto, el posible adelanto electoral en Italia. En todos estos países, tanto los sondeos como los resultados previos de elecciones locales o de primarias nos vuelven a alertar de que los esquemas tradicionales para interpretar el voto ya no sirven. Nos esperan noches electorales de gran intensidad. No hay elección sin emoción.

Apuntados al empate electoral

Bogotá, primer domingo de octubre de 2016. Los votantes corren hacia las urnas jaleados por los que ya han ejercido su voto como si de una carrera popular se tratara. A punto de llegar a su meta se cierran las puertas del centro de votación de Corferias, el más grande de Colombia, y un centenar de votantes se quedan fuera. Es la ley: todo el que no haya introducido su papeleta en la urna antes de las cuatro en punto de la tarde ya no puede hacerlo. Quizá su voto hubiera cambiado el resultado de un plebiscito sobre los acuerdos de paz en Colombia que se decidió por un 0,2 por ciento del censo electoral. Apenas cincuenta y cuatro mil votos marcan la diferencia entre el rechazo o la aceptación de unos acuerdos que pretenden poner fin a una guerra con más de doscientos mil muertos. Para la elaboración de unos compromisos de casi trescientas páginas, los negociadores han tardado, al menos, cuatro años; los colombianos para votar apenas disponen de ocho horas escasas.

En el país vecino, Perú, el presidente Pedro Pablo Kuczynski venció en junio a Keiko Fujimori por cuarenta mil papeletas: 50,1 por ciento frente a 49,9 por ciento. Nunca el resultado fue tan ajustado. Un mes antes, en Austria, el resultado es igual de apretado hasta el punto de que el voto por correo resulta decisivo para alterar el veredicto de la noche electoral. Tanto que finalmente la denuncia de posible manipulación del voto por correo obliga a los austriacos a acudir a las urnas en diciembre. En Australia, el partido del gobierno también se decide por menos de un punto en las elecciones de agosto. Parece que el electorado mundial se ha apuntado al empate electoral.

Corren malos tiempos para la predicción electoral que nació en los medios de comunicación y vive para unos medios de comunicación que contratan sondeos con un objetivo prioritario: poder anticipar quién será el ganador. Si los institutos lo han tenido complicado en elecciones presidenciales, en las parlamentarias no lo han tenido más fácil. Cuando en Italia se hablaba del *sorpasso* en la segunda mitad del siglo xx se dilucidaba la posibilidad de que el Partido Comunista Italiano superara a la Democracia Cristiana, es decir, se les pedía a los institutos anticipar qué formación sería la más votada. En España, los medios acudieron al término italiano en las últimas elecciones generales para dilucidar qué formación quedaría en segundo lugar, si el Partido Socialista o Unidos Podemos. Ya no basta saber quién ganará, ahora se nos exige a los institutos predecir el orden y apoyo de todas las formaciones, con quién podrán coaligarse, quién ejercerá la oposición...

¿Qué pasó en Estados Unidos?

Incluso en Estados Unidos, cuyo sistema electoral ha sido muy benévolo con los encuestadores —pues bastaba adivinar cuál de los dos partidos hegemónicos, el Republicano o el Demócrata, resultaba ganador en cada estado para atribuirle todos los electores sin importar la ventaja del vencedor—, se ha producido el fenómeno más anómalo en doscientos treinta años de historia: que el candidato ganador por casi 3 millones de votos pierda las elecciones. No es la primera vez que el vencedor en las urnas pierde las elecciones en un sistema donde las competencias electorales no son federales sino de cada estado. Sin ir más lejos, en el año 2000 George W. Bush conquistó la Casa Blanca a pesar de tener menos votos que Al Gore, pero la diferencia fue de apenas medio punto, no más de dos como en este caso.

La encuesta del *Washington Post* citada anteriormente no fue la única capaz de advertir que la victoria de Hillary Clinton no estaba garantizada. La media de los ocho sondeos publicados la última semana era de tres puntos y medio a favor de Clinton, que finalmente se redujeron a dos con uno. Las encuestas afinaron muy bien el voto global de los estadounidenses según se aprecia en el gráfico 1.

De hecho, en estas elecciones el acierto de los sondeos en el voto popular ha sido de los mayores, desde luego mucho mayor que hace cuatro años. Paradójicamente, los *tracking* que daban la victoria a Donald Trump han sido los que se desviaron más del voto popular: cinco puntos el de *Los Angeles Times*, o cuatro el de IBD/TIPP. Pero fueron capaces de anticipar quién sería el inquilino de la Casa Blanca, que es, en definitiva, lo que importa. Un sistema electoral que otorga todos los votos electorales al ganador en voto popular en cada estado es muy generoso con el más votado cuando hay amplias distancias del ganador, pero puede ser muy cruel cuando la victoria no es amplia y la distribución del voto es caprichosa. Que se lo digan a Hillary Clinton. A ella y a los encuestadores estadounidenses. Por algo el principal instituto de investigación, Gallup, decidió por primera vez desde 1932 no hacer estimación de voto en estas elecciones presidenciales.

Las elecciones que llevaron a Obama al poder en 2008 fueron las del salto a la fama del matemático Nate Silver al ser ca-

Gráfico 1. Precisión de los sondeos de las elecciones presidenciales en Estados Unidos de 2016

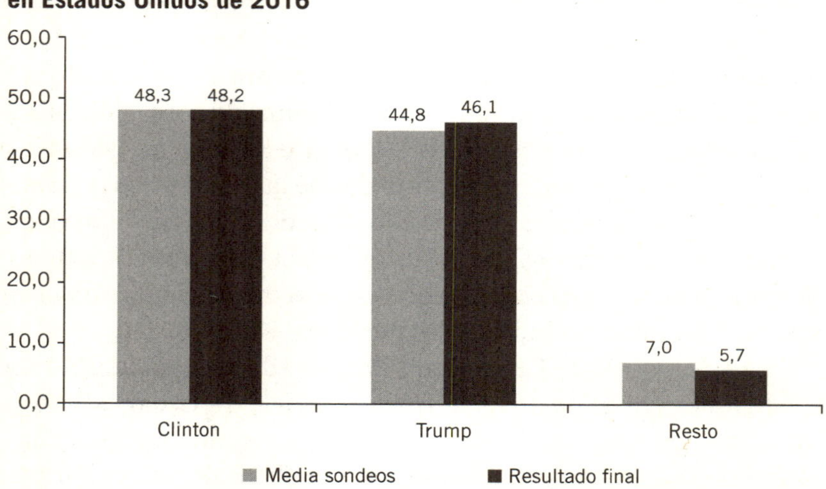

paz de acertar el partido ganador en todos y cada uno de los estados. Con él se consolidaban los modelos de predicción basados no en un único sondeo, sino en la agregación de muchos. Desde entonces, el interés por sus análisis en el blog fivethirtyeight.com no ha cesado de crecer, y actualmente cuenta con 2 millones de seguidores en su cuenta de Twitter. Su libro *La señal y el ruido. Por qué tantas predicciones fallan, pero algunas no* ha sido un superventas. Habrá que volverlo a leer.

Ahora bien, a pesar de su prudencia en atribuir la victoria a Hillary Clinton, pues no dejó de alertar de la posible victoria de Trump, su modelo predictivo se quedó corto al darle sólo el 29 por ciento de probabilidad de victoria electoral. ¿Por qué? Porque su modelo, como todos los basados en aprovechar las encuestas publicadas por los medios, depende de la calidad de dichas encuestas. Y éstas se quedaron cortas en la magnitud del cambio de voto republicano en las zonas menos pobladas del Midwest.[30] Los estados de Michigan, Wisconsin y Pennsylvania han pasado en esta ocasión al bando republicano gracias a que el voto de los indecisos, cuatro veces superior al de 2012, se decantó finalmente por Trump en una proporción de dos a uno. Esos votantes blancos de menor nivel de estudios a los que la candidata demócrata calificó de *deplorables*, en pleno fragor de la campaña electoral, son los que finalmente acudieron a las urnas para impedirle que llegara a la Casa Blanca.

En estas elecciones no ha sido un joven matemático con toda la tecnología e información a su servicio el que se ha llevado las alabanzas de los medios, sino un humanista casi setentón. Allan Lichtman, profesor de Historia Política de la American University, anticipó la victoria de Trump gracias al modelo que había desarrollado a principios de los ochenta, tras investigar las condiciones que se habían dado en Estados Unidos desde 1860 para que un gobierno perdiera el poder. Con ésta ha sido la novena vez que el profesor es capaz de anticipar el vencedor.

30. El cambio de voto se produjo principalmente en la zona que Colin Woodard define como el Yankedon en *American Nations: A History of the Eleven Rival Regional Cultures of North America.*

Su modelo se basa en la evaluación de trece requisitos electorales para que un partido retenga el poder. Basta con que se incumplan seis de los trece para que gane la oposición; el sexto requisito en cumplirse en estas elecciones era la existencia de un tercer partido con presencia significativa. Según Lichtman, y nuevamente gracias a los sondeos publicados, el candidato libertario, Gary Johnson, superaría el 5 por ciento, lo que les daría a los republicanos la victoria popular. Finalmente obtuvo sólo el 3,3 por ciento y los republicanos perdieron el voto popular, pero eso es lo de menos: Allan Lichtman acertó con el titular, que es, finalmente, lo que cuenta. En todo caso, su mérito va más allá de haber acertado. Gracias a la parsimonia de su modelo,[31] ha sido capaz de interpretar los sondeos en su contexto histórico y detectar dos fenómenos que se están acrecentando en los electorados de todo el mundo: la polarización y la fragmentación electoral.

¿Contra quién hay que votar?

La polarización y fragmentación no son rasgos exclusivos de la sociedad estadounidense, son tendencias globales. El partido ganador en las democracias parlamentarias tenía un apoyo medio del 40 por ciento desde la segunda guerra mundial hasta la caída del Muro de Berlín. Desde entonces, el apoyo se ha ido reduciendo ciclo tras ciclo electoral hasta un 30 por ciento de apoyo medio en el voto.[32] Si el análisis se realiza sobre elecciones similares, como pueden ser al Parlamento Europeo, detectamos la

31. Lichtman y Keilis-Borok (1981): «Pattern recognition applied to presidential elections in the United States, 1860-1980: Role of integral social, economic, and political traits».

32. Análisis propio de la base de datos electoral <www.parlgov.org>. Incluye los resultados de Australia, Austria, Bélgica, Bulgaria, Canadá, Croacia, Chipre, República Checa, Dinamarca, Estonia, Finlandia, Francia, Alemania, Grecia, Hungría, Islandia, Irlanda, Israel, Italia, Japón, Letonia, Lituania, Luxemburgo, Malta, Holanda, Nueva Zelanda, Noruega, Polonia, Portugal, Rumanía, Eslovaquia, Eslovenia, España, Suecia, Suiza, Turquía y el Reino Unido.

misma tendencia a la fragmentación: hasta 2004, el apoyo medio del partido más votado era del 32 por ciento; diez años más tarde, en la última cita, ha sido del 25 por ciento.

El proceso de fragmentación no tiene una causa única ni es exclusivo del mercado electoral. Los medios de comunicación, el consumo, las empresas, las religiones o los sindicatos van viendo cómo su espacio social se fragmenta. En el campo de la política, los partidos con opciones de gobierno se fueron homogenizando en su lucha por ganar una mayoría del voto. Los *catch all parties* cada vez se parecían más en sus propuestas y en sus estilos de comunicación huyendo siempre de la incorrección política para evitar enfadar a sectores del electorado. El marketing político contribuyó a dicha homogenización. Pero mientras la oferta se homogenizaba, la demanda se hacía cada vez más diversa. En una sociedad cada vez más compleja era cuestión de tiempo que fueran apareciendo nuevas opciones electorales, y la mayoría de ellas ponen el acento en un cambio radical de las normas de juego. Cuando tras las elecciones Europeas de 2014 nos preguntaban a los sociólogos si se había dado en algún otro país un fenómeno electoral como Podemos, la respuesta obligada era: ¿en qué país no se está produciendo la irrupción de formaciones con propuestas radicales?

Gráfico 2. Apoyo medio mundial al partido ganador en las elecciones parlamentarias

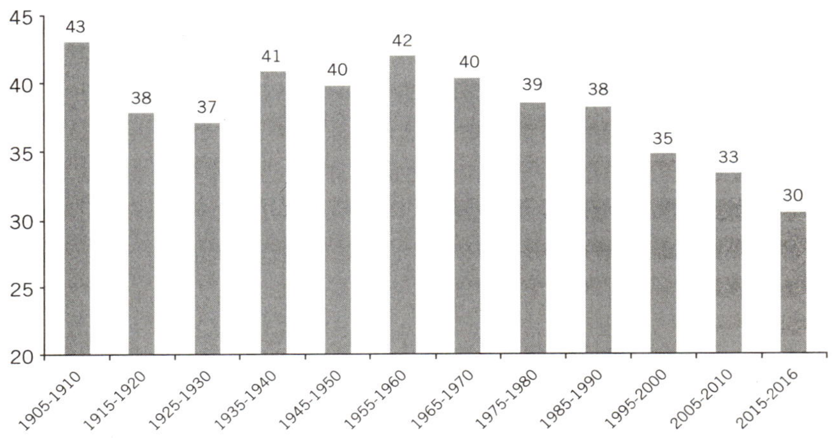

La incapacidad de suscitar proyectos que sumen una mayoría de adhesiones se aprecia especialmente en los referéndums. Si hay un patrón claro a escala global, es que la mayoría termina votando contra la propuesta del gobierno. Las únicas excepciones confirman la regla: en Grecia y en Hungría ganaron ampliamente las propuestas de gobierno porque las consultas estaban convocadas contra la política de Bruselas, bien fuera de las condiciones del rescate, bien de cuotas de refugiados.

El voto a la contra es una tendencia creciente.[33] Desde 1945 se han celebrado más de mil referéndums. En los celebrados hasta el año 2000, la victoria era del sí en siete de cada diez casos. En la primera década del presente siglo, la proporción desciende a seis de cada diez, y en la década actual la proporción ha bajado al 55 por ciento. La tendencia se ha acentuado hasta el punto de que en los nueve referéndums más importantes de 2015 y 2016 la victoria ha sido del no. Anteriormente, hemos visto el rechazo a una mayor integración en la Unión Europea en Dinamarca, Suiza, Suecia, Francia y Holanda.

Tabla I. Previsión y resultados de los referéndums

País	Fecha	Cuestión	Previsión	Resultado	Gobierno
Hungría	2-oct-16	Cuotas de refugiados	No 93 %	No 98 %	**Gana**
Grecia	7-may-15	Condiciones rescate	No 51 %	No 61 %	**Gana**
Italia	4-dic-16	Reforma Constitución	No 53 %	No 59 %	Pierde
Colombia	2-oct-16	Acuerdos de paz	Sí 59 %	No 50 %	Pierde
Reino Unido	23-jun-16	Permanencia UE	Permanencia 51 %	Abandono 52 %	Pierde
Holanda	6-abr-16	Acuerdos UE-Ucrania	No 59 %	No 61 %	Pierde
Nueva Zelanda	3-mar-16	Cambio de bandera	No 66 %	No 57 %	Pierde
Bolivia	21-feb-16	Ampliación mandatos	No 51 %	No 51 %	Pierde
Dinamarca	3-dic-15	Integración en UE	No 52 %	No 53 %	Pierde

En siete de los nueve sufragios, los sondeos fueron capaces de anticipar los resultados definitivos, incluso en casos tan ajustados como en Bolivia o Dinamarca, mientras que en dos casos los sondeos erraron: en el de permanencia del Reino Unido en

33. Recojo resumido parte del análisis del primer número de *Nueva Revista* de 2017, donde analizo con más detalle el comportamiento electoral en las últimas consultas: «Referéndums: ¿contra quién hay que votar?».

la Unión Europea y, especialmente, en el plebiscito de los Acuerdos de Paz en Colombia. En los tres países donde hubo encuestas a cierre de urnas, sus estimaciones fueron más precisas que las encuestas preelectorales.

Incluso en el *brexit* conviene discernir qué sucedió realmente con los sondeos. Durante años, éstos revelaban que la mayoría de los británicos estaba a favor de la salida de la Unión Europea. Esa mayoría fue descendiendo a medida que avanzaba la campaña electoral sin llegar a ser minoritaria. Diez de los primeros catorce sondeos publicados en junio, a escasas semanas del referéndum, apostaban por la vitoria del *leave*; según las encuestas publicadas ganaba el *brexit*. Sin embargo, el asesinato de la diputada laborista Joe Cox a siete días de la cita, cuando hacía campaña a favor de la permanencia, introdujo un elemento emocional cuyo impacto es muy difícil de medir. En la última semana, de los ocho sondeos publicados, seis daban una ligera ventaja del *remain* y sólo dos consiguieron anticipar el *brexit*.

Donde sí se desviaron realmente las encuestas fue en el plebiscito de Colombia. En agosto hubo sondeos que anticipaban una ventaja holgada del no a los acuerdos en los términos que se estaban planteando, pero a partir de septiembre la distancia del sí era tan amplia que dejaba poco margen a la duda. No obstante, la baja participación de apenas el 37 por ciento del censo y la prohibición de publicar sondeos los seis días previos supusieron un reto añadido a los institutos colombianos. Era probable que la última semana se produjera un cambio en contra del gobierno, como se ha detectado en el resto de los procesos, sean electorales o plebiscitarios. Sin lugar a dudas, de haber habido sondeos a boca de urna, habrían detectado que la victoria del sí a los acuerdos no estaba tan garantizada.

El electorado no sólo está perdiendo el miedo a votar contra lo establecido, sino que su reacción a las amenazas es contraria a la esperada. A una semana del referéndum del *brexit*, George Osborne, ministro de Hacienda británico, declaró que la derrota del *remain* supondría un recorte en gasto público de 30.000 millones de libras que implicaría incremento de impuestos y recortes en educación y sanidad. Dos días después, el presidente de

Colombia, Juan Manuel Santos, afirmaba en Davos: «¿Cómo sé que si no hay acuerdo volvemos a la guerra? Tenemos información amplísima de que las FARC están preparadas para volver a la guerra y la guerra urbana, que es más demoledora que la guerra rural. Eso es una realidad, lo sé, y por eso es tan importante que lleguemos a un acuerdo». Estas declaraciones hicieron cambiar el voto de uno de los colombianos que entrevisté en Bogotá el día siguiente del plebiscito: «Yo voté al presidente Santos y estaba a favor del sí, pero el día que lo escuché decir que si no ganaba el sí, las FARC atentarían en Bogotá, pensé: ¿después de más de doscientos mil muertos estos terroristas van decidir mi voto con amenazas?». A una reflexión parecida llega el exviceprimer ministro del Reino Unido, Nick Glegg, en una entrevista con el diario *ABC*: «Noté que el estado de ánimo era totalmente distinto a las encuestas. La gente se enfadó muchísimo con las amenazas de George Osborne de que si no ganaba el *remain* habría subida de impuestos y recortes en educación y sanidad». Por lo tanto, no, no es el populismo el rasgo común de los actuales procesos electorales, sino la realidad de que los electorados ya no reaccionan a las amenazas. Las amenazas ya no funcionan, o al menos no funcionan como antes.

El voto a la contra no es fruto sólo de la fragmentación, también lo es del creciente distanciamiento entre los representantes y sus representados. La valoración de las instituciones democráticas se va deteriorando en todas las democracias conforme la sociedad las va asumiendo como garantizadas. De igual modo, se ha ido desgastando la imagen de la clase política, en parte debido a la mejora del nivel educativo de la población, en parte debido a un estilo de hacer política cada vez más cortoplacista e interesado. La crisis económica no ha hecho más que acelerar este deterioro. Las nuevas ofertas políticas no están ganando por su capacidad de generar ilusión, sino por convertirse en altavoz de los indignados, de los deplorables, de los silenciados... y de hacerlo además con determinación escapando de correcciones políticas. No hay en este estilo de comunicación distinción ideológica; en ambos extremos se escucha el mismo mensaje: nos atrevemos a decir lo que la gente piensa y la vieja política calla.

Los líderes del partido de extrema derecha Alternativa por Alemania cifran su irrupción en los cuatro *Länder* donde ha habido elecciones regionales en 2016 a que ellos sí dicen lo que piensan los alemanes en cuestiones como la acogida de refugiados o la permanencia en la Unión Europea. En España, Podemos irrumpe en la elecciones europeas de 2014 con más de 1 millón de votos tras emitir en plena campaña una escueta nota de prensa anunciando su negativa a interrumpir la campaña electoral por el asesinato de un líder político, cuando no se ha hecho nunca por el suicidio de ciudadanos amenazados de ser desahuciados de sus viviendas. El mismo día de la nota de prensa, varios entrevistados por GAD3 manifestaron su intención de votar «al chico ese de la coleta, porque es el único que dice lo que de verdad pienso».

El resultado electoral no lo determinan ya los candidatos con más adhesiones, sino los candidatos con más rechazo. ¿Contra quién hay que votar? En Estados Unidos no ha ganado Trump, ha perdido Clinton. Éstas han sido las primeras elecciones de la historia, al menos desde que existen las mediciones demoscópicas, en las que ambos candidatos suspendían en valoración.

Gráfico 3. Elecciones generales: % que decidió su voto la última semana

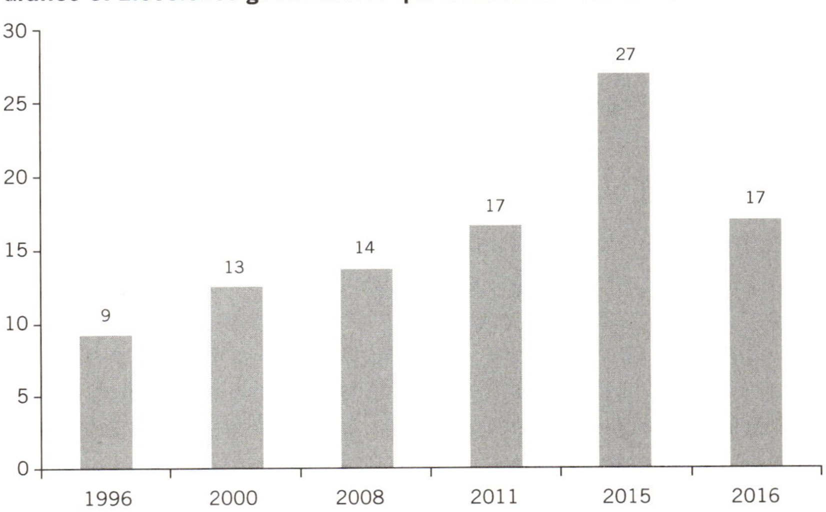

Trump ha sido el primer candidato en ganar las elecciones con un suspenso en su valoración, gracias a que su contrincante tenía valoraciones aún peores.

La fragmentación incrementa la oferta de voto y con ello la volatilidad. En un mundo bipartidista, los únicos movimientos eran entre izquierda y derecha y entre ambos y la abstención. Hoy día, el votante tiene ante sí más ofertas electorales dentro de su espacio ideológico. Por eso crece la indecisión y con ello la necesidad de que los sondeos se acerquen lo máximo posible al día electoral. En algunos países, como España, todavía permanece la prohibición de publicar sondeos durante el último período de la campaña. Cuando la cifra de indecisos no era elevada y sus opciones tampoco lo eran, la precisión demoscópica estaba casi garantizada. Ahora, el porcentaje de los que no han decidido aún su voto cuando la ley permite publicar sondeos preelectorales oscila entre el 17 y el 27 por ciento, como sucedió en las elecciones de diciembre de 2015, en las que aparecieron las nuevas formaciones de Podemos y Ciudadanos.

El votante (casi) nunca miente

Alguna explicación hay que encontrar al fallo generalizado de los sondeos electorales y la más socorrida es echarle la culpa a la afición. Si las encuestas fallan, se ha escrito con profusión, es porque muchos entrevistados mienten en los sondeos. Es más, si la opción finalmente ganadora no da la cara en los sondeos, es porque se trata de una opción vergonzante. Ya asoma en esta teoría uno de los rasgos definitorios de los actuales procesos electorales: el retorno a la prepotencia elitista. Esa élite no es consciente de que hay una parte amplia del electorado que reacciona a su prepotencia vengándose con el voto. Efectivamente, hay amplios sectores de la sociedad que se sienten huérfanos de los políticos tradicionales y ninguneados por los medios de comunicación y que se ven representados en las nuevas fórmulas *antiestablishment*.

Para buscar un apoyo científico a la teoría del voto oculto se acude al fenómeno de la espiral del silencio de Elisabeth Noelle Neumann, obviando que la propia socióloga alemana alertaba de la importancia de diferenciar entre expectativas e intenciones. El poder de la opinión pública como control social es mayor en configurar cuáles son las opciones que se consideran mayoritarias que en determinarlas. Dicho de otro modo, los electores pueden estar equivocados sobre quién creen que ganará pero no sobre a quién votarán. Eso lo sabemos muy bien los cocineros electorales.

Las investigaciones sociológicas trabajan con sujetos y, por tanto, cuentan con múltiples fuentes de error, la gran mayoría involuntarias. A las encuestas hay que exigirles que sean científicas, es decir, que sigan unas reglas y, sobre todo, que sean replicables, pero no se puede esperar que sean objetivas porque se trata de la opinión de muchos sujetos. Es otra de las ficciones modernas: confundir los porcentajes con la objetividad. De la subjetividad de los sondeos hay quien sabe más incluso que los cocineros electorales: los propios entrevistadores.

El votante, cuando el cuestionario está bien elaborado, apenas miente. Ante lo comprometido se esconde en la respuesta muda, es decir, en el «no sabe, no contesta», que, si la encuesta es de voto, suele ser mayor entre mujeres de mayor edad. La mejor prueba de que el votante no miente es acudir al histórico de

Gráfico 4. Desviación media de los sondeos en España

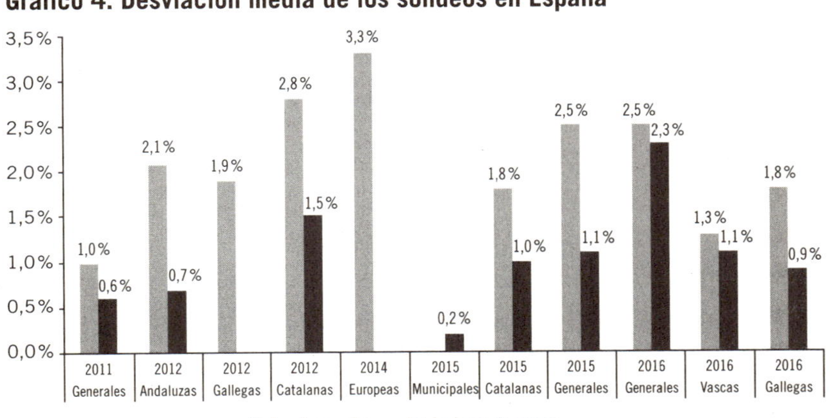

precisión de los sondeos publicados. Ya hemos indicado que, en el caso de España, la ley prohíbe publicar en un período en el que se está decidiendo entre el 17 y el 27 por ciento de los votantes. Las encuestas publicadas a cierre de urnas, realizadas bien a la salida de los colegios, bien telefónicamente los últimos días de la campaña —como es el caso de GAD3—, han estado en la gran mayoría de los casos rondando el 1 por ciento de desviación media de los seis principales partidos. La gran excepción fueron las elecciones generales de 2016, en las que la encuesta telefónica se desvió un 1,8 por ciento y la *exit poll* un 2,8 por ciento. Lógicamente, en el imaginario colectivo español quedarán en el recuerdo las elecciones en las que el *sorpasso* anunciado por los sondeos no se produjo. De nada sirve que en las elecciones autonómicas del País Vasco y de Galicia tres meses después las encuestas volvieran a ser muy precisas.

Lo que sí es cierto es que las opciones ganadoras en las urnas no lo están siendo en la calle. Ni siquiera cuando manifiestan en las urnas que son mayoritarias. He sido testigo en Glasgow de la celebración de la victoria del sí a la independencia de Escocia horas antes de que se cerraran las *polling stations*, pero no de la victoria final de la permanencia en el Reino Unido. Puedo dar fe de que tampoco hubo celebraciones ni en Londres, ni en Bogotá, ni en Roma cuando se supo el resultado de las consultas. Tampoco los votantes del Trump llenaron las calles de Washington DC como años antes lo hicieron los de Obama. La única excepción fue la victoria del «*oxi*», que llenó de muchedumbres las principales plazas de Atenas. Parece otro de los rasgos definitorios del voto actual: hay más resignación que ilusión en las opciones ganadoras.

La élite, en su torre de marfil

La democracia representativa se extiende a lo largo del siglo XX, es por tanto un invento muy moderno de la humanidad. A comienzos del pasado siglo sólo uno de cada cien habitantes del planeta vivía en un régimen democrático y en ningún caso con sufragio universal. A finales de siglo, la mitad de la población vivía en un régimen más o menos democrático. La extensión de la democracia va de la mano de la creciente penetración de los medios de comunicación en el conjunto de la población. Los electores del principio del siglo XX se informaban en la prensa de papel. A partir de los años cuarenta, la radio permitió a los políticos llevar su mensaje a la mayoría de los hogares. Y la televisión en los sesenta supuso la universalización del mensaje político. En el presente siglo, internet viene a complementar, que no a sustituir, el papel de los medios convencionales.

Desde el primer momento, los medios son conscientes del poder de los sondeos para informar en nombre del electorado. Tanto es así que las primeras encuestas de voto no las realizan ni estadísticos, ni sociólogos, sino periodistas. En 1916, la revista estadounidense *Literary Digest* envió a sus suscriptores un cuestionario de voto que fue respondido por millones de lectores. En su número anterior a las elecciones presidenciales fue capaz de anticipar el candidato ganador, el demócrata Woodrow Wilson. El éxito se repitió cada cuatro años hasta 1936, cuando la portada apuesta por la derrota del presidente Roosevelt, que gana por más de veinte puntos. Por primera vez en la historia, tres sociólogos —Gallup, Roper y Crossley— demuestran que la calidad de una encuesta no depende del número de entrevistados, sino de cuán representativos sean de la población entrevistada.

Los medios y las encuestas han permitido poner en valor la principal virtud de la democracia, que no es tanto la capacidad del pueblo de poner y quitar gobiernos como de que éstos sean conscientes de que su llegada y permanencia dependen del pueblo. Desde esta perspectiva, las encuestas de voto cumplen un papel que va mucho más allá de la mera predicción electoral: son la mejor herramienta para que el votante haga sentir su voz entre elección y elección. La capacidad de predicción de las encuestas de voto —en ningún otro campo de investigación social tenemos tantas posibilidades de contrastar la estimación demoscópica con la realidad— es necesaria para garantizar su credibilidad. Si los sondeos no son capaces de estimar bien el voto en el momento de la votación, ¿por qué hay que creerse que el resto de los resultados son fiables? Cierta desviación es incluso positiva para la democracia; un acierto sistemático y exacto de los resultados podría llevarnos a intentar prescindir del coste de todo proceso electoral. Por el contrario, grandes desviaciones del resultado final pondrían en duda su capacidad para conocer las opiniones y actitudes de los ciudadanos.

Las encuestas han permitido dar voz a los electores. El divorcio entre la élite y la mayoría social nos está llevando a los institutos a complementar las encuestas a la población general con muestras específicas de líderes de opinión. En el referéndum de Italia, la posición entre los líderes y el conjunto de los votantes sobre la reforma de la Constitución no puede ser mayor. Mientras que casi todos los líderes empresariales, religiosos, culturales, etc., apostaban por las reformas propuestas por el primer ministro, Matteo Renzi, la mayoría de los italianos rechazaban aprobarlas.[34] No era un voto contra las reformas, sino un voto contra quien las proponía. Es el riesgo de los referéndums: que los electores raramente responden a la pregunta que se les formula sino que votan en clave política. Y ya sabemos que *all politics is local* [toda política es local].

El elector, en el fondo, prima los intereses de su entorno cercano sobre los intereses nacionales, y los nacionales sobre los supranacionales. Y cuando el político pone en sus manos una decisión, los electores acuden al atajo ideológico. Los colombianos no votaron en función de las trescientas páginas de los acuerdos de paz, sino que siguieron las indicaciones de sus líderes políticos, e incluso religiosos. El patrón de voto por departamentos y municipios no tuvo ninguna correlación con la intensidad de la violencia terrorista sino con el voto tradicional de los colombianos. Bogotá y la costa atlántica apostaron por la posición del presidente Juan Manuel Santos, como dos años antes, cuando le dieron la victoria en las presidenciales. Medellín, la segunda ciu-

34. Agradecemos al Istituto Piepoli la oportunidad de seguir el referéndum en su sede de Roma y en la televisión pública italiana, la RAI, compartiendo sus datos y análisis con GAD3.

dad del país, votó mayoritariamente por el no a los acuerdos, como le pidió el expresidente Álvaro Uribe, antiguo alcalde de la ciudad.

De nada le sirvió al gobierno de Colombia contar con el apoyo explícito de líderes internacionales como Barack Obama, Juan Carlos I, Mauricio Macri, Christine Lagard... Tampoco de personajes tan populares como Juanes, Carlos Vives, Andrea Echevarri o el mismo papa Francisco. Tampoco le sirvió a Hillary Clinton el apoyo de la mayoría de los personajes de Hollywood. Parece que el respaldo de los vip se ha vuelto contraproducente; ya nada es como era. El premio al líder que apoya causas finalmente derrotadas se lo lleva Barack Obama, que ha apoyado a Clinton, el *remain* en el referéndum del Reino Unido, el sí a los acuerdos de paz en Colombia y el sí a la reforma de la Constitución en Italia. Hay una mayoría de ciudadanos que decodifican el mensaje de los líderes de opinión como un refuerzo a que nada cambie.

El creciente divorcio entre la élite y el resto se observa desde el punto de vista territorial. Las capitales cosmopolitas y con votantes más jóvenes apuestan por lo políticamente correcto, mientras los territorios más rurales y despoblados votan contra esa élite. Londres votó por la permanencia en la Unión Europea, Viena votó por el candidato verde en las presidenciales, Bogotá votó por el sí a los acuerdos de paz y las grandes urbes de Estados Unidos votaron por Hillary Clinton. La victoria del *brexit* se produjo en la Gran Bretaña profunda, y la de Trump en la América profunda. La misma definición de profunda para describir esos sectores sociales es una muestra de cuán lejos están las élites urbanas de esos ciudadanos.

¿Nos esperan muchos más sobresaltos?

El diario francés *Le Parisien-Aujourd'hui en France* ha anunciado que en las próximas presidenciales (cuando aparezca este artículo y el conjunto del libro estará a punto de realizarse) no desarrollará sondeos, con el argumento de que fueron incapaces de detectar la victoria de François Fillon en las primarias conservadoras, como tampoco lo fueron con el *brexit* o con Trump. El periódico parisino no critica la metodología de los sondeos sino su elitismo al centrarse más en los candidatos y en los partidos y menos en los problemas y motivaciones de los electores. No le falta razón. Sin embargo, la solución más que prescindir de sondeos debería ser complementarlos con información cualitativa a pie de calle. Es de hecho lo que han prometido a sus lectores, comenzando con un reportaje de entrevistas a obreros sobre su intención de voto. El problema se presenta cuando de unas entrevistas, por muy cualificadas que sean, se pretende inferir el voto del conjunto del cuerpo electoral.

Para conocer la motivación electoral todavía no se ha encontrado ningún sustituto a la respuesta de los mismos votantes. Los institutos de investigación cada vez tenemos más herramientas para analizar el voto pero ninguna es capaz, al menos hasta la fecha, de sustituir a las encuestas. Todos los métodos exitosos se basan en sondeos y, cuando éstos fallan, también fracasan aquéllos. Los agregadores de encuestas, como el mencionado de Nate Silver o el de Kiko Llaneras en España, han tenido éxitos a partir de 2008 en muchos países. Sin embargo, han fallado en las últimas citas de Estados Unidos, Reino Unido o España precisamente porque su materia prima, las encuestas, no fue buena. Tampoco las predicciones basadas exclusivamente en el seguimiento de redes sociales funcionan como predictor electoral; actualmente no existe ningún modelo que no se apoye en los sondeos publicados. No hablo de las operaciones de marketing para vender los muchos productos que se ofrecen en el mercado, hablo de la realidad empresarial que hay tras dichos modelos.

Tampoco los modelos basados exclusivamente en el análisis de datos objetivos, el sueño de cualquier experto electoral, han conseguido dar todavía sus frutos. *Slate* intentó en las presidenciales de Estados Unidos anticipar el resultado en estados clave mediante un análisis muy elaborado de la participación por distritos y el resultado fue aún peor que el de los sondeos preelectorales.

Como hemos visto, no es la primera vez que la demoscopia electoral atraviesa etapas de dificultad. De todas ellas ha salido siempre de la misma forma: revisando a fondo los métodos científicos de obtención y análisis de la información. Tras el fiasco de las presidenciales estadounidenses de 1948, Gallup realizó una exhaustiva revisión de su metodología que le permitió volver a acertar durante sesenta años. En el Reino Unido, la credibilidad de las *exit poll* lideradas por John Curtice está garantizada gracias a la investigación a fondo en 1992 para detectar qué falló. Desde entonces, cuando la BBC anuncia los resultados de la *exit poll* nadie duda de su fiabilidad, a pesar de que, como en las últimas elecciones generales, sus resultados fueran contrarios a todas las encuestas preelectorales publicadas.

Dicho esto, hay que reconocer que, en la gran mayoría de los procesos electorales celebrados en los últimos años, la demoscopia electoral ha realizado un buen trabajo al detectar todos los vaivenes de voto y ser capaces de anticipar el resultado. Así ha sido en Perú, Austria, Australia o Rusia. Anteriormente, en Brasil, Portugal, Polonia, en la repetición de las elecciones en Turquía... Incluso la irrupción de nuevas formaciones ha podido ser sorpresiva en algunos casos, como en la elecciones europeas en España, pero en la gran mayoría han sido anticipadas por las encuestas. En las elecciones regionales de Alemania, el resultado de Alternativa por Alemania no ha sorprendido a los que hayan seguido de cerca las encuestas publicadas. Y de las encuestas sobre referéndums sólo hablamos de los casos de Colombia o el Reino Unido, no de los otros siete casos porque sí acertaron. La victoria del sí a la reforma constitucional en Italia, en contra de los sondeos, habría aumentado el debate sobre su idoneidad.

El año 2017 se presenta cargado de citas electorales en Europa en las que el papel de los nuevos partidos va a ser determinante. En Holanda, la formación de extrema derecha PVV, liderada por Geert Wilders, encabeza los sondeos a un mes de la cita con las urnas. En Francia, Marine Le Pen tiene prácticamente garantizado el paso a la segunda vuelta. La duda este año en

Alemania no es si Alternativa por Alemania entra en el Bundestag, se quedó a las puertas en 2013, sino cuántos escaños logrará. El movimiento Cinco Estrellas también lidera los sondeos en Italia, de ahí que busque el adelanto electoral. Definitivamente, 2017 va a ser un año de radicalización electoral; esperemos que los sondeos sean capaces de avisarnos ante posibles sobresaltos.

10

Hacia una nueva era: qué cambiará social y económicamente en Estados Unidos, en Europa y el mundo

Federico Steinberg

Esta es la paradoja que define el mundo de hoy. El mundo es más próspero que nunca, y sin embargo, nuestras sociedades están marcadas por la incertidumbre y el malestar. Así que tenemos una elección por delante: retroceder hacia una economía anticuada y hermética o avanzar hacia delante, reconociendo la desigualdad que implica la globalización y comprometiéndonos a hacer que la economía global funcione mejor para todo el mundo, no sólo para la élite.

BARACK OBAMA

Introducción[35]

Hace décadas que existe un consenso entre las principales fuerzas políticas de Estados Unidos y Europa en torno a la idea de que la apertura económica es positiva. Así, de forma paulatina, se han ido liberalizando los flujos de comercio e inversión y, en menor medida, de trabajadores. Gracias a este orden liberal, las sociedades occidentales se han vuelto más prósperas, más abiertas y más cosmopolitas. Aunque la apertura económica genera-

35. La primera parte de este capítulo está basado en Otero Iglesias, Miguel y Federico Steinberg (2016): «Causas del rechazo a la globalización: más allá de la desigualdad y la xenofobia», análisis del Real Instituto Elcano, ARI 81/2016.

ba perdedores, la mayoría de los votantes estaban dispuestos a aceptar un mayor nivel de globalización. Podían, como consumidores, adquirir productos más baratos de países como China y, además, entendían que el Estado del Bienestar los protegería de forma suficiente si, transitoriamente, caían del lado de los perdedores (en economía política esto se llama la «hipótesis de la compensación»,[36] según la cual los países más abiertos tienden a tener administraciones públicas más grandes y que redistribuyen más). Los países en desarrollo, por su parte, también se han venido beneficiando de la globalización económica exportando productos al rico mercado transatlántico (que cada vez es más abierto) y enviando remesas desde Occidente a sus países de origen. El invento parecía funcionar.

Sin embargo, en los últimos años, y muy especialmente desde la crisis financiera global de 2008 y la crisis de la zona euro de 2010, los defensores de estas políticas (socialdemócratas, demócrata-cristianos y liberales, y en parte los verdes) se encuentran cada vez más acorralados electoralmente por nuevos partidos extremistas que abogan, en mayor o menor medida, por el cierre de fronteras, tanto al comercio como a la inmigración. En su mayoría se trata de partidos de extrema derecha (aunque también los hay de extrema izquierda), que reivindican la recuperación de la soberanía nacional que sienten que han perdido a manos de los mercados globales, de una disfuncional Unión Europea o de unas políticas migratorias que consideran demasiado liberales.

En este sentido, en el conocido como trilema de Rodrik[37] se establece que sólo se pueden elegir dos de las siguientes tres opciones: hiperglobalización, Estado-nación y democracia, estos movimientos optan por las dos últimas. «Recuperar el control del país» es un eslogan que comparten Trump en Estados Unidos, los partidarios más nacionalistas del *brexit* en el Reino Unido o el Frente Nacional francés. Todos ellos aspiran a conseguirlo

36. Véase Rodrik, Dani, «Why Do More Open Economies Have Bigger Governments?», *Journal of Political Economy*, 106, pp. 997-1032, 1998.

37. Rodrik, Dani, *La paradoja de la globalización*, Barcelona, Editorial Antoni Bosch, 2012.

reduciendo el comercio internacional y expulsando a los inmigrantes. Sus mensajes proteccionistas, nacionalistas y xenófobos, pretenden dar soluciones simples a cuestiones complejas, y están atrayendo a cada vez más votantes desencantados con la marcha de sus sociedades.

En las siguientes páginas indagamos sobre las causas que explican el apoyo a estos nuevos partidos y exploramos las posibles consecuencias de su llegada al poder. A la idea de que el declive económico de las clases medias y la creciente xenofobia imperante en Occidente explican la victoria de Donald Trump en Estados Unidos, el *brexit* o el auge del Frente Nacional en Francia, ente otros, añadimos otras tres: la mala digestión que grandes capas de la población están haciendo del cambio tecnológico, la crisis del Estado del Bienestar y el creciente desencanto con la democracia representativa. Asimismo, analizamos las implicaciones geopolíticas y económicas del auge de estas nuevas formaciones, con especial atención a lo que podemos esperar de la administración Trump y del futuro de la Unión Europea.

El auge de los nuevos partidos: desigualdad económica, xenofobia y más allá

Hay dos hipótesis básicas (y no necesariamente contradictorias) que explican por qué el electorado está apoyando con cada vez más intensidad a los nuevos partidos y movimientos *antiestablishment* en Occidente. Por una parte, tenemos a quienes sostienen que la revuelta populista se alimenta de votantes de clase media y baja que ven cómo sus ingresos están estancados y que están convencidos de que sus hijos vivirán peor que ellos. Como ha demostrado Branko Milanović[38] (ver gráfico), éstos son los perdedores de la globalización. Se trata en su mayoría de trabajadores poco cualificados de los países occidentales, que no se están pudiendo adaptar a la nueva realidad económica y tecno-

38. Milanović, Branco, *Global Inequality. A New Approach for the Age of Globalization*, Harvard University Press, 2016.

lógica global y que, al perder sus empleos por la deslocalización y la competencia de los productos de países con salarios bajos y ver como el Estado del Bienestar no los ayuda lo suficiente, optan por dar su apoyo a quienes prometen protegerlos cerrando las fronteras. Esta hipótesis explicaría por qué, por ejemplo, el Frente Nacional francés se nutre cada vez más de votantes socialistas, de clase trabajadora o incluso de clase media, desencantados con las políticas económicas de Hollande o por qué muchos trabajadores en paro o mal pagados de Little England, tradicionalmente laboristas, apoyaron el *brexit* con la esperanza de que una Gran Bretaña fuera de la Unión Europea y con mayor margen de maniobra política podría protegerlos mejor de la competencia exterior.

La segunda hipótesis, también plausible, es que los votantes no se están yendo a la derecha por cuestiones económicas, sino por elementos identitarios y culturales. Así, el racismo y la xenofobia latentes que siempre han existido en Occidente (pero cu-

Gráfico 1: Ganadores y perdedores de la globalización

Crecimiento del ingreso real acumulado (1998-2008)

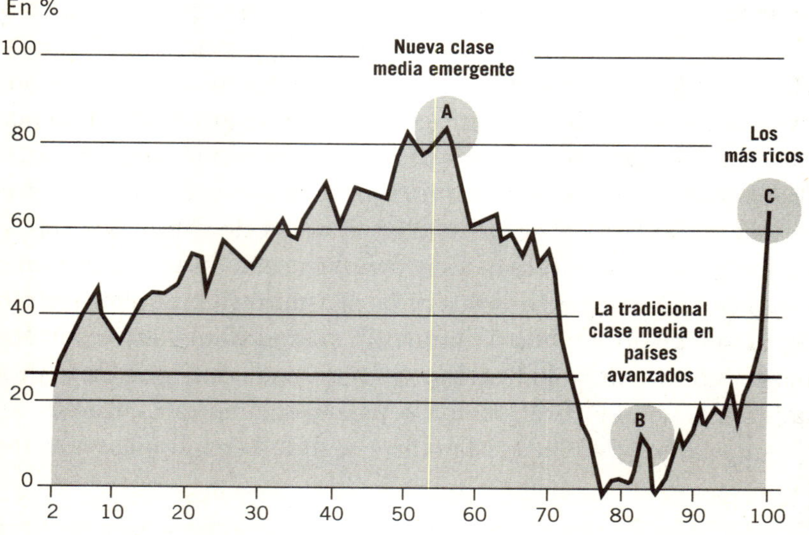

Fuente: Branko Milanović (2016).

yas expresiones eran políticamente incorrectas desde el final de la segunda guerra mundial), estarían saliendo del armario debido al impacto social y cultural del aumento de la inmigración de las últimas décadas. Los votantes apoyarían así a partidos con líderes fuertes (cuyos postulados rozan el autoritarismo, como vemos en el caso de Orbán en Hungría) que ofrecen recetas para proteger la «identidad nacional» y frenar el proceso de cambio y disolución de los valores y la cultura tradicionales que la apertura y el multiculturalismo han traído. El miedo a los ataques terroristas de grupos islámicos extremistas facilita este discurso porque permite concentrar el odio al extranjero en el inmigrante de origen musulmán (que se mezcla con el debate sobre los refugiados en Europa), colocando a la seguridad en el centro del debate político, algo que no sucedía desde hace mucho tiempo en Europa. Así, los líderes fuertes y con ideas simples y claras (con discursos como el «nosotros contra ellos») seducen al votante temeroso, alimentando la ilusión de que la respuesta a sus miedos pasa por recuperar un patriotismo y sentido de comunidad perdidos y colocar a un padre protector al frente del gobierno, cuyo máximo exponente sería Putin en Rusia, figura a la que tanto Trump como Le Pen dicen admirar.

Por el momento, existe evidencia empírica para corroborar ambas hipótesis. En un reciente estudio, la consultora Mckinsey mostraba que, entre 2005 y 2014, la renta real en los países avanzados se había estancado o había caído para más del 65 por ciento de los hogares, unos 540 millones de personas.[39] Asimismo, varios estudios demuestran que aquellas regiones de Estados Unidos que importan más productos de China tienden a desindustrializarse más rápido, lo que genera bolsas de desempleados que, lejos de encontrar trabajo rápidamente en otros sectores, se ven excluidos del mercado laboral de forma permanente. Además, son precisamente esas zonas las que tienden a

39. «Poorer than their parents. A new perspective on income inequality», Mackinsey Global Institute, junio de 2016, <http://www.mckinsey.com/global-themes/employment-and-growth/poorer-than-their-parents-a-new-perspective-on-income-inequality>.

votar a políticos más radicales y con propuestas más proteccionistas.[40]

Por otra parte, otros estudios han demostrado que los votantes de los partidos de extrema derecha en Europa y de Trump en Estados Unidos, lejos de ser los perdedores de la globalización, son en su mayoría clases medias y altas blancas cada vez más abiertamente xenófobas. Así, según un estudio de comportamiento electoral en siete democracias europeas, el mejor predictor del voto de extrema derecha sería el apoyo a las políticas restrictivas contra la inmigración, no las preferencias económicas de centro-derecha o la desconfianza hacia los políticos en general o hacia las instituciones europeas en particular. Otro estudio demostró también que los hombres son más proclives a apoyar a estos partidos que las mujeres, aunque sean estas últimas quienes más perjudicadas se han visto por el aumento del libre comercio al ocupar en mayor medida empleos de salarios bajos.[41]

Para muchos, discernir cuál de las dos hipótesis es correcta es importante para poder diseñar políticas públicas que hagan frente al auge de los partidos *antiestablishment* que amenazan con revertir décadas de políticas económicas que han generado riqueza y prosperidad. Pero tal vez ambas hipótesis sean correctas, en cuyo caso habría que atajar las dos causas conjuntamente. Sin embargo, es posible que reducir el problema al declive

40. David H., David Dorn y Gordon H. Hanson, «The China Syndrome: Local Labor Market Effects of Import Competition in the United States», *American Economic Review*, 103(6): 2121-2168, 2013; David, David Dorn y Gordon Hanson (2016), «Importing political polarization? The electoral consequences of rising trade exposure», NBER, Working Paper 22637 y Che, Yi, Yi Lu Justin R. Pierce, Peter K. Schott y Zinghan Tao, «Does trade liberalization with China influence US elections?», NBER, Working Paper 22178, 2016.

41. Estos y otros ejemplos se encuentran sintetizados en «White Riot» de Zack Beauchamp, <http://www.vox.com/2016/9/19/12933072/far-right-white-riot-trump-brexit>. Véase también Robert Inglehart y Pipa Norris, «Trump, Brexit, and the Rise of Populism: Economic Have-Nots and Cultural Backlash», Working Paper RWP16-026, Havard Kennedy School, 2016.

económico, la desigualdad y la xenofobia sea demasiado simplista. La realidad es más compleja y hay otras razones que podrían explicar el rechazo a la globalización y orden liberal. A continuación, las exploramos.

El impacto de las nuevas tecnologías

La robotización y la inteligencia artificial se presentan normalmente como grandes avances para nuestras sociedades. Aumentan la productividad y generan enormes oportunidades. El robot está presente en muchos sectores, desde la industria del automóvil y la aeronáutica hasta los astilleros. En el futuro conducirá por nosotros, cocinará y reparará averías en el hogar.[42] El simple uso cotidiano del teléfono móvil ya nos ha liberado de muchos quebraderos de cabeza. Desde él, podemos chatear instantemente, realizar operaciones bancarias, ver un partido de fútbol o una película y saber cómo llegar lo más rápidamente posible a cualquier lugar. La llegada de Uber como sustituto del taxi convencional, así como otras aplicaciones, está transformando nuestras vidas. Pero justamente este progreso, y lo rápido que avanza, asusta a mucha gente. En Nueva York el sindicato de conductores ya ha anunciado que va a luchar contra la implantación de coches sin conductor de Uber. Y el sector hotelero está inquieto ante el crecimiento de Airbnb.

La tecnología aumenta la productividad, pero también reduce empleo en el corto plazo, sobre todo el rutinario que no requiere de una alta cualificación. Esto lleva a muchos ciudadanos de clase obrera, pero también cada vez más de clase media, a mirar con desconfianza o incluso resistirse a la modernidad y los grandes cambios tecnológicos que promueve el orden liberal, como ya hiciera el movimiento luddita (de *luddismo*) que abogaba por la destrucción de las máquinas durante la Revolución

42. Véase Ortega, Andrés, *La imparable marcha de los robots*, Alianza Editorial, 2016.

industrial. Los robots ya no sustituyen sólo a los empleados en las cadenas de montaje, poco a poco están desplazando también a los trabajadores administrativos como las secretarias, los empleados de banca, los contables, e incluso los abogados y los asesores financieros (ver gráfico 2).

Muchos *millennials* (nacidos entre 1980 y 2000), por ejemplo, raramente van a la sucursal del banco y la gestión de la cartera de sus ahorros la hacen a través del logaritmo de un *robo-advisor* (es decir, a través de la pantalla del ordenador). Todo esto está creando una brecha tecnológica importante entre los profesionales más cualificados, que ven como sus ingresos suben y por lo tanto se encuentran cómodos en un mundo cada vez más competitivo, cosmopolita y globalizado, y los que no lo están. Esta división explica en parte por qué el medio rural haya votado a favor de Trump y el *brexit* mientras que las grandes ciudades se hayan decantado por Hillary Clinton y la pertenencia del Reino Unido a la Unión Europea.[43]

En este caso, el temor que se expresa en el voto de protesta no refleja tanto un rechazo a los empleos perdidos, como el miedo a perder los empleos del futuro o a entrar en la categoría de los trabajadores pobres, así como a no poder entender ni utilizar las nuevas tecnologías, algo que sucede especialmente entre los ciudadanos más mayores. Millones de votantes poco cualificados o del mundo rural sienten que el Estado no se preocupa suficientemente de ayudarlos a subirse al tren de la modernidad. Cada vez hay una brecha formativa mayor. Los que se pueden permitir invertir en una educación que los prepare para el siglo XXI tienen todas las de ganar. Quienes no puedan tendrán cada vez más dificultades para encontrar trabajo y se quedarán en la cuneta, incluso si poseen un título universitario. Esto crea una enorme frustración y podría explicar el voto antisistema.

43. Un buen resumen del impacto de la tecnología sobre el mercado laboral se puede encontrar en David Rotman, «How technology is destroying jobs», *MIT Technology Review*, 12 junio de 2013, <https://www.technologyreview.com/s/515926/how-technology-is-destroying-jobs/>.

Gráfico 2: Profesiones amenazadas por la automatización

Probabilidad de informatización de determinadas profesiones			
Marketing		**Creación de contenido**	
1,4 %	Directores de marketing	1,5 %	Artistas y animadores multimedia
1,5 %	Relaciones públicas y director de captación de fondos	2,1 %	Fotógrafos
3,7 %	Organizadores de reuniones, convenciones y eventos	2,2 %	Productores y directores
3,9 %	Directores de publicidad y promociones	2,3 %	Directores de arte
13,0 %	Analistas de gestión	3,8 %	Escritores y autores
18,0 %	Especialistas en relaciones públicas	5,5 %	Editores
22,0 %	Estadísticos	8,2 %	Diseñadores gráficos
23,0 %	Investigadores de sondeos	16,0 %	Edición electrónica
61,0 %	Analistas de estudios de mercado y especialistas en marketing	31,0 %	Editores de cine y vídeo
66,0 %	Ayudantes de estadísticos	84,0 %	Correctores
94,0 %	Analistas financieros	89,0 %	Escritores técnicos
Ventas		**Tecnología de la información**	
0,41 %	Ingeniero de ventas	0,65 %	Analistas de sistemas informáticos
1,3 %	Director comercial	1,5 %	Investigadores científicos informáticos
7,5 %	Supervisores de primera línea/ gerentes de los trabajadores de ventas mayoristas	3,0 %	Administradores de red y de sistemas informáticos
25,0 %	Representantes comerciales, al por mayor y manufacturero	3,0 %	Administradores de bases de datos
28,0 %		3,5 %	Analistas de investigación de operaciones
51,0 %	Promotores de producto	3,5 %	Administradores de sistemas informáticos y de la información
54,0 %	Vendedor de publicidad	4,2%	Programadores de software y de aplicaciones
85,0 %	Representantes comerciales, al por mayor y manufacturero	13,0 %	Programadores de software, y de sistemas informáticos
92,0 %	Vendedor de seguros	22,0 %	Profesiones informáticas, todas las demás
92,0 %	Vendedor minorista	48,0 %	Programadores informáticos
99,0 %	Vendedor telefónico	65,0 %	Especialistas en soporte informático

Fuente: The Future of Employment, Carl Benedikt Frey y Michael A. Osborne, 2013.

El Estado del Bienestar crea proteccionismo

Otra posible causa del descontento de una gran parte del electorado es la apuntada por Robert Gilpin en los años ochenta: que el progresivo aumento del Estado del Bienestar puede crear grupos de interés proteccionistas.[44] Pensemos en los pensionistas. Otto von Bismarck introdujo el primer sistema de pensiones en Alemania en 1889. Entonces, los trabajadores se jubilaban a los setenta años, mientras que la esperanza de vida de aquella época no superaba los cuarenta (luego, pocos recibían una pensión).[45] Hoy, sin embargo, la jubilación se mantiene en los sesenta y cinco años (o se ha subido a los sesenta y siete), pero la esperanza de vida en la mayoría de los países desarrollados está en el entorno de los ochenta años. En un mundo cada vez más competitivo y globalizado, ese nivel de gasto social es difícil de mantener. Habría que subir la edad de jubilación, aumentar los años de cotización o reducir el valor de las pensiones, pero la resistencia es enorme. En muchos países europeos, la mayoría de la población considera las pensiones como un derecho adquirido irrenunciable. Para protegerlas, se plantea como solución levantar aranceles a los productos provenientes de Asia, introducir controles de capital para retener la riqueza dentro el país y aumentar los impuestos para sufragar el gasto social.

Otro grupo que se podría estar volviendo cada vez más proteccionista es el de los funcionarios. Hasta ahora, los trabajadores del sector público estaban mucho menos expuestos a la competencia foránea que los del sector privado, lo que permitía que sus salarios fueran relativamente altos. Sin embargo, una vez que la globalización de la actividad económica pasa del sector secundario de las manufacturas industriales al sector servicios, incluidos los servicios públicos, la competencia se va a notar

44. Véase el segundo capítulo de Gilpin, Robert, *The Political Economy of International Relations*, Princeton, Princeton University Press, 1987.

45. Von Herbay, Axel, «Otto Von Bismarck Is not the Origin of Old Age at 65», *The Gerontologist*, 1 de octubre de 2013. <http://gerontologist.oxfordjournals.org/content/early/2013/09/26/geront.gnt111.full>.

también en el sector público, cuyos salarios, además, llevan años estancados debido a la Gran Recesión. Y como los funcionarios tienen sindicatos más organizados, la resistencia a la liberalización tenderá a ser mayor. La reciente oposición al acuerdo de libre comercio entre Estados Unidos y la Unión Europea (TTIP, por sus siglas en inglés) y al TISA (acuerdo plurilateral de liberalización de servicios negociado en el seno de la Organización Mundial del Comercio), que son acuerdos que buscan liberalizar partes del sector servicios, se puede explicar desde este ángulo. Del mismo modo, la apertura del mercado de la contratación pública a proveedores extranjeros se ve como una amenaza porque se entiende que la tendencia a privatizar los servicios públicos puede empezar por concesiones de años limitados que actúen como caballos de Troya para privatizar completamente sectores como la educación, la sanidad y el agua.

Precisamente, los profesores, los trabajadores y los estudiantes de la educación pública forman otro grupo de interés que se resiste cada vez más a la globalización. Los primeros no quieren verse expuestos a la competencia que hay en el sector privado. Y los segundos demandan educación pública, de calidad y apoyada con fondos públicos. Al igual que muchos pensionistas, consideran que se debe impedir la competencia en salarios con los países emergentes y retener vía control de capitales la generación de riqueza y su tributación para poder costear la educación pública. De nuevo, esta lógica explicaría el rechazo que se ve en muchas universidades a los tratados de libre comercio y servicios como el TTIP y el TISA. La sensación es que la globalización beneficia sobre todo a las clases altas del *establishment* porque pueden dar una mejor educación a sus hijos e integrarlos en la élite transnacional ganadora de la globalización. Pueden costearles una educación en Harvard o Berkeley en Estados Unidos, Oxford, Cambridge y la London School of Economics en el Reino Unido o las Grandes Écoles en Francia, por poner solo algunos ejemplos, mientras que los hijos de las clases medias y medias-bajas se educan en universidades públicas con recursos menguantes.

La crisis de la democracia representativa

Finalmente, la quinta causa que puede explicar el rechazo al orden liberal es la creciente desconfianza que amplios grupos de la población tienen en las instituciones democráticas. Esto se debe a varios factores. Por un lado, en muchos países occidentales se ha desarrollado una especie de partitocracia, principalmente de los partidos de centro-izquierda y centro-derecha, que ha dominado excesivamente la vida política. Para muchos electores, este centro liberal se turna en el poder, pero sus políticas son muy parecidas y, desde la caída del Muro de Berlín, han sucumbido a las tesis del neoliberalismo. Además, existe cada vez más la sensación de que esta partitocracia está a merced de una plutocracia, formada por grandes intereses económicos, que se beneficia desproporcionadamente del funcionamiento del sistema. Esto hace que haya una falta de conexión y confianza entre las élites y el resto de la población. El principio de autoridad mismo está en entredicho. Muchos ciudadanos piensan que la clase política no los representa, que no tienen voz (ni altavoces para expresar sus ideas como lo hacen a través de las redes sociales) y además piensan que los expertos forman parte de esa élite que se beneficia del sistema actual, por lo que no ofrecen soluciones que vayan a favor de la mayoría.[46]

Según esta hipótesis, la crisis financiera global de 2008 y su gestión posterior habrían tenido unos efectos sociales cuya dimensión sólo estaríamos empezando a vislumbrar. La credibilidad de los expertos, sobre todo de los economistas, la profesión más influyente en el debate público, se ha visto dañada al no ser capaces de predecir la crisis. Acto seguido, la percepción de que el sistema político y judicial actual beneficia a las élites se habría visto confirmada cuando el contribuyente tuvo que rescatar a los bancos mientras que muy pocos de sus gestores tuvieron que pagar por sus errores. Al contrario, la sensación de muchos votan-

46. Véase Gilens, M. y Page, B. I., «Testing Theories of American Politics: Elites, Interest Groups, and Average Citizens», *Perspectives on Politics*, 12(3), pp. 564-581, 2014.

tes es que los altos directivos de la banca se han llevado unas compensaciones por jubilación anticipada de millones de dólares o euros, mientras que el trabajador común tiene que trabajar toda su vida y nunca podrá llegar a esas cifras. La reputación de los expertos se ha visto todavía más dañada después de la crisis. Muchos telespectadores o lectores de periódicos se dieron cuenta de que los expertos no eran neutrales. Cada experto explicaba las causas de la crisis desde un ángulo distinto y aportaba soluciones en muchos casos contrapuestas. Unos pedían más estímulo fiscal, mientras que otros defendían la austeridad. Eso ha creado mucha confusión, al tiempo que ha deslegitimado el papel de los expertos. Para muchos, la sensación es que cada experto tiene su propia agenda, y que casi todos defienden el orden liberal porque los beneficia. Del mismo modo, se piensa que muchos de estos expertos, formados en las mejores universidades y por lo tanto muy distantes del ciudadano medio, tienen valores liberales en relación con la religión, el aborto, el matrimonio homosexual, la diversidad racial y la equidad de género que no son compartidos por gran parte de la población, sobre todo en Estados Unidos.[47]

La deslegitimación de los expertos y los tecnócratas es consecuencia de la falta de soluciones políticas a los problemas de nuestras sociedades.[48] Durante mucho tiempo, los políticos se han escondido bajo el velo de las soluciones técnicas. Han acordado que los bancos centrales sean independientes y encabezados por tecnócratas protegidos del escrutinio público y democrático. También han delegado la negociación de tratados de libre comercio e inversiones a expertos y cedido soberanía a or-

47. Esta idea está explicada en: Charles Camosy, «Trump won because college-educated Americans are out of touch», *The Washington Post*, 9 de noviembre de 2016, <https://www.washingtonpost.com/posteverything/wp/2016/11/09/trump-won-because-college-educated-americans-are-out-of-touch/?wpisrc=nl_most-draw5&wpmm=1>.

48. Sobre el auge y la caída de la figura de los expertos, véase Sebastian Mallaby, «The cult of the expert — and how it collapsed», *The Guardian*, 20 de octubre de 2016, <https://www.theguardian.com/business/2016/oct/20/alan-greenspan-cult-of-expert-and-how-it-collapsed>.

ganizaciones internacionales coma la Organización Mundial de Comercio o el Fondo Monetario Internacional. En el caso de Europa, este traspaso de soberanía al Banco Central Europeo y la Comisión Europea (todavía muy distantes del votante) ha sido todavía mayor. Esta delegación funcionó bien mientras la economía y el empleo crecían. Pero con la llegada de la crisis, la autoridad y la legitimidad de los tecnócratas se ha empezado a cuestionar mucho más, sobre todo porque, a falta de una respuesta política, éstos han acaparado cada vez más poder. Hasta el punto de que se puede decir que los políticos han dejado que los bancos centrales resolvieran la crisis con las inyecciones monetarias. Pero, lamentablemente, se está haciendo cada vez más evidente que sólo con política monetaria no se pueden resolver los problemas estructurales que tienen las sociedades desarrolladas.

Todo este cuestionamiento ha llevado a que se ponga en duda la sociedad abierta y que muchos votantes estén dispuestos a dar su apoyo a candidatos que usan un lenguaje más próximo al ciudadano de a pie y que prometen soluciones fáciles a problemas complejos. El discurso antisistema logra así aglutinar a una amalgama de votantes muy heterogénea, pero con una base cada vez más amplia. Engloba a aquellos que se sienten desprotegidos y dejados atrás, pero también a quienes les va bien económicamente pero que están desilusionados con los políticos y los tecnócratas, y por lo tanto quieren reducir el peso del Estado para liberar las fuerzas del mercado.

El orden liberal internacional en riesgo

Tras esta breve explicación de las causas que explican el apoyo a estas nuevas formaciones políticas, pasamos a analizar el impacto que su llegada al poder podría tener sobre las relaciones internacionales y la globalización económica. Nos centraremos primero en Estados Unidos y después en la Unión Europea.

Estados Unidos ha sido durante décadas el líder de la economía global, así como el principal garante de su apertura. También ha garantizado, gracias a su paraguas de seguridad sobre Europa y el sudeste asiático, la estabilidad geopolítica del orden internacional. Con la victoria de Donald Trump, esto podría cambiar.

Aunque es difícil anticipar qué parte de su excéntrico programa electoral querrá o podrá llevar a cabo el nuevo presidente estadounidense, todo parece apuntar hacia una política mucho más aislacionista, menos proclive a la cooperación y claramente dispuesta a saltarse muchos de los consensos internacionales existentes en materia de comercio y seguridad, así como hacia no respetar las normas e instituciones en que se plasman. Durante la campaña electoral, Trump ha dejado claro que no cree que el libre comercio esté siendo positivo para la mayoría de los estadounidenses, que el cambio climático no le preocupa y que Estados Unidos debe acelerar su repliegue estratégico para centrarse en promover políticas internas de apoyo a los perdedores de la globalización, sobre todo los votantes blancos de las zonas rurales que le han dado la victoria. Su aspiración de revitalizar la industria y el empleo que, según su diagnóstico, la injusta competencia internacional (sobre todo china y mexicana) han destruido augura horas bajas para el papel de liderazgo de Estados Unidos en la economía mundial, especialmente en el G-20. Estados Unidos lleva años prestando cada vez menos atención a los asuntos internacionales e intentando reducir su gasto en política exterior para no sufrir lo que el historiador Paul Kennedy bautizó como «Imperial Overstretch» (que podríamos traducir como «sobrecarga del Imperio»), y que históricamente ha llevado al colapso de los imperios cuando estos mantienen demasiados frentes abiertos en el exterior.[49] Sin embargo, la retórica confrontacional de Trump (que contrasta con la del dialogante Obama) apunta a que apenas dedicará recursos a trazar alianzas internacionales y que entrará explícitamente en el juego de la rivalidad geoeconómica con sus competidores, lo que seguramente llevará a Estados Unidos a desentenderse cada vez más de una efectiva gobernanza de la globalización.

49. *Auge y caída de las grandes potencias*, Barcelona, Plaza y Janés, 1992.

Por ello, los dos elementos en los que se ha apoyado el orden liberal imperante en el mundo desde la segunda guerra mundial —el de un paraguas de seguridad garantizado por el poderoso ejército de Estados Unidos y el de un sistema comercial multilateral abierto protegido por el liderazgo estadounidense— podrían verse cuestionados. En el campo de la seguridad, el aislacionismo de Estados Unidos sería especialmente peligroso si su compromiso con la OTAN fuera efectivamente puesto en cuestión y si su repliegue del sudeste asiático llevara a Japón y a Corea del Sur a un rápido rearme para protegerse de lo que perciben con cada vez mayor nitidez como la amenaza china.

El Tratado del Atlántico Norte, que en su artículo V obliga a los aliados a prestar apoyo a cualquiera de los miembros de la OTAN que sufra una agresión exterior contra su territorio, ha sido suficiente para mantener a raya cualquier ataque externo durante décadas, tanto durante los años de la Guerra Fría como después. Sin embargo, las declaraciones de Trump sobre la necesidad de que los países europeos paguen cada vez más por su defensa y dependan menos de Estados Unidos para garantizar su seguridad han sido interpretadas como una señal de que Estados Unidos podría obviar sus compromisos como miembro de la Alianza. Si a eso sumamos la aparente buena sintonía de Trump con Putin, algunos países del Este de Europa, y en especial las exrepúblicas soviéticas de Estonia, Letonia y Lituania (hoy miembros de la Unión Europea pero que cuentan con grandes minorías rusas), podrían verse cada vez más amenazados por el expansionismo ruso. Y, más allá de la OTAN, el creciente desentendimiento de Estados Unidos por contribuir a la estabilidad de Ucrania (de la que Rusia se anexionó Crimea en 2014 ante la «pasividad» de Occidente), de Siria y el resto de Oriente Medio dejaría un vació de liderazgo militar y estratégico que la Unión Europea no está en condiciones de ocupar y que aumentaría considerablemente la influencia de Rusia en la región.

Algo similar podría suceder en el mar del Sur de China, donde la falta de compromiso de Estados Unidos con sus aliados tradicionales (Japón y Corea del Sur) permitiría a China aumentar su influencia militar, una vez que ya cuenta con peso económico superior al estadounidense. De hecho, sin este paraguas de seguridad, el sudeste asiático podría convertirse en la región más peligrosa del mundo desde un punto de vista geopolítico, ya que tendría varias potencias rivales que competirían por ejercer su influencia, como ya pasara en Europa en la antesala de la primera guerra mundial.

En el campo comercial, el unilateralismo estadounidense tampoco augura nada bueno para la economía mundial. Su falta de interés por hacer sacrificios internos en pos de la resolución de los retos económicos globales (en el mejor de los casos) o su actitud beligerante para extraer ganancias comerciales abusando de su todavía primacía económica (en el peor) podrían poner en cuestión el orden liberal multilateral y dar lugar a una nueva fase de proteccionismo. Tras el crac de 1929, un Estados Unidos en ascenso ante el declive británico inició la escalada proteccionista con la aprobación de la ley comercial Smooth-Hawley en 1930, que daría lugar a una guerra comercial y a devaluaciones competitivas (que hoy llamamos guerras de divisas) entre las principales potencias, lo que llevó a una prolongación e intensificación de la Gran Depresión y al auge del nazismo en Europa. Por lo tanto, no son pocos los que han visto importantes paralelismos entre la situación actual y el período de entreguerras.[50]

La renovada doctrina Monroe («América para los americanos», que en la versión Trump se traduce en «América primero») seguramente paralizará los nuevos acuerdos comerciales en curso (el Trans Pacific Partnership, TPP, en Asia y el TTIP con la Unión Europea) y dará la espalda a cualquier iniciativa que contenga elementos de liberalización. Esto tendría nefastas consecuencias para el crecimiento estadounidense,[51] pero también

50. Véase, por ejemplo, De Bromhead, A., B. Eichengreen y K. H. O'Rourke, «Right Wing Political Extremism in the Great Depression», *Discussion Papers in Economic and Social History*, núm. 95, University of Oxford, 2012.

51. Véase Noland, M., Clyde Hufbauer, G., Robinson, S. y Moran, T., *Assessing Trade Agendas in the US Presidential Campaign*, Petersen Institute for International Economics Briefing, pp. 16-6, 2016.

para la Unión Europea, que necesita ampliar sus mercados para generar crecimiento. Asimismo abriría la puerta a que China liderara los nuevos ejercicios de integración comercial, primero en la región de Asia-Pacífico y posteriormente en el resto del mundo, ante lo que no sería descartable una guerra comercial entre China y Estados Unidos, que perjudicaría a ambos. En todo caso, más allá de la retórica mercantilista del nuevo presidente estadounidense, es poco probable que ni Trump ni la mayoría republicana del Congreso y del Senado cometan el suicidio económico de abandonar instituciones como la Organización Mundial del Comercio o el Fondo Monetario Internacional, o deroguen el acuerdo de libre comercio con México y Canadá (NAFTA), que sí que podría ser renegociado. Lo que sí están en condiciones de hacer es socavar su legitimidad y sus recursos, lo que debilitaría aún más las instituciones que tenemos para gestionar la globalización. Por lo tanto, en palabras del politólogo Marc Blyth, tras la victoria de Trump, la era del neoliberalismo toca a su fin y comienza la del neonacionalismo. Habrá que ver si tiene razón.

Por otra parte, si Trump cumple sus propuestas fiscales de recorte de impuestos a las clases altas y aumento del gasto para reforzar la seguridad, satisfacer a la industria de defensa y dar nuevas oportunidades económicas a sus votantes, estará promoviendo una política fiscal expansiva, que seguramente se traducirá en mayores déficits públicos, como ya hiciera Ronald Reagan durante la década de 1980. Habida cuenta de que la Reserva Federal mantendrá una política monetaria acomodaticia para reducir la incertidumbre, estaríamos ante una combinación de políticas monetarias y presupuestarias expansivas a corto plazo, que podrían mantener o incluso acelerar el crecimiento y generar inflación. De ser así, el keynesianismo encubierto de Trump podría, paradójicamente, dar al traste con la hipótesis del estancamiento secular que viene aterrorizando a los círculos académicos y políticos desde que el economista Larry Summers la enunciara.[52] Y esto, sin duda, sería una buena noticia a corto

52. Véase Coen Teulings, Richard Baldwin, *Secular stagnation: Facts, causes, and cures*, VOX Ebook, 2016.

plazo, aunque tal política abriría la puerta a otros problemas, como el aumento del déficit público y la deuda en Estados Unidos y la pérdida de confianza en el dólar.

En definitiva, dado el carácter impredecible del nuevo presidente de Estados Unidos, el impacto político y económico de sus políticas aumentará sin duda la incertidumbre. Si efectivamente aísla progresivamente a Estados Unidos del resto del mundo, podríamos entrar en una dinámica de confrontación entre bloques en un mundo carente de liderazgo que necesitará desesperadamente de la cooperación internacional. Sin embargo, sus medidas macroeconómicas podrían suponer un impulso fiscal a corto plazo que podría acelerar el crecimiento.

El *establishment* europeo contra las cuerdas

El auge de los partidos antieuropeos de extrema derecha (y en menor medida de los de extrema izquierda) supone seguramente el mayor reto que la Unión Europea ha enfrentado en su historia, y abre importantes dudas sobre el proceso de integración.[53] Desde finales de los años cincuenta, el proyecto europeo ha servido para convertir a la Unión en un espacio de prosperidad y seguridad que iba integrando a cada vez más países y que parecía servir de modelo para el resto del mundo. Sin embargo, la crisis económica y el reciente auge del euroescepticismo, que se ha plasmado nítidamente en el *brexit* y que alimenta los discursos nacionalistas en casi todos los países de la Unión Europea, constituye una prueba de fuego para el futuro de Europa, un reto al que sus élites políticas no saben cómo responder.

Aunque una eventual salida del Reino Unido de la Unión Europea supondría un duro golpe para la integración del continente al ser la primera vez que un país relevante diera un portazo al proyecto de integración, el *brexit* no traería consigo el desmantelamiento de la Unión. Los británicos, que entraron en la

53. Véase Timothy Garton Ash, «Is Europe Disintegrating?», *New York Review of Books*, enero de 2016.

Unión en 1973 y que siempre fueron reticentes ante las aspiraciones políticas de convertirla en unos Estados Unidos de Europa, nunca han formado parte del núcleo duro de la integración. Se han mantenido fuera del euro y del Tratado de Schengen y siempre entendieron la Unión como un proyecto eminentemente económico. Sin el Reino Unido, la Unión Europea perdería su tercera economía, una importante potencia nuclear, un asiento en el Consejo de Seguridad de las Naciones Unidas y un bastión en materia de innovación y excelencia académica. Sin embargo, podría sobrevivir.

El problema para la Unión es que países clave del euro puedan estar gobernados por líderes que aboguen por el cierre de fronteras o la salida de la unión monetaria, como hacen el Frente Nacional en Francia, Alternativa por Alemania o, en ocasiones, el Movimiento Cinco Estrellas italiano. Hay que tener presente que una cosa son las declaraciones políticas durante las campañas electorales y otra las políticas que se llevan a cabo una vez que se accede al poder (como bien demuestra el caso de Syriza en Grecia), pero no cabe duda de que la salida de Francia o Italia de la unión monetaria pondría en serio riesgo el proyecto europeo porque desataría una crisis económica de proporciones desconocidas, que sin duda tendría devastadoras consecuencias políticas.

En 2017 se celebrarán elecciones en Alemania, Francia y Holanda, y tal vez en Italia y Grecia. Estas citas electorales permitirán dilucidar tanto la cuantía del apoyo que obtienen los partidos antieuropeístas como la viabilidad de sus propuestas en el caso de que ocupen cargos ejecutivos, en solitario o como socios parlamentarios en gobiernos de coalición.

El principal foco de riesgo será sin duda la elección presidencial en Francia. Una eventual victoria de Marine Le Pen podría desencadenar el pánico en los mercados y plantear serias dudas (aunque tal vez algo exageradas) sobre el futuro del euro y la Unión Europea. Iguales consecuencias, aunque de menor dimensión, podría tener una victoria del Movimiento Cinco Estrellas en Italia en el caso de que el país transalpino celebrara elecciones en 2017 tras la dimisión de Mateo Renzi en diciembre de 2016.

Los alemanes también están llamados a las urnas, y tras el atentado terrorista de diciembre de 2016 y su gestión de la crisis de los refugiados durante los últimos años, la victoria de Merkel ya no está asegurada. En todo caso, aunque se espera que Alternativa por Alemania, el partido antieuro de extrema derecha, entre por primera vez en el Bundestag con más del 15 por ciento de los votos, no es probable que Alemania vaya a convertirse en un foco de incertidumbre económica ni política. Sin embargo, la fragmentación de su Parlamento podría dificultar acuerdos para avanzar en la unión bancaria y fiscal que la zona euro sigue necesitando completar, y que serían también torpedeados por una eventual victoria del Partido de la Libertad liderado por Wilders en Holanda. En este contexto, España aparece como un bastión de estabilidad. A pesar de que el Partido Popular gobierna en minoría y no es descartable un futuro adelanto electoral, ninguno de los partidos del arco parlamentario, ni siguiera Podemos, suponen una amenaza para el proyecto europeo como la que representan líderes como Le Pen en Francia o Wilders en Holanda.

Más allá de cómo se gestione el *brexit* y de cuáles sean los resultados electorales durante 2017, hay que señalar que la Unión Europea tiene una enorme capacidad para apaciguar los bajos instintos de los movimientos eurocríticos y eurofóbicos y de garantizar la supervivencia política del euro.[54] Como ha demostrado el caso griego o como vemos en la moderación del discurso de Podemos desde que se consolidara como partido político, a la hora de la verdad, nadie ha estado dispuesto, por el momento, a pulsar el «botón nuclear» de la salida del euro o de la Unión Europea por las enormes incertidumbres económicas y políticas que ello generaría. Y, en los numerosos casos en los que estos partidos han ganado las elecciones a nivel local o regional, sus políticas no han hecho implosionar las instituciones ni han supuesto un riesgo para la democracia ni el Estado de derecho. Sin embargo, nada garantiza que esto no vaya a cambiar.

En todo caso, siempre que los nuevos partidos respeten la

54. Véase José Fernández Albertos, «Qué nos dice Grecia del euro», Piedras de Papel, *Eldiario.es*, 2015.

democracia, la economía de mercado y el Estado del Bienestar, si tienen buenos resultados electorales, habrá que confiar en que apliquen políticas dentro del marco legal tanto de sus respectivos Estados como de la Unión Europea. Mantenerlos en la oposición mediante cordones sanitarios de grandes coaliciones no ha hecho más que aumentar su apoyo electoral, mientras que una vez que han ocupado puestos de responsabilidad (como en el caso de Los Finlandeses [antes llamados Verdaderos Finlandeses] o los Griegos Independientes [ANEL], que gobiernan en coalición en sus respectivos países) su apoyo electoral ha tendido a bajar, ya que el electorado se ha dado cuenta de que muchas de sus propuestas eran inviables.

En todo caso, también podría ocurrir, sobre todo en Francia, que la naturaleza del sistema electoral unida a la mejora de la economía permitieran a los partidos tradicionales ir recuperando terreno. En todo caso, como veremos a continuación, las respuestas al auge de los partidos *antiestablishment* pasan por atajar las causas de su apoyo electoral que hemos identificado en la primera parte de este trabajo. Y, para eso, no hay soluciones mágicas. También es razonable aventurar que la Unión Europea no dará en los próximos años ningún gran salto adelante, sino que tendrá bastante con seguir manteniéndose a flote en un contexto en el que el nacionalismo seguirá haciéndose cada vez más fuerte si las políticas europeas no permiten a la ciudadanía volver a entusiasmarse con el proyecto europeo.

Conclusión

La victoria de Donald Trump en las elecciones de Estados Unidos, el *brexit* británico y el auge de partidos como el Frente Nacional francés o Alternativa por Alemania han sorprendido al *establishment* y han puesto en cuestión décadas de alternancia política entre fuerzas moderadas en los países occidentales. Las causas de este fenómeno son múltiples. Engloban desde el enfado de los perdedores de la globalización, el temor de muchos a la pérdida de la identidad nacional en sociedades cada vez más diversas y cosmopolitas, la ansiedad en relación con el cambio tecnológico y su impacto sobre el empleo, la frustración ante los mermantes recursos para mantener el Estado del Bienestar y la indignación ante la falta de representatividad de muchos aspectos del sistema democrático en un mundo cada vez más globalizado que ha dejado obsoleto el concepto de soberanía nacional.

Todas ellas se combinan y amenazan a la sociedad abierta y al orden internacional que ha imperado durante décadas y que ha generado un espectacular desempeño económico pero que ha producido también crecientes desigualdades materiales y de oportunidades en las sociedades avanzadas.

Dar respuesta a los fundados temores de la ciudadanía es tal vez el reto más importante al que se enfrentan los países occidentales. La deriva nacionalista, proteccionista, xenófoba y autoritaria de los nuevos planteamientos de muchos de los partidos *antiestablishment* debería ser combatida atendiendo a las causas que los originan. Mirar para otro lado esperando que pase el temporal, como se ha venido haciendo en los últimos años, es una receta para el fracaso. Desarrollar mejores políticas de integración de los emigrantes y refugiados es clave en este sentido. También es necesario redistribuir mejor los enormes niveles de riqueza que genera la globalización, subrayar las ventajas de la diversidad y preparar a la ciudadanía para el cambio tecnológico dándole recursos para adaptarse al cambio. No se trata tanto de proteger frente a los efectos de la globalización como de empoderar a los ciudadanos para que puedan aprovecharla lo máximo posible. Finalmente, también hay que explicar mejor los límites a los que se enfrenta el Estado del Bienestar y qué reformas necesita para poder ser sostenible y abrir nuevos espacios y canales públicos para que la ciudadanía pueda sentirse más y mejor representada.

En la segunda parte de este capítulo hemos especulado sobre el impacto geopolítico y económico que el auge de estos nuevos partidos podría tener tanto para el sistema internacional como para la Unión Europea. El mayor riesgo es que Donald Trump sea fiel a muchas de sus promesas electorales y desmonte tanto el paraguas de seguridad que durante décadas ha protegido a

Europa y al sudeste asiático como las bases de la apertura de la economía global. Aunque es poco probable que esto termine sucediendo, la incertidumbre será elevada, y la Unión Europea podría ser una de las principales perjudicadas mientras que Rusia y China se podrían ver beneficiadas desde el punto de vista geopolítico. Por último, hemos subrayado que el proceso de integración europea atraviesa sus horas más bajas. El auge de los partidos eurocríticos y eurofóbicos va en aumento, y no parece probable que puedan darse pasos adelante en el proceso de integración, ni siquiera en el área del euro, que necesita mejorar su arquitectura institucional para poder funcionar correctamente. Sin embargo, tampoco es probable que ni el *brexit* ni la eventual llegada al poder de líderes *antiestablishment* pueda generar una implosión de la Unión Europea. Es más, desde una interpretación más optimista, el propio *brexit* y la victoria de Trump pueden resultar estimulantes para integrar más la zona euro y para coordinar mejor la política exterior y de seguridad común.

Este capítulo ha sido escrito en colaboración con Miguel Otero Iglesias.

Bibliografía

2. De dónde viene y adónde va. Un estudio del contexto antisistema

Álvarez Junco, José, *Dioses útiles. Naciones y nacionalismos*, Galaxia Gutenberg, Barcelona, 2016.

Anderson, Benedict, *Comunidades imaginadas*, Fondo de Cultura, Madrid, 2006.

Elias, Norbert, *El proceso de la civilización*, Fondo de Cultura, Madrid, 2011.

Figes, Orlando, *La Revolución Rusa (1891-1924). La tragedia de un pueblo,* Edhasa, Barcelona, 2000.

Fromm, Erich, *El miedo a la libertad*, Paidós Ibérica, Barcelona, 2008.

Fukuyama, Francis, *El fin de la historia y el último hombre*, Editorial Planeta, Barcelona, 1992.

Harris, John, «Does the left have a future?», *The Guardian*, septiembre de 2016, <https://www.theguardian.com/politics/2016/sep/06/does-the-left-have-a-future>.

Hastings, Adrian, *The Construction of Nationhood: Ethnicity, Religion and Nationalism*, Cambridge University Press, 1997.

Huntington, Samuel P., *El choque de civilizaciones*, Paidós Ibérica, Barcelona, 1997.

Laclau, Ernesto, *La razón populista*, Fondo de Cultura, Madrid, 2005.

Manin, Bernard, *Los principios del gobierno representativo*, Alianza Editorial, Madrid, 2006.

Mouffe, Chantal, *Construir pueblo. Hegemonía y radicalización de la democracia* [con Íñigo Errejón], Icaria Editorial, Barcelona, 2015.

Renan, Ernest, «¿Qué es una nación?», Conferencia dictada en la Universidad de París el 11 de marzo de 1882, Ed. digital: Franco Savarino, 2004, <http://enp4.unam.mx/amc/libro_munioz_cota/libro/cap4/lec01_renanqueesunanacion.pdf>.

Weber, Max, *La ética protestante y el espíritu del capitalismo*, Alianza, Madrid, 2012.

4. Donald Trump: el populismo conquista la Casa Blanca

Cohen, Michael A., *American Maelstrom*, Oxford University Press, Oxford, 2016.

Cook, Fred J., *The Nightmare Decade*, Random House, Nueva York, 1971.

Halberstam, David, *The Reckoning*, William Morrow and Company, Scranton (Pensilvania),1986.

Kazin, Michael, *A Godly Hero:The Life of William Jennings Bryan*, Anchor, Nueva York, 2007.

Meacham, Jon, *American Lion: Andrew Jackson in the White House*, Penguin Random House, Nueva York, 2009.

Packer, George, *The Unwinding: An Inner History of the New America*, Farrar, Strauss and Giroux, Nueva York, 2013.

Reeves, Thomas C., *The Life and Times of Joe McCarthy*, Stein and Day, Nueva York, 1982.

Schlesinger Jr., Arthur M., *The Age of Jackson*, Konecky & Konecky, Old Saybrook (Connecticut), 1971.

Williams, T. Harris, *Huey Long*, Vintage, Nueva York, 1981.

Witcover, Jules, *Party of the People, A History of The Democrats*, Random House, Nueva York, 2003.

Hemeroteca

Financial Times, Politico, Washington Post, The Economist, Time.

5. El relato del miedo: la construcción del discurso a la contra

Arias Maldonado, M., *La democracia sentimental: política y emociones en el siglo XXI*, Página indómita, Barcelona, 2016.

Carrillo, Fran, *Tus gestos te delatan: las claves para ser un buen comunicador*, Espasa, Madrid, 2014.

Delsol, Chantal, *Populismos, una defensa de lo indefendible*, Ariel, Barcelona, 2015.

Fernández de Liria, Carlos, *En defensa del populismo*, La Catarata, Madrid, 2016.

Frary, Raoul, *Manual del demagogo*, Séquitur, Madrid, 2016.

Kaiser, A. y Álvarez, G., *El engaño populista. Por qué se arruinan nuestros países y cómo rescatarlos*, Deusto, Barcelona, 2016.

Laclau, Ernesto, *La razón populista*, Fondo de Cultura Económica de España, Madrid, 2013.

—, *Debates y combates. Por un nuevo horizonte de la política*, Fondo de Cultura Económica de España, Madrid, 2016.

Lakoff, G., *No pienses en un elefante. Lenguaje y debate político*, Editorial Complutense, Madrid, 2007.

Müller, John (coord.), *Podemos, deconstruyendo a Pablo Iglesias*, Deusto, Madrid, 2014.

Pardo, José Luis, *Estudios del malestar. Políticas de la autenticidad en las sociedades contemporáneas*, Anagrama, Barcelona, 2016.

Zanatta, Loris, *El populismo*, Katz, Madrid, 2014.

Werner Müller, J., *What Is Populism?*, Penn Press, Pennsylvania, 2016.

6. La estética populista y el lenguaje visual. Cómo visten y revisten sus ideas los movimientos antisistema

Alberoni, Franceso *et al.*, *Psicología del vestir*, Lumen, Barcelona, 1972.

Bard, Christine, *Historia política del pantalón*, Tusquets, Barcelona, 2012.

Bartlett, Djurdja, *Fashion East, the spectre that haunted socialism*, The MIT Press, Cambridge, 2010.

Cuddy, Amy, *El poder de la presencia*, Urano, Barcelona, 2016.

Darwin, Charles, *La expresión de las emociones en los animales y en el hombre*, Alianza Editorial, Barcelona, 1998.

Ekman, Paul, *Cómo detectar mentiras*, 2005, Paidós Ibérica, Barcelona, 2005.

Flügel, J. C., *Psicología del vestido*, Paidós, Buenos Aires, 1964.

Miller, Arthur, *La política y el arte de actuar*, La Campana, Barcelona, 2002.

Lurie, Alison, *El lenguaje de la moda. Una interpretación de las formas de vestir*, Paidós Ibérica, Barcelona, 1994.

Veblen, Thorstein, *Teoría de la clase ociosa*, Alianza, Madrid, 2004.

7. La globalización: el principal enemigo del populismo de izquierdas y de derechas

Albertazzi y McDonell, *Twenty-First Century Populism: The Spectre of Western European Democracy*, Palgrave MacMillan, 2008.

Åslund, Anders, *The Myth of Output Collapse after Communism*, Carnegie Endowment for International Peace, 2001, <http://carnegieendowment.org/files/18aslund.pdf>.

Banco Mundial, *Taking on Inequality*, 2016, <https://openknowledge.worldbank.org/bitstream/handle/10986/25078/9781464809583.pdf>.

Corlett, Adam, *Examining an elephant: Globalisation and the lower middle class of the rich world*, Resolution Foundation, 2016, <http://www.resolutionfoundation.org/app/uploads/2016/09/Examining-an-elephant.pdf>.

Fernández Luiña, Eduardo, *Mitos y realidades de los movimientos populistas*, Instituto Juan de Mariana, 2016, <https://www.juandemariana.org/sites/default/files/investigacion/20161205-mitos-y-realidades-movimientos-populistas.pdf>.

Garzón, Alberto, «La extrema derecha es hija de la globalización», *Eldiario.es*, 2016, <http://www.eldiario.es/tribunaabierta/extrema-derecha-hija-globalizacion_6_594650534.html>.

Milanović, Branko, *Global Income Distribution: From the Fall of the Berlin Wall to the Great Recession*, The World Bank Development Research Group, 2013, <http://documents.worldbank.org/curated/en/914431468162277879/pdf/WPS6719.pdf>.

— *Global inequality: A new approach for the age of globalization*, 2016, <https://piie.com/system/files/documents/milanovic20160509ppt.pdf>.

9. El año que encuestamos peligrosamente

Caballé, Grima y Marco-Almagro, «¿Aciertan los sondeos electorales? Análisis sobre la bondad de predicción de los sondeos electorales publicados en la prensa», REIS 143, 2013.

Escobar, Rivière y Cilleros, *Los pronósticos electorales con encuestas: elecciones generales en España (1979-2011)*, CIS, Madrid, 2014.

Funke, Schularick y Trebesch, «Going to extremes: Politics after financial crises, 1870–2014», *European Economic Review* 88, 2016.

Holtz-Bacha y Strömbäck (eds.), *Opinion polls and the media: Reflecting and Shaping Public Opinion*, Springer, Londres, 2012.

Mair, Peter, *Gobernando el vacío: la banalización de la democracia occidental*, Alianza Editorial, Barcelona, 2015.

Michavila, Narciso, «Referéndums: ¿contra quién hay que votar?», *Nueva Revista*, 160, 2017.

Politikon, *La urna rota. La crisis política e institucional del modelo español*, Debate, Barcelona, 2014.

Silver, Nate, *The signal and the noise: Why most predictions fail and some don't*, Penguin Group, Nueva York, 2012.

VV. AA., *Aragón es nuestro Ohio. Así votan los españoles*, El hombre del tres, Madrid, 2015.

Wright y Wright, «How Surprising Was Trump's Victory? Notes on Predictions in the 2016 US Presidential Election», disponible en SSRN, 2017.